I0023484

La interrogación psicosomática.

Una mirada desde la clínica psicoanalítica

La interrogación psicosomática.

Una mirada desde la clínica psicoanalítica

Elena Castañeda Rodríguez Cabo

Primera edición 2016

Queda prohibida la reproducción total o parcial de esta obra, incluido el diseño tipográfico y de portada, sea cual fuere el medio, electrónico o mecánico, sin el consentimiento por escrito del editor.

©ARCHITECTHUM PLUS S.C.
Díaz de León 122-2
Aguascalientes, Aguascalientes
México CP 20000
libros@architecthum.edu.mx

Imagen en portada:
Beatriz Gaminde

ISBN 978-607-9137-42-7

CONTENIDO

Prólogo

Es conmovedor ser testigo de la transformación interna, de la movilización que se genera en una persona a partir de la relación con el otro. Eso es el privilegio de ser psicoanalista y, por ello, partícipe de los momentos más íntimos en la vida de alguien más, tanto en el dolor y la zozobra como en el amor y la satisfacción. Este profundo texto que La Dra. Elena Castañeda nos entrega no sólo sorprende por su conocimiento, sino que nos emociona al permitirnos estar presentes en el proceso de transfiguración que se generó en ella a partir del encuentro con su paciente Gisela, quien la consulta por padecer espondilitis anquilosante.

Gisela, quien amablemente presta su cuerpo adolorido, plantea un desafío a Elena y la obliga a comenzar un viaje que nos comparte, tomando al cuerpo por ese derrotero que dirige el pensamiento y la mirada, una mirada profunda e indagadora. Así, en una pesquisa ardua y detallada, la autora nos lleva de la mano por un recorrido histórico de reflexiones filosóficas para pensar la relación *psique/soma* desde la visión cosmológica del mundo mesoamericano, la filosofía clásica griega, el medioevo, el dualismo cartesiano que marca el *introito* a la modernidad y continúa su revisión hasta el pensamiento filosófico contemporáneo.

La doctora Castañeda nos ilustra acerca de la gran aportación de Sigmund Freud sobre el cuerpo, desde lo pulsional a lo fantaseado, el cuerpo aparece como lienzo sobre el que se inscriben los pasajes de nuestro inconsciente. Para ello sin duda es menester centrarse en la magistral obra *Estudios sobre la Histeria* que surge a partir de la participación de Freud con Joseph Breuer y presenta el historial de Anna O. y cuatro célebres casos de Freud: Cäcilie M, Emma von N., Katharina y Elisabeth von R. Todas maestras de Freud, todas creadoras del psicoanálisis, su aporte fue invaluable, permitiendo no sólo el giro que se da desde la hipnosis a la asociación libre en la técnica psicoanalítica, sino modificando la teoría freudiana, pues a partir de estas mujeres, Freud descreerá del trauma real (el abuso sexual) y colocará lo traumático del lado del mundo sexual fantaseado del paciente, y de los avatares de su deseo. Tan vigentes son los planteamientos de Freud que hoy en día muchos trastornos psicosomáticos siguen representándose sobre la misma figura seductora cuyo cuerpo sexuado paradójicamente sufre por encontrarse genitalmente anestesiado. Aquejada por inmensas inhibiciones sexuales, la histérica o el histérico, seducen y erotizan para defenderse de su sexualidad, para permanecer en la insatisfacción y en la tristeza. Así podrán presentar múltiples síntomas somáticos, todos ellos expresiones de un cuerpo que no puede sentir el placer sexual, sino sólo actuarlo, rebelándose para demorar por siempre la entrega.

Elena sigue el camino que dicta cada cuerpo en su expresión, develándonos también el pensamiento de los autores y las posturas post freudianas. Por ejemplo, la idea de que lo psicosomático es la expresión de lo no representado, aquello excluido de la ligazón propia del principio de placer freudiano que se suscribe a la pulsión de muerte. Un resto de huellas inconscientes que ha quedado sustraído de toda simbolización por parte del aparato psíquico, reforzando la idea de que no todo lo sintomático es producto del retorno de lo reprimido. El síntoma neurótico (la histeria freudiana) tiene que ver con el cuerpo fantasmático, el cuerpo representado psíquicamente, no con el cuerpo real, mientras que algunos trastornos psicosomáticos parecen ser la puesta en escena de las huellas de lo Real, que no se inscribieron en el sistema representacional y que pasan directo al cuerpo, pero ahora el cuerpo como aquella maqueta que se presenta como *Darstellung,* como la proyección de nuestros núcleos psicóticos y lo que se enajena de nosotros mismos, formando una imagen independiente, una obra aparte, en la que se vierten todas los restos de nuestro ser para ser escenificados en ese *otro* espacio que es el cuerpo.

Es por eso que este libro hace honor al pensamiento actual sobre lo psicosomático, pues como bien dice Marucco (1998) "El futuro del psicoanálisis está en su frontera misma, aquello que a la vez limita y "comunica", que más que cerrarse debe abrirse a la comprensión de nuevos territorios" (p. 176). Así el cuerpo y sus expresiones, así esta frontera que limita y comunica el *Bios* con el alma.

Asimismo, el libro analiza la transmisión transgeneracional. Hasta el último momento, Freud defendió la repetición pulsional de los remanentes de la herencia arcaica, que se viven y repiten cual tragedia de destino deviniendo la fuente de la sociedad y la cultura. En *El yo y el ello* (1923) planteó una identificación directa e inmediata – no mediada-, que puede dar cuenta de cómo algo que es vivido traumáticamente por una generación (progenitores), puede ser expresado somáticamente por la siguiente.

Esto sucede con Gisela, sucesora de una tragedia familiar que, como tantas historias, se vio albergada en los recovecos del olvido. Y es ahí, donde parece no estar pasando nada, que un cuerpo enajenado revive y revisita antiguos pasos abiertos, así como nuevos "saberes" que no se quieren dar a conocer. Sin embargo, en el cuerpo de Gisela pasa todo, pues el dolor no se borra de un plumazo, pervive y se transmite, sólo que en formas arcaicas, primitivas, no verbalizadas.

Como dice Elena:

La"tragedia familiar quedará enquistada en el inconsciente de la genealogía, locura que pasará como forma de vida, como expresión del peso de lo no representado, pendiente de simbolizar. Lo innombrable, lo que no puede ser objeto de ninguna representación verbal."

Con "La interrogación psicosomática" la Doctora Castañeda expone sus reflexiones y sostiene que no existe una estructura psicosomática como tal. Lo psicosomático se puede hallar en cualquier cuerpo, en cualquier individuo, pues todos portamos rincones ajenos a nuestro ser consciente, a nuestro devenir.

La pregunta insiste en el consultorio de Elena y en todos nuestros consultorios: ¿Cómo sortear lo irrepresentable en la clínica? ¿Cómo trabajar en los linderos, en las fronteras de esas historias que no encuentran su relato, su narración? Ante esto no podemos continuar realizando con nuestros pacientes sólo un trabajo asociativo de lo infantil reprimido. Lo inconsciente originario, los restos excluidos de la representatividad, involucran una escucha de estar *ahí*, en trasferencia, para hacer efecto de significación, de ligadura, de construcción.

En el caso de Gisela quizá no ha quedado más remedio que hilvanar cuidadosamente los bordes de lo irrepresentable, como bien lo ha hecho Elena desde una escucha comprometida y libidinizante. Este es el acontecimiento al que nos invita Elena Castañeda con "La interrogación psicosomática", acompañarla a observar y a comprender este espacio íntimo e insólito que se dio entre dos mujeres en el espacio psicoanalítico, mutativo para ambas, e incitador de la búsqueda de respuestas pero también de nuevas pesquisas.

Dra. Alexis Schreck

INTRODUCCIÓN

En épocas que oscuramente sentimos en declive o, al menos,
en suspenso, el cuestionamiento permanece como el único
pensamiento posible. Indicio de una vida simplemente viva.

Julia Kristeva, *El porvenir de una revuelta*

La cuestión psicosomática ha sido caracterizada como "limítrofe" o fronteriza, en referencia a diversas condiciones que la definen, como son el involucrar a diversas disciplinas, el comprometer la frontera entre lo psíquico y lo somático y su supuesta relación, y por presentarse como situación límite en la clínica psicoanalítica. Pero también por llevar a primer plano la problemática de la corporeidad. El cuerpo es, en la experiencia humana, lo extraño abismal, condición de nuestra existencia, evidencia patente de fragilidad, finitud y límites. Por ello, resulta un terreno de difícil acceso para el pensamiento.

Al pensar el cuerpo tomando como horizonte los trastornos psicosomáticos nos encontramos con una especie de encrucijada donde convergen saberes, prácticas y disciplinas diversas. Se trata de una condición, podríamos decir, enigmática, que resiste miradas simplificadoras. El punto de partida ha sido la realidad clínica: se trata de problemas de salud caracterizados por lesiones orgánicas demostrables según procesos fisiológicos, bioquímicos y anatómicos en general bien conocidos por las ciencias médicas, aunque su surgimiento, evolución, persistencia y conformación general permiten sospechar, o incluso fundar la idea de que su emergencia está ligada o provocada por factores "psicológicos", "emocionales" o "psíquicos". Esto ha delimitado el terreno de interrogación y surgimiento de -dicho en términos genéricos- la "hipótesis psicosomática". De alguna manera, esta sospecha "psicosomática" ha

17

sido incorporada no sólo en sectores del campo de la salud sino también como saber popular, lo cual ha redundado en aspectos positivos, aunque también ha sumado imprecisiones y confusión.

En relación a esta problemática, la medicina y el psicoanálisis están implicadas en una historia que ya abarca un siglo: se trata de una historia de experiencia clínica, desarrollos teóricos e investigación, a la que se han sumado, en épocas recientes, las neurociencias, la psicología y otras aproximaciones. Dos grandes retos siguen vigentes: la comprensión teórica de los procesos que están en juego en estos problemas de salud y la intervención terapéutica.

¿Cómo definir la dificultad de abordaje clínico y de comprensión teórica de la problemática psicosomática? Puede decirse que la gran interrogación psicosomática, es decir, la cuestión esencial que la define, es *el cuerpo* o, más claramente, la relación *psique/soma*. Sí, ahí están siglos de reflexión filosófica buscando comprensión de la condición humana en esa encrucijada. Para el psicoanálisis es un tema nodal: el cuerpo es lo abismal, lo desconocido, es "el Otro metapsicológico" dice Assoun (1997), que el psicoanálisis distingue del *soma*, del organismo.

Enfocada desde la perspectiva del psicoanálisis, la cuestión psicosomática lleva a múltiples interrogantes que la colocan de entrada bajo una peculiar densidad. Para empezar, "psicosomático" no es término psicoanalítico, sino una problemática cuya pertinencia para el campo se ha cuestionado y ha debido justificarse. La clínica en nuestro campo ha sido y sigue siendo una fuente privilegiada de experiencia. Este terreno –el de la clínica psicoanalítica- se ha visto sacudido por los llamados trastornos psicosomáticos. El campo psicoanalítico tiene como referente fundacional el cuerpo de la histeria, el cual se manifiesta afectado en el plano funcional pero preservado en su integridad biológica, mientras que, en contraste, se trata ahora de lesiones en lo real del cuerpo biológico pero que no pueden explicarse desde condiciones de orden anatómico-fisiológicas; tampoco corresponden a una estructura neurótica y no pueden ser considerados "síntoma" en sentido analítico. Esto interroga al psicoanálisis en cuanto a la posibilidad teórica de referir estos fenómenos al sujeto del inconsciente y, por tanto, de acogerlos como analizables en su intervención analítica. A pesar de los cuestionamientos y oscilaciones, se fortalece la idea de que la cuestión psicosomática no es un tema más a ser tomado en cuenta en el campo psicoanalítico, sino una temática cuyas implicaciones conciernen al cuerpo teórico psicoanalítico en conjunto. "El interés que tenemos por esas manifestaciones psicosomáticas no se debe sólo a lo que ocurre en la clínica, sino también a una preocupación teórica" (Nasio, 1996ª:104).

Las manifestaciones psicosomáticas constituyen un universo amplísimo y diverso; de ello dan cuenta tanto el campo médico como la clínica psicoanalítica. Adicionalmente, se ha documentado contundentemente su actualidad. Por ello, tiene que llamarnos la atención la aparición en nuestra sociedad de los fenómenos psicosomáticos entre los motivos principales de malestar. No podemos simplemente dar cuenta de un dato estadístico sin asumir que los perfiles de subjetividad contemporánea que hoy expresan el malestar cultural en la forma de afectaciones a la salud son un motivo de reflexión obligada, siguiendo la importante tradición freudiana de interpretación de la cultura. Los trastornos psicosomáticos, al lado de problemáticas como las adicciones, el pánico y los trastornos alimenticios, entre otros, han sido abordados por Julia Kristeva (1993) desde una perspectiva que denomina "nuevas enfermedades del alma", y que también conforman lo que ya se nombra corrientemente en el medio psicoanalítico como "la clínica de la modernidad".

Las diversas inquietudes de índole teórica y práctica desde el saber psicoanalítico que convergen en las manifestaciones psicosomáticas, han encontrado en mí una amplia resonancia a partir de mi propia experiencia de práctica psicoanalítica. De ahí el deseo y la determinación de emprender la elaboración de este libro que fue producto de un proceso de investigación que vislumbró como horizonte problematizar "la interrogación psicosomática" desde la perspectiva psicoanalítica[1].

La travesía inicia con el reconocimiento del trayecto de reflexión filosófica alrededor de la temática milenaria de la relación mente/cuerpo, que no solamente permitió dimensionar las dificultades para abordar esa problemática, sino que reveló los matices y apuestas que se desplegaron desde la Antigüedad hasta el surgimiento de la ciencia moderna con la formulación de un dualismo radical entre la mente y el cuerpo (Descartes), para luego encontrar los contrapuntos, puntos de fuga y otras formas de pensar la relación mente/cuerpo; así, de Spinoza a Nietzsche, de Merleau-Ponty a Foucault y Nancy, entre otros, se muestran las inflexiones culminantes del pensamiento filosófico .

Ese recorrido inicial es también el preámbulo que apunta a mostrar en toda su magnitud el gran aporte freudiano del concepto de pulsión, pilar del paradigma metapsicológico freudiano y claramente revolucionario puesto que subvierte los términos usuales de entendimiento de la relación *psique/soma*. Recorrer la trayectoria que va dando forma al estatuto del cuerpo en Freud, desde los momentos iniciales del *Proyecto* hasta la refundación metapsicológica con la introducción de la *pulsión de muerte*, permitió reconocer las grandes tesis freudianas sobre el cuerpo y establecer la noción de *cuerpo pulsional* como herramienta conceptual eje de mi reflexión.

---

1 Versión editada de mi tesis de doctorado en psicoterapia psicoanalítica, presentada en la Asociación Psicoanalítica Mexicana en abril de 2014, con el título "La interrogación psicosomática. Vicisitudes del proceso psicoanalítico en un caso de *espondilitis anquilosante*".

A partir de ahí se reconstruye la trayectoria histórica de la investigación psicosomática en psicoanálisis, sus pioneros y la emergencia de corrientes de investigación que dejaron huellas importantes en el campo, como la conocida Escuela de Chicago. Especial atención se puso en analizar las aportaciones de la Escuela Psicosomática de París y las críticas que ha generado. Así también, se explora detenidamente la concepción de cuerpo gozante de Lacan y las hipótesis psicosomáticas que se desprenden de su obra. Como estación final de estos primeros tres capítulos, se discute el modelo médico del estrés, motivo de profusa investigación contemporánea y de hondo arraigo en el imaginario social contemporáneo.

La travesía continúa y concluye con otros tres capítulos, los que dan cuenta del diálogo teórico y clínico puesto en marcha interrogando las vicisitudes del proceso analítico de una paciente que se presentó a mi consultorio psicoanalítico con la demanda imperiosa de alivio de un dolor invalidante y crónico, asociado a una condición médica de las articulaciones[2]. El caso elegido se dio en el marco de distintas experiencias que he tenido a lo largo de mi práctica psicoanalítica con pacientes con manifestaciones somáticas. La elección de este caso particular como objeto de estudio y reflexión sistemática, fue el resultado de las condiciones extraordinarias del caso: una mujer joven con dolores físicos severos que presentó demanda de análisis después de recorrer consultorios médicos por cerca de siete años, lo que me intrigó y llamó poderosamente mi atención; fue importante también la persistencia y apego de la paciente a su análisis, que generó una experiencia analítica de seis años ininterrumpidos como terreno de observación y reflexión.

Formulé ciertas preguntas que llevaron mi experiencia clínica con este caso al terreno de la investigación: ¿Cómo concebir el abordaje psicoanalítico ante una demanda de alivio de un dolor físico intolerable? ¿Qué sentido puede atribuirse a las afecciones físicas derivados de una condición médica, en el marco de un tratamiento psicoanalítico? Al discutir y tomar postura en relación a las grandes coordenadas teóricas que hoy se dirimen en el ámbito psicoanalítico para penetrar la problemática psicosomática, emprendí la tarea interpretativa de este caso, lo que me llevó a proponerme desentrañar "las tramas del dolor", frase que alude a la noción de *trama* -que proviene de la perspectiva hermenéutica de Paul Ricoeur- congruente con la idea de subjetividad en psicoanálisis, concebida como "entramada" desde varios niveles y dimensiones. Muestro entonces cómo se logró desanudar algunos hilos constitutivos de "las tramas del dolor" del caso estudiado, así como reconocer procesos que juegan un papel importante en la vulnerabilidad psicosomática, tales como: memorias inconscientes escindidas de las tramas representacionales, memorias transgeneracionales que

---

2 Diagnosticada como *espondilitis anquilosante*.

adquieren eficacia a partir de identificaciones alienantes, otras formas del cuerpo-memoria como es la imagen del cuerpo, y la acción de la pulsión de muerte. El libro concluye con una vuelta a las interrogantes iniciales, haciendo patente la lectura renovada, es decir, las miradas construidas desde el recorrido realizado y la nueva perspectiva alcanzada, la cual incluye, naturalmente, nuevas preguntas y apuestas teóricas.

CAPÍTULO 1

LA RELACIÓN MENTE-CUERPO EN LA REFLEXIÓN FILOSÓFICA

*Casi en cada acto de nuestra existencia creemos descubrir
una nueva pregunta sobre nuestra corporeidad...*

Alfredo López Austin

La cuestión psicosomática se inscribe ineludiblemente en los caminos hundidos en siglos de interrogación del ser humano alrededor de su condición dual de existir como cuerpo, y de ser que busca y crea sentido sobre sí y sobre su mundo, asombro que ha quedado plasmado en la forma de mitos, rituales, prácticas de distinto tipo, representaciones artísticas y sistemas conceptuales. Se trata del viejo problema filosófico relativo al cuerpo y el alma (o "mente" o "espíritu") y a su supuesta relación, una temática fundamental en la gran aventura del pensamiento que es la filosofía, asunto que es también parte central de toda cosmovisión, según documenta contundentemente la antropología. De ahí que resulta de gran interés asomarse –así sea someramente- a algunos momentos culminantes de esa fascinante herencia, no sólo como contexto para aquilatar el aporte freudiano y los desarrollos psicoanalíticos posteriores, sino también para introducir una nueva dimensión que enriquece la propia perspectiva y comprensión del tema mente/cuerpo.

Corporeidad y cosmos

Tomaré como punto de partida una breve reflexión acerca del sistema de ideas y creencias de las culturas que integraron el mundo mesoamericano antes de la llegada de los españoles, es decir, las asentadas en el territorio que hoy es la mitad meridional de México y la occidental de Centroamérica, culturas que más allá de su particularidades, compartieron algunos principios básicos. Éstos remiten, como en muchas otras culturas, a la

23

idea de que el ser humano está compuesto por dos clases de sustancia, pero no en el sentido que nos es familiar de la tradición occidental de una parte material y otra espiritual, sino a dos clases de materia: la pesada, tangible y densa, y otra sutil, ligera e invisible. La materia pesada es perecedera y equivale al conjunto corporal, conformando el recipiente donde se aloja lo sutil, la materia divina e indestructible que se distribuye por todo el cuerpo, con algunos de sus órganos como asientos principales. En cambio, la materia sutil corresponde en esas concepciones a la interioridad anímica del ser humano; hay que subrayar que no está concebida como una entidad singular, sino como una pluralidad de entidades anímicas en relación dinámica, ligadas a los cultivos, a ciertos animales, a los antepasados y a los astros, que juegan y luchan en su interior. Esta idea de vínculo de cada ser humano singular con otros órdenes y otros seres, hace que irrumpa claramente en la cosmovisión de estos pueblos la idea de lo sagrado, orientación que permea sus representaciones de los misterios de la vida, la comunidad, la naturaleza y la muerte.

De las investigaciones sobre las culturas mesoamericanas de destacados estudiosos de estos temas (López Austin, 2004; Arroyo, 2004), quiero destacar a manera de síntesis dos aspectos que parecen de gran interés: a) Una concepción de ser humano como mediación entre el microcosmos y el macrocosmos, donde el cuerpo expresa y articula sus relaciones y tensiones con los dioses, los ancestros, la comunidad y la naturaleza; y b) Una concepción de salud como equilibrio, lo que implica que el individuo está obligado a controlar y armonizar los componentes plurales de su naturaleza (las entidades anímicas heterogéneas habitando el cuerpo y fuertemente vinculadas a otros órdenes del cosmos), ligando la salud con la moral y la sanción divina. De ahí que "la triple vertiente del desequilibrio daba lugar a una terapéutica múltiple, por lo cual el médico hacía también las veces de confesor, consejero moral y religioso, administrador de medicamentos, rezandero y conjurador" (López Austin, 2004: 38).

Hay que resaltar que culturas antiguas como las mesoamericanas construyeron sus ideas de relación entre cuerpo y alma (o espíritu) desde cosmovisiones que traducen la experiencia de estar conectados con toda la naturaleza y de pertenecer al Universo. Es el caso también de filosofías místicas de origen oriental como son las budistas, taoístas o hinduistas. Así, Fritjol Capra (1975), al explorar las principales teorías de la física moderna (teoría de la relatividad y física cuántica) y compararlas con esas milenarias visiones orientales del mundo, ha encontrado que las ideas de unidad e interrelación mutua de todas las cosas y acontecimientos, y la concepción dinámica de movimiento, flujo y cambio, constituyen las características más comunes en esas tradiciones orientales.

Así, todas las cosas se ven como interdependientes e inseparables, y como modelos transitorios de la misma realidad última. El cuerpo y la salud se conciben desde ideas de flujos de energías opuestas pero a la vez complementarias, que configuran bloqueos, equilibrios y desequilibrios. Las prácticas corporales se consideran una parte esencial del trabajo sobre los niveles de conciencia, una preocupación central en esos antiguos esquemas filosóficos.

Este breve acercamiento a sistemas filosóficos marginales a la tradición occidental, además de ampliar la comparación y la reflexión sobre las trayectorias del pensamiento alrededor de la temática mente/cuerpo, permite resaltar la importancia de observar el horizonte epistemológico que orienta la forma de preguntar y que coloca lo cuestionado bajo una determinada perspectiva. Veamos cómo ha sido el proceso de asombrarse, preguntarse y recorrer ciertas sendas de reflexión en el mundo occidental.

Las visiones del alma en la filosofía clásica griega

El alma (*psyche*) es un elemento central en la explicación griega de la naturaleza humana. Hay que recordar que los antiguos vocablos griegos *psyche* y *pneuma*, así como los de *anima* y *spiritus* en latín (y puede recordarse también el de *atman* en sánscrito), tienen en común el significado de *aliento*: "se trata del hálito, la respiración, ese elemento incomprensible que separa, de modo inconfundible, a los vivos de los muertos" (Gadamer, 1993:157). El lenguaje lleva a la relación entre aliento y vida como definición del alma, pero "alma" también se vincula con la capacidad de movimiento propio, y específicamente con una capacidad que se vuelve sobre uno mismo, "la conversación del alma consigo misma" decía Platón. De manera que la noción de alma se vincula con dos cuestiones distintas: en primera instancia es principio vital, es decir es aquello que anima a los seres vivos; por otro lado, es principio de racionalidad, de entendimiento, lo que sustenta al pensamiento, la sensibilidad, los afectos y la voluntad.

Más allá de las interpretaciones específicas que se hicieron de la *psyche* por pensadores griegos de la Antigüedad, el elemento culminante de sus reflexiones se ubicó tanto en la distinción metafísica entre el cuerpo y el alma, como en la manera de entender la relación entre ambos. De esa cuna de la civilización occidental que es la filosofía clásica griega y que abarca varias etapas, me centraré básicamente en los pilares del pensamiento sistemático desarrollado por Platón y Aristóteles (siglos V y IV a.C). En particular, el *Fedón o del alma* de Platón, así como *De Anima (Acerca del alma)* de Aristóteles, constituyen una referencia imprescindible al explorar el vínculo *psique–soma* en la filosofía griega clásica, y cuya influencia ha sido decisiva en los desarrollos posteriores del pensamiento filosófico occidental.

Platón, como sabemos, fue discípulo de Sócrates. El *Fedón o del alma* es el diálogo donde Platón narra la muerte de Sócrates y emprende reflexiones cruciales:

> -Veamos, pues, ¿no somos nosotros un compuesto de cuerpo y alma? ¿Hay otra cosa en nosotros?
>
> -No, sin duda, no hay más.
>
> Platón, El Fedón.

Fedón, el narrador, muestra al personaje Sócrates dialogando sobre la muerte –la muerte del cuerpo-, la aspiración del alma a separarse del cuerpo con el que está unido y la inmortalidad del alma[1]. Aunque la noción de inmortalidad del alma ya había aparecido en la filosofía pre-socrática, Platón establece con este diálogo (y en otros, desde otras perspectivas) la irrevocable separación entre cuerpo y alma, es decir, desarrolla plenamente la concepción dualista que opone el alma al cuerpo. Postula una diferencia de naturaleza entre las dos instancias: mientras que el alma es de naturaleza inmaterial, invisible, inmutable, divina e inmortal, el cuerpo es descrito con las características opuestas. Alma y cuerpo pertenecen a mundos distintos: el cuerpo al mundo sensible y el alma al mundo divino de las ideas.

El alma es causa de la vida: vive y da vida a la realidad corpórea, pero su estancia en un cuerpo corruptible es para el alma un exilio. El alma es del orden de lo eterno, puro, inmortal e inmutable, pero está sumergida en un *cuerpo-prisión* que puede corromperla y llevarla a todo tipo de extravíos. Platón insiste en la terrible fuerza de esa prisión que es el cuerpo al que el alma está encadenada, y los esfuerzos que debe realizar para dominarlo. El alma, prisionera del cuerpo, deberá luchar por liberarse de dos fuentes de desorientación: los sentidos que la llevan al juicio erróneo, y las pasiones que la perturban, "como si estuviera ebria".

> -¿Cómo, Sócrates?
>
> -Voy a explicároslo. Los filósofos, al ver que su alma está verdaderamente ligada y pegada al cuerpo, y forzada a considerar los objetos por medio del cuerpo, como a través de una prisión oscura, y no por sí misma, conocen perfectamente que la fuerza de este lazo corporal consiste en las pasiones, que hacen que el alma misma encadenada contribuya a apretar la ligadura.
>
> Platón, El Fedón.

---

1 Si bien, cabe aclarar que Platón no postula una idea de inmortalidad personal, puesto que plantea que el alma sólo se individualiza al encarnarse en un cuerpo; separadas de los cuerpos, todas las almas son iguales, aunque pueden ser más o menos puras.

Sólo la muerte liberará definitivamente al alma del cuerpo-prisión, e irá al *Hades*, morada definitiva de las almas puras liberadas del *soma*. Si durante la vida humana el alma y el cuerpo están juntos, la concepción platónica del vínculo psicosomático es una relación de fuerza, estableciendo el ideal filosófico de que el alma tenga el mando, y el cuerpo obedezca y sea esclavo. El hombre, como conjunción de alma y cuerpo, tiene en el alma la parte activa y en el cuerpo la pasiva: "la sumisión del cuerpo presagia la liberación del alma" (Alliez y Feher, 1989:49). Se inaugura así la idea del gobierno del alma humana sobre el cuerpo, que para Platón tiene su máxima expresión en la filosofía, definida por el aprendizaje y la sabiduría de saber desprenderse del cuerpo. La finalidad es la liberación, la que se consigue a través de la sabiduría. Ésta no es otra cosa que el verdadero conocimiento, que consiste en la contemplación de las ideas, o sea, de los modelos a partir de los cuales han surgido las cosas del mundo.

El pensamiento de Platón sobre las relaciones que el alma mantiene con el cuerpo que habita varían de un diálogo a otro; no obstante, están claramente presentes dos modelos: el primero consiste en el encadenamiento del alma en un cuerpo-prisión, incluso en un cuerpo-tumba (la conocida fórmula *soma-sema*, que Platón retoma de la tradición órfica, y comenta en el *Gorgias*, otra de sus obras); el otro correspondería al gobierno del cuerpo por el alma, elevado al rango de virtud cardinal, importante para la vida cívica, ya que ser capaz de gobernar el cuerpo lo considera esencial para tener capacidad de gobernar en la vida pública.

Las cosas del mundo sensible no son sino sombras, reflejos o imágenes. Incluso para Platón eran inquietantes aquellas manifestaciones presentes en la cultura griega de su época que respondían a valores como la gracia y la estética -tales como la cultura física y las artes plásticas-, por considerar que podían inducir a tomar por verdad las apariencias e inducir al error y a la ignorancia. El mundo es copia e imitación del verdadero *mundo de las ideas*, que es perfecto, eterno e inmaterial. De ahí que el conocimiento de las ideas, que son esenciales y paradigmáticas, no puede provenir de los sentidos sino de la *anamnesis* –la reminiscencia o el recuerdo de lo antes visto- por parte del alma, que se considera pre-existente al cuerpo. En cambio, el conocimiento sensible que se logra a través del cuerpo es de un rango inferior: es la *doxa*, la simple opinión, o sea, un conocimiento superficial, parcial y limitado.

"El alma" no constituye un sector sino la totalidad de la existencia corporal del hombre. Aristóteles lo sabía. El alma es la vida del cuerpo (Gadamer, 1993:187).

Es en relación a este aspecto de la conexión con el mundo en la relación cuerpo/alma, que Aristóteles inaugura otra de las tradiciones filosóficas más significativas del mundo griego, complementaria, pero también contradictoria con las enseñanzas de Platón, de quien fue discípulo. Si para Platón la concepción central es el mundo de las ideas, para Aristóteles es la naturaleza, la *physis*; su pensamiento revela un profundo interés por la realidad concreta de los seres y el mundo que viven. Rechazó la idea platónica de que el mundo sensible, o sea el captado por los sentidos, es una copia de las ideas, que serían, para Platón, la auténtica realidad. De ahí que no pudo suscribir el dualismo entre mundo sensible y mundo de las ideas, ni la consiguiente separación radical entre alma y cuerpo. En *De Anima* (*Del alma*), Aristóteles argumenta la unión sustancial entre alma y cuerpo. Esto quiere decir, contrariamente a una idea de unión accidental o circunstancial de elementos previamente constituidos, que tal vínculo es constitutivo del ser humano.

Para definir esa relación alma/cuerpo, introduce las nociones de *potencia* y de *acto*. "La potencia es, en términos generales, la capacidad de una cosa para modificarse; el acto es la realización de esta capacidad" (Xirau, 1964:73). La materia (cuerpo) es potencia y la forma (alma) es acto. Entonces, el alma es la forma del cuerpo que está en potencia de vida; igualmente puede expresarse como que es el acto de un cuerpo que tiene la vida en potencia. El alma se halla respecto al cuerpo como la visión con respecto al órgano visual: constituye la realización de la potencia propia del cuerpo. Para Aristóteles, todos los seres vivos tienen en sí un principio vital o alma que regula todas sus funciones vitales. Distingue tres modalidades de alma: alma vegetativa (potencia nutricia y reproductiva), alma sensitiva (potencia sensible y de movimiento), y alma intelectiva (potencia para el pensamiento abstracto y la reflexión). Éstas son tres instancias del cuerpo orgánico: lo simplemente vivo, lo sentiente y lo pensante (que junto con las anteriores es la especificidad humana). Dice Jean-Luc Nancy que un término común a estas tres instancias es la relación de sentir, por lo que la idea de forma en Aristóteles debe entenderse como relación, como articulación, como "la relación de sentir, de sentirse, de ser sentido y de sentir algo como de fuera" (Nancy, 1992:91).

En *Del alma*, Aristóteles enuncia dos definiciones de alma. La primera, como decía anteriormente, es que el alma es la *forma* de un cuerpo viviente. La segunda es que el alma es la *entelequia* primera de un cuerpo natural organizado. Lo verdaderamente importante en la noción de entelequia en Aristóteles, dice Nancy, es que apunta a un *individuo,* de manera que la definición del alma como "entelequia primera de un cuerpo natural organizado" se refiere fundamentalmente a la singularidad que es esencial al cuerpo, a la existencia del cuerpo, a su presencia. "El alma es el hecho de que un cuerpo existe, es decir, que tiene por tanto extensión y exposición" (*ibid*, p.:92). A lo que Aristóteles le da unaimportancia decisiva es a la idea de seres vivientes, que se opone a las cosas no-vivientes[2].

Se suele describir a Aristóteles como un pensador empirista, ya que buscó fundamentar el conocimiento en la experiencia y desarrollar una explicación lógica del mundo. Trae a primer plano el *logos* o pensamiento racional. El alma es entonces principio vital y de movimiento, pero también principio de conocimiento. La idea central es que el entendimiento humano es capaz de captar la esencia de las cosas a partir de la razón, con los datos suministrados por los sentidos. La esencia es lo que una cosa es, más allá de la multiplicidad de sus estados y apariencias. La importancia que le dio al conocimiento sensible y al conocimiento de lo singular para llegar a lo universal, abrió una base firme para lo que posteriormente se definiría como investigación científica.

La conciencia como espejo interior

> *Pero si la conciencia es como un espejo roto porque la armonía del cuerpo está perturbada, la razón discursiva y el Espíritu ejercen su actividad sin reflejo, y entonces se produce una actividad del espíritu sin representación imaginativa (phantasia).*

> Plotino, *Enéadas*[3]

Una doctrina filosófica particularmente significativa, que recoge diversas influencias de pensadores clásicos, especialmente de Platón, es el neoplatonismo, cuyo máximo representante es Plotino (205-270 d. C.). Su obra las *Enéadas*, una colección de escritos compilada por su discípulo Porfirio, sigue siendo aún hoy motivo de análisis por parte de destacados pensadores contemporáneos[4], muy particularmente de aquellos orientados a pensar con el psicoanálisis, dadas sus muy llamativas intuiciones sobre la psicología humana. En efecto, en Plotino se encuentran antecedentes de la noción de inconsciente, señalamientos acerca del papel de la imaginación y el nivel de consciencia en la captación de realidades diversas, una idea de experiencia interior, reflexiones sobre el narcisismo, y una perspectiva de comprensión de la unidad en la multiplicidad, todas ellas cruciales para la discusión contemporánea sobre el cuerpo. Aun cuando Plotino manifieste su inspiración profunda

---

2 Además, es interesante recordar, como lo expresa el filósofo italiano Giorgio Agamben en *Homo Sacer. El poder soberano y la nuda vida* (1998), que los griegos tenían dos términos para expresar lo que nosotros entendemos con la palabra vida: *zoé* y *bíos*. La primera expresa el simple hecho de vivir; en cambio, *bíos* se refiere a la forma o manera de vivir propia de un individuo o grupo, es decir, a un modo de vida particular.

3 Citado por Hadot (2004).

4 Entre ellos Gilles Deleuze, en varias de sus obras, entre ellas: *Lógica del sentido* (Paidós, Barcelona), Julia Kristeva en *Historias de amor* (Siglo XXI, México), entre otras, y Pierre Hadot, en *Plotino o la simplicidad de la mirada*, (Alpha Decay, Barcelona).

en Platón, transforma la herencia filosófica recibida y ofrece direcciones nuevas en su pensamiento.

No todo cuanto hay en el alma es ya por eso perceptible conscientemente, sino que nos llega a nosotros cuando nos entra en la atención.

El hombre es muchos.

El alma es ella misma por la imaginación, no por el hecho de tenerla, sino en función de la clase de cosas que ve y de la clase de disposición en que se encuentra.

Plotino, *Enéadas*[5].

El núcleo central del pensamiento de Plotino lo constituye la doctrina del principio primero, el Uno, principio supremo que es causa de todo ser pero que no puede ser descrito como ser: el Uno es ininteligible ya que está más allá de todo discurso y pensamiento racional. Se entiende como la unidad que unifica y funda la multiplicidad, es decir, el Uno genera el devenir constitutivo de la realidad, dando lugar a la multiplicidad de los seres. De ese principio supremo (el Uno) irradian en forma descendente y jerárquica tres emanaciones ("hipóstasis" en la terminología plotiniana). La primera es la del Intelecto o Espíritu (*nous*), que recubre todo el plano del ser y se expresa en las Ideas; luego viene el Alma (*psyché*) que envuelve toda vida y se expresa en el mundo de la vida con sus almas particulares; finalmente, la Naturaleza (*cosmos*) que se expresa en la materia, con sus cuerpos animados. La irradiación o emanación, descrita como "procesión" que funda la realidad, es estructurada en distintos planos según un principio jerárquico (jerárquico en el sentido de que lo derivado de un ente es siempre inferior a este, es decir, lo causado es inferior a la causa de la que depende) y un principio de degradación progresiva..

El plano físico, constituido por la materia y los cuerpos, incluyendo el mismo cuerpo humano, son los grados más bajos del universo ontológico. Sin embargo, aunque la materia se describe como opaca, equiparada con la sombra, y perturbada por el tiempo y el espacio, no deja de ser un destello del Uno; por ello siempre está vuelta contemplativamente hacia su modelo originario que es el Uno. Plotino postula un doble movimiento: todo viene del Uno y todo va hacia el Uno (origen y meta de toda alma); este movimiento del que surgen todos los seres y por el que se vinculan entre sí, se apoya en la noción de contemplación, que explica el doble movimiento de irradiación del Uno y de conversión en el Uno. (Alliez y Feher, 1989). Esto no solamente se traduce en la unicidad de su concepción ontológica sino también en la dimensión ética que implica, y que se plasma en la aspiración permanente a la perfección, a la

---

5 Citado por E, Eskenazi (2009).

recuperación del Uno, que se describe como desprenderse o dejar atrás lo que está presente de lo múltiple y lo singular. Es como un desasirse de lo sensual por aspiración a absorberse con lo Uno trascendente. ¿Cómo repercute este planteamiento en la forma de concebir la relación entre alma y cuerpo? ¿En qué reside la pertinencia de su pensamiento para las reflexiones contemporáneas del vínculo psicosomático?

Plotino parte de la concepción platónica del hombre, considerando que su ser verdadero es el alma; sin embargo, su planteamiento es que el alma no tiene que esperar liberarse del cuerpo para regresar al mundo espiritual, ya que éste no es un lugar supra-terrestre sino que está en lo más profundo de su ser y puede accederse a él a través de un cambio de perspectiva. Este movimiento es típicamente un cambio de conciencia, de conexión con otros planos del ser que dé acogida a lo que está más allá de lo visible. Plotino lo define como una experiencia interior: es la transformación de la mirada externa a la visión interior (Hadot, 1963). Es el pensamiento "contemplativo", ascendente hacia niveles superiores, lo que permite al ser humano instalarse en su verdadera identidad. El esfuerzo de elevación del alma en Plotino no se piensa a la manera platónica dirigida hacia el exterior, hacia el mundo celeste de las Ideas, sino al propio espacio interior, hacia lo más profundo de ella misma.

De ahí que invierte la fórmula platónica que sostiene que el alma está *dentro* de un cuerpo, para asentar en cambio la idea de que es el cuerpo el que está en el alma: es el cuerpo el que está circundado, unificado por el alma. Si bien para Plotino el cuerpo es un reflejo degradado del alma y por tanto un plano inferior del ser, combatió a los gnósticos[6] que desarrollaron un auténtico horror al cuerpo y lo mitificaron asociándolo con una potencia maléfica. Todos los niveles de la realidad que emanados desde el Uno van siendo constituidos hasta llegar a la realidad corpórea, forman parte del ser del hombre, es decir, el ser humano es una pluralidad.

El gran tema plotiniano es la conciencia y particularmente la falta de conciencia como funcionamiento habitual, ya que, argumenta, salvo ciertos momentos privilegiados de la experiencia interior, el hombre se deja llevar por la realidad inmediata y se olvida de los planos superiores – aunque estén ahí. La conciencia puede asociarse a distintas dimensiones y captar entonces distintas realidades. Lo inconsciente para Plotino es desconexión de la verdadera identidad espiritual (el alma), aunque vale la pena subrayar que esta idea de identidad en Plotino no es el de una entidad estática, primero porque "el hombre es muchos" y la identidad depende entonces de a qué dimensiones de su ser le dé entrada a través de la atención y la imaginación, pero además porque el alma en Plotino es ante todo una aspiración, un anhelo de unidad con la fuente de la que

---

6 Los gnósticos eran seguidores de doctrinas filosófico-religiosas de los primeros tres siglos d.C., inspirados en aspectos de los Evangelios, aunque más tarde considerados herejes. Sostenían una división tajante entre materia y espíritu, y planteaban que el cuerpo estaba ligado al mal y a la perdición.

proviene. Cuerpo y alma están en tensión, en un doble sentido: primero porque la conciencia es perturbada por la preocupación por las cosas de la vida terrenal, y también porque el alma humana manifiesta una inclinación a fascinarse por su propio reflejo en la materia corporal.

En referencia al mito de Narciso, Plotino señala cómo el alma narcisista enamorada de su cuerpo hace decrecer la luz, se aísla de las demás almas y de su origen común; con ello se fragmenta y se debilita. Sin embargo, aún esta "caída" del alma puede traducirse en distinguir el reflejo de la imagen sensible del cuerpo, del reflejo de la belleza interior. La conciencia es por ello equiparada con un espejo, que mientras más pulido mejor puede reflejar las dimensiones más amplias y elevadas del ser, colmando su anhelo esencial de unidad. Como puede apreciarse, son evidentes los puentes que pueden tenderse del pensamiento de Plotino hacia temas psicoanalíticos, y en particular al que nos concierne directamente de la relación *psique-soma*.

Antes de asomarnos a los comienzos de la época moderna, llamo la atención hacia aquel largo período de la cultura occidental conocida como Edad Media[7], que se caracterizó por la influencia determinante de la institución religiosa (cristiana) en Europa, con su sistemática oposición al progreso y a la libre difusión de las ideas, lo que propició un letargo prolongado en el campo del pensamiento, y conformó una pesada herencia de culpa y rechazo al cuerpo y a la sexualidad, de profundas consecuencias en la cultura occidental. En ese período van a tener una fuerte presencia dos universos filosóficos de raigambre cristiana: uno, el generado por los llamados "padres de la Iglesia", en particular San Agustín, inspirado en las reflexiones platónicas, y el otro, varios siglos posterior, vinculado a una lectura aristotélica: Tomás de Aquino, el representante mayor de la Escolástica. La idea de creación va a sustituir a la de emanación de origen neoplatónico; los dogmas de la encarnación, la divinidad de Cristo y la redención del pecado, van a conformar una doctrina que conmueve hondamente la noción de ser humano.

San Agustín consideró que el alma es creada por Dios y participa de su condición divina, mientras que el cuerpo es meramente un instrumento. Planteó que el "hombre de bien" debía liberarse de los "demonios" de las pasiones, que se ubicaron del lado del cuerpo, a través del autocontrol y la disciplina, alimentando la tradición católica medieval del cuerpo, plagado de connotaciones pecaminosas y peligrosas. Por otro lado, Santo Tomás sostuvo una concepción del ser humano constituido por alma y cuerpo en forma integrada. Inspirado en Aristóteles, considera que el hombre no se reduce a su alma, y que la naturaleza humana consiste en un compuesto de alma y cuerpo, donde el camino del conocimiento también pasa por la razón alimentada por la experiencia, y no sólo por la verdad "revelada".

---

7 Siglos V al XV, o, convencionalmente hablando, entre la caída del Imperio Romano (476) y la caída de Constantinopla (1453).

Tuvo la lucidez de distinguir entre creencia y filosofía, diferenciando la fe de la razón, iniciando –sin saberlo- el movimiento hacia la filosofía moderna, si bien es cierto que en el terreno de la doctrina se ciñó al criterio de la imposibilidad de cuestionar los dogmas religiosos.

Descartes y la marca del dualismo en la modernidad

Yo, es decir, mi alma, por la cual soy lo que soy, es entera y verdaderamente distinta de mi cuerpo...

René Descartes

Afirma Gadamer (1993:161): "Cuando la reflexión filosófica de Descartes introduce la diferenciación entre la *res extensa* y la *res cogitans*, se inicia una nueva época". Una nueva época, en el sentido que define lo "moderno" como inicio de otro momento del devenir humano caracterizado por el desprendimiento del universo teológico dominante en la Edad Media y la apertura a las nuevas formas de encarar el conocimiento desde los criterios de la ciencia: René Descartes como fundador de la filosofía moderna. Pero nueva también en cuanto a la formulación de un dualismo radical entre la mente y el cuerpo, que significó un giro decisivo en la reflexión filosófica occidental acerca de la naturaleza del ser, constituyéndose en un referente ineludible en el análisis y discusión de las temáticas del sujeto, la conciencia y el cuerpo, además de generar un imaginario de separación y confrontación entre alma y cuerpo que abarcó la cultura en sentido amplio.

En efecto, René Descartes (1596-1650) formula en su obra *El discurso del método*, el famoso método cartesiano de la duda metódica y la certeza, y en *Meditaciones filosóficas* divide la Naturaleza en dos sustancias totalmente distintas: mente y materia. *Res extensa*: "cosas que tienen extensión" y *res cogitans*: "cosas que piensan", pertenecen a campos separados y no pueden ser estudiados con las mismas herramientas. El mundo material, incluyendo los organismos vivos, es concebido como máquina que podía ser comprendido analizando sus partes más pequeñas. Descartes no reconoce ninguna diferencia entre materia viviente y no viviente (como Aristóteles lo hacía); para él toda materia es del dominio de la física. El cuerpo humano es exclusivamente una máquina regida por principios mecánicos según una causalidad determinista. La idea de máquina aplicada al cuerpo significa que no se requiere postular ninguna finalidad para explicar su funcionamiento; éste es de tipo inercial sometido a leyes mecánicas. En cambio, el alma (a la que también llama mente) es autónoma, pura sustancia pensante, regida por leyes lógicas, por principios de entendimiento que son innatos.

A pesar de su vocación racionalista, es interesante recordar que Descartes escribe también una obra con el título *Las pasiones del alma*(1649), en la que aborda el análisis de las emociones primarias, reconociendo el fuerte carácter afectivo del plano cotidiano de la realidad humana. En esa obra distingue tres tipos de procesos humanos: los puramente corporales (como la digestión), aquellos en los que intervienen el cuerpo y la mente (como la sensación), y los exclusivamente mentales (las ideas "claras y distintas"). No obstante la afirmación contundente de su tesis dualista, reconoce que entre alma y cuerpo hay algún tipo de relación, alguna "mezcla", por lo cual enfrenta el problema de la relación entre sustancias que concibe como radicalmente distintas, es decir, formula a su manera el problema de la relación entre mente y cuerpo. La separación radical entre cuerpo y alma introdujo una cuestión de difícil solución: ¿cómo dos sustancias esencialmente distintas pueden relacionarse entre sí? Para intentar una solución, Descartes recurre a la doctrina extendida en su época de los "espíritus animales", que serían partículas extraordinariamente pequeñas que pasan información desde el cerebro a los músculos a través de la sangre y los nervios, y postula un nada satisfactorio interaccionismo, considerando a la glándula pineal como el lugar de conexión entre mente y cuerpo. El problema planteado fue objeto de discusión en los siglos siguientes, convirtiéndose en motivo de muy distintas "soluciones": propuestas dualistas y monistas, materialistas o idealistas, y también denuncias de que el problema de la relación mente-cuerpo es un "falso problema".

Entre las variadas formas de dualismo que aparecieron en los intentos de dar con una solución a la cuestión de la relación entre mente y cuerpo, dio mucho de qué hablar la propuesta de paralelismo entre mente y cuerpo, también llamada "tesis de la armonía preestablecida" de Gottfried Wilhelm Leibniz[8], que se define como un dualismo idealista. Su idea se sustenta en la teoría de las mónadas, consideradas como las unidades más básicas en el ámbito metafísico. Contrariamente a la distinción cartesiana de dos sustancias (pensante y extensa), señaló que hay tantos tipos de sustancia como tipos de principios de acción, a las que llamó "mónadas". En los seres humanos, el alma (mónada racional, espiritual o autoconsciente) y cuerpo (considerado como un conjunto de principios de acción o mónadas) no interactúan entre sí, sino que actúan en paralelo, de forma sincronizada, gracias a una regulación divina previa, como cuando un relojero sincroniza relojes. De ahí que, en su concepción, los procesos mentales y los procesos corporales aparecen en perfecta armonía pero sin interacción real.

Pero retomando la reflexión acerca de la trascendencia del dualismo cartesiano, ya sabemos que el dualismo entre alma y cuerpo es un viejo tema de la Antigüedad griega, perfectamente sistematizado en la obra

---

8 Uno de los grandes pensadores de los siglos XVII y principios del XVIII

de Platón. Entonces cabría preguntarse por qué el dualismo mente-cuerpo formulado por Descartes en el siglo XVII dejaría una marca tan significativa en los rumbos que tomaría el pensamiento occidental que, a partir de entonces, de una u otra manera insistentemente se referirá a la obra cartesiana.

Lo que Descartes hace es disolver el antiguo problema alma-cuerpo asentado en un cosmos teleológico[9], al proponer una nueva manera de enfrentar la relación entre el cuerpo y la mente, ubicándose en un paradigma[10] mecanicista. Esto en el marco del racionalismo, perspectiva filosófica que defiende la capacidad de la razón humana para conocer la realidad sin depender de la experiencia, y del que es iniciador: su *cogito ergo sum* (pienso, luego existo) funda el sentido del saber en la época moderna sobre la certeza de la conciencia que tiene el yo de sí mismo. Descartes funda la analogía entre mente y conciencia, y la idea de conciencia como fundamento de la verdad, ambos planteamientos de profundas consecuencias Al respecto recoge Gadamer la siguiente crítica (1993:162): "Nietzsche tiene razón cuando afirma que se trata del triunfo del método sobre la ciencia y de la transformación de la verdad en certeza". Con este señalamiento se denuncia el intento de ceñir la ciencia al método, con lo cual se le restringe, ya que las definiciones del método –según lo entendemos ahora- deben derivarse de los criterios epistemológicos establecidos en los campos científicos y no al revés; también se impugna la idea de hacer equivalente la verdad a la certeza. Si bien la verdad es una aspiración de todo conocimiento (no sólo del científico), el saber que se logra con la razón y con el camino de la ciencia, no puede ser equiparables a la verdad entendida como única y universalmente válida, es decir, trastocada en certeza. Ésta se inscribe en un universo cerrado; en cambio, la verdad sólo puede pensarse en el marco de un horizonte abierto.

Descartes sienta desde luego las bases para un pensamiento autónomo de las ideas religiosas. Hubo una convergencia de su pensamiento con las aportaciones científicas de Isaac Newton (1643-1727), para quien el Universo era un sistema mecánico compuesto de piezas donde todos los fenómenos se explican según leyes puramente mecánicas, quien a su vez había integrado en su sistema criterios metodológicos de Galileo (1564-1642), considerado el introductor de la experimentación en la investigación científica. De esta forma, con Descartes y Newton se constituye un paradigma mecanicista y determinista de la Naturaleza,

---

9 Es decir, referido a la finalidad última de los fenómenos.

10 La noción de paradigma, usada por Thomas Kuhn en *La estructura de las revolucionescientíficas* (1962) para describir la ruptura epistemológica implicada en un "cambio de paradigma", se refiere al conjunto de principios de acción, interrogantes y formas de abordaje de una disciplina científica en un cierto período de tiempo. Para Morin (1990: 89), un paradigma está constituido por un cierto tipo de relación lógica sólida entre nociones maestras y principios clave, "que van a gobernar todos los discursos que obedecen, inconscientemente, a su gobierno".

con el que se forjan los cimientos de la ciencia moderna y se logran grandes avances; las consecuencias perniciosas y reduccionistas en la comprensión del mundo humano se empezarían a comprender hasta el siglo XX (Morin, 1990).

El paradigma newtoniano-cartesiano ha gravitado en forma decisiva en la forma de comprender la relación mente-cuerpo en la Era Moderna y, a pesar de los múltiples intentos de subvertirlo, su huella persiste en distintos campos de la actividad humana, generando varios obstáculos epistemológicos, que son, principalmente -siguiendo a Edgar Morin- los siguientes: disyunción, reducción y abstracción. En otras palabras, ese paradigma:

- separa lo que está ligado (las realidades clave son desarticuladas),
- reduce lo complejo a lo simple (reducción de lo biológico a lo físico, de lo humano a lo biológico),
- no puede concebir la conjunción de lo uno y lo múltiple, ya que "o unifica abstractamente anulando la diversidad, o por el contrario, yuxtapone la diversidad sin concebir al unidad" (Morin, 1990:30).

Estos principios traen como consecuencia la instauración de un pensamiento lineal y mecanicista, que ve los fenómenos aislados de sus conexiones.

Contrapunto: Spinoza y las pasiones

El pensamiento filosófico de Baruch Spinoza (1632-1677), contemporáneo de Descartes, tuvo relieves inéditos para su tiempo, y si bien permaneció marginal a la tradición cartesiana que se asentó como dominante, en la actualidad se le considera como un valioso antecedente de ideas que desarrollarían autores como Nietzsche y Freud.

Spinoza se opuso a separar mente y cuerpo, razón y pasión, los que consideró elementos diferenciados pero integrados en la misma sustancia (parte de una única sustancia existente que en última instancia es Dios). Por ello a su filosofía se la ubicó como un "monismo de aspecto dual". De hecho, le dio una importancia central al cuerpo, en la perspectiva de la *acción* y la *potencia*, y entendió que los afectos –la capacidad de afectar y ser afectado- y las pasiones, son una forma de relacionarse con los otros y con uno mismo. Si las pasiones son del orden de la potencia, no se trata de suprimirlas sino de comprenderlas a través de la imaginación, la razón y la intuición. Su celebrada distinción entre "pasiones alegres" (las derivadas del amor) y las "pasiones tristes" (las derivadas del odio y la tristeza) remite a la distinción entre aquellas que aumentan la potencia para obrar, de las otras que la disminuyen, deprimen existencialmente y encadenan al ser humano a la servidumbre, tanto a nivel individual como colectivo.

El deseo es una figura central de su concepción ética, de su idea de liberación y acrecentamiento de la fuerza para la acción; entiende por deseo: "...la esencia misma del hombre, es decir, un esfuerzo por medio del cual trata el hombre de perseverar en su ser" (Spinoza, en Ética, citado por Carpintero, 2002). La fuerza de la acción no es otra que la pasión de ser. Cuando Spinoza analiza las pasiones muestra cómo las emociones y los sentimientos forman parte inseparable de la razón, punto de partida de toda comprensión de un mundo cambiante al que el ser humano tiene que enfrentar con imaginación. Lo que se llama "mente" no es para Spinoza más que un cuerpo que se siente a sí mismo, cuerpo complejo capaz de sentir y pensar, de amar y odiar, de conocer e imaginar, un cuerpo que vive.

Mente y cuerpo en la encrucijada del racionalismo y el empirismo

En la evolución de la discusión filosófica alrededor del problema de la relación entre mente y cuerpo, la oposición entre racionalismo y empirismo es uno de los puntos nodales. Descartes, Spinoza y Leibniz, más allá de sus diferencias, son considerados los grandes racionalistas del siglo XVII. Representan lo que específicamente se ha caracterizado como el "racionalismo continental", para confrontarlo con el empirismo inglés, corriente filosófica que niega el innatismo -la postura que concibe a la razón como fuente de conocimiento innata e ilimitada que no necesita de la experiencia- y afirma en cambio, que todo conocimiento procede de la experiencia, entendida como el conocimiento que proviene de los sentidos. Los empiristas ingleses -destacadamente John Locke (1632-1704) y David Hume (1711-1776)- rechazaron la afirmación cartesiana de que las leyes lógicas del pensamiento están ya en la mente desde el nacimiento. Por el contrario, para esos pensadores todo conocimiento proviene de las impresiones sensoriales y se fundamenta en el asociacionismo.

Habría que recordar que como respuesta polémica al racionalismo, aparece a finales del siglo XVII la obra *Ensayo sobre el entendimiento humano* de Locke, donde hace el famoso pronunciamiento de que la mente es una *tabula rasa*, una especie de hoja en blanco en la que se irá inscribiendo la experiencia a partir de la impresiones sensoriales, sobre la base del principio de la asociación. La obra de Hume, ya en pleno siglo XVIII, lleva a un escepticismo extremo la idea de que pueden tomarse como realidad ideas abstractas que no puedan verificarse en los datos de la experiencia. Hace una aguda crítica de las nociones de sustancia y de causalidad, considerando que no hay esencia posible de ser percibida, y no hay causa verificable, sino sucesión de percepciones.

De ahí que afirme que "el yo que llamamos alma o espíritu no existe" [....], "solamente existe en nuestra conciencia una colección de percepciones distintas que se suceden unas a otras..." (Xirau, 1964:238).

En la filosofía de Immanuel Kant (1724-1804), vienen a desembocar las ideas fundamentales tanto del empirismo como del racionalismo, entre otras corrientes que incorpora, en un intento de gran síntesis filosófica[11]. Kant plantea que las impresiones sensoriales producen un material caótico que sólo después de un ordenamiento pueden producir sentido, percepciones. En su gran obra *Crítica de la razón pura*, establece que el sujeto es portador de formas universales (categorías del entendimiento y formas *a priori* de la sensibilidad) que obtienen de la experiencia la materia necesaria para la construcción del objeto de conocimiento, equivalente al fenómeno (por oposición al *noúmeno*, la realidad o cosa en sí). Hilary Putnam[12], filósofo contemporáneo del mundo académico angloamericano, distingue dos nociones de mente claramente perfiladas en las tradiciones empirista y racionalista respectivamente: la mente como un haz de sensaciones, a la que llama "la mente inglesa", mientras que a la concepción de lo mental caracterizada primariamente por la razón y la intencionalidad, por el juzgar y referir, la denomina "la mente alemana".

El empirismo inglés se constituyó en uno de los pilares fundamentales de la filosofía positivista, que se volvió dominante en el pensamiento occidental del siglo XIX. Para el positivismo (sistematizado por el francés Augusto Comte), el único conocimiento admisible es el que proviene de los hechos, de lo observable, y el único método propio para la ciencia, incluyendo los campos de la sociedad y la mente humana, es el de las ciencias físico-naturales. Sólo le parece válido para la ciencia el análisis de los hechos "reales" verificados por la experiencia y expresado por medio de las matemáticas; de ahí que propugna el estudio científico naturalista del ser humano. Pretende atenerse a los hechos, de manera que su modelo ideal será el de la ciencia experimental.

No puede dejarse de lado que la perspectiva empirista y positivista se constituyó en un antecedente crucial de la emergencia de la psicología como ciencia autónoma, cuando se separa del tronco filosófico, se escriben tratados y se orienta a la experimentación[13]. La psicología

---

11 Como un poco después, y de manera similar a Kant pero en forma totalmente explícita como proyecto de vida, Hegel (1770-1831) intentará una gran síntesis del conocimiento filosófico.

12 *Cfr.* Harlan (2005).

13 Wilhelm Wundt (1832-1920), fundador del primer laboratorio de psicología en 1879 –fecha que frecuentemente se invoca para fijar un origen a la psicología científica- postulaba un dualismo consistente en suponer que la mente y el cuerpo seguían cursos paralelos, sin pretender que los acontecimientos corporales causaran los sucesos mentales, simplemente, ciertos eventos externos hacían surgir ciertos procesos corporales y, paralelamente, procesos mentales. Dada esta concepción, Wundt optó por el método de la introspección, consistente en el estudio directo de los sucesos mentales, sin dejar de propugnar en la necesidad de emplear el método experimental en psicología.

surge volcada al estudio de los correlatos fisiológicos de los procesos propiamente psíquicos, es decir, la magnitud del estímulo requerido para constituirse en percepción. Se pretendía reducir la psicología a leyes naturales, tratando de establecer una ciencia cuantitativa de la conciencia. Este enfoque puso en el centro de la temática la relación entre mente y cuerpo: "mente" reducida a los contenidos de la conciencia, y "cuerpo" considerado como un organismo. De ahí que Marx y Hillix[14], autores de uno de los textos más conocidos sobre los sistemas y teorías psicológicos contemporáneos, tomen como uno de los criterios de análisis de las diversas escuelas y pensamientos surgidos en este campo, la manera como "resolvieron", o han intentado resolver, el problema mente/cuerpo.

El positivismo tomó una expresión extrema en el conductismo, una teoría del comportamiento que evade el problema de la relación mente-cuerpo con el expediente reduccionista de suprimir la mente y quedarse con lo plenamente observable: los estímulos y las respuestas (conducta). Está más allá de nuestros propósitos explorar las vicisitudes de la conformación de las distintas corrientes de la psicología en su emergencia como ciencia independiente a partir de finales del siglo XIX, pero como un elemento referencial hay que recordar la solución mutilante del conductismo que lisa y llanamente excluye uno de los términos del problema: no hay mente. Desde luego, no todos los psicólogos de esta época inicial de la historia de la psicología se plegaron a la perspectiva positivista. Tanto en esa disciplina como en muy diversos campos de las humanidades y las ciencias sociales, han habido voces muy críticas que afirman que el positivismo no puede dar cuenta, con el método de las ciencias físico-naturales, de la sociedad, el ser humano y la cultura, y de propiedades como la intencionalidad, la auto-reflexividad y la creación de significado.

Así, en la psicología de fin de siglo XIX y principios del XX tenemos como ejemplos relevantes en ese sentido divergente al filósofo y psicólogo francés Henri Bergson (1859-1941), quien desde una postura de "atención a la vida", es decir, la vida como contemplación y como acción en el mundo, considerados procesos activos en una emergente concepción de sujeto, criticó el positivismo y rechazó el dualismo mente-cuerpo, tema del que se ocupó extensamente[15]. Otro ejemplo relevante es el del filósofo y psicólogo norteamericano William James (1842-1910), quien llamó a su filosofía "empirismo radical", con la idea de otorgar a la

---

14 Marx, R.H. y Hillix, W. A., *Sistemas y teorías psicológicos contemporáneos*, Paidós, Buenos Aires, 1972. NOTA. Cuando anoto la referencia bibliográfica completa a pie de página, se quiere indicar que no se lleva a la bibliografía general por tratarse de una cita acotada y circunstancial.

15 Si en su época la hegemonía del pensamiento positivista opacó la influencia de Bergson, a partir de mediados del siglo pasado se ha vuelto a revisar su obra con sumo interés; en español hay reediciones recientes de sus textos principales, v.gr. *El alma y el cuerpo (seguido de El cerebro y el pensamiento: una ilusión filosófica)*, Encuentro, Madrid, 2009, y *Materia y memoria, ensayo sobre la relación del cuerpo con el espíritu*, Cactus, Barcelona, 2006.

noción de *experiencia* un sentido muy amplio, que tiene que ver con "el modo individual de ver y de sentir la vida y la marca del Cosmos" (Xirau, 1964:344), y que anticipa la gran relevancia que múltiples reacciones frente al positivismo en el siglo XX –fundamentalmente provenientes del existencialismo, la fenomenología y la hermenéutica- le han dado a la noción de experiencia. Como decía anteriormente, no me ocuparé de explorar las posturas de la psicología en lo relativo a la relación entre mente y cuerpo, pero los ejemplos que he dado ponen de manifiesto que es fundamental indagar no sólo el enfoque dado a la cuestión mente-cuerpo, sino penetrar en las concepciones tanto de "mente" como de "cuerpo" que involucra cada postura filosófica. Si más arriba comentaba la caracterización que hace Putman[16] entre la "mente" de los empiristas y la de los racionalistas, para subrayar su profunda diferencia, podría añadirse que, además de estas dos nociones diferenciadas de "mente" surgidas en el marco de la polémica entre racionalismo y empirismo, hay una diversidad de sentidos en el uso de los términos mente/espíritu, cuerpo/materia, *psique-soma,* a la que hay que prestar atención para comprender cómo se ha dado la reflexión filosófica en lo que al tema de la relación mente-cuerpo concierne.

Puntos de fuga: ser-en-el-mundo, el cuerpo vivido

> *El cuerpo es una gran razón, una pluralidad dotada de un único sentido, una guerra y una paz, un rebaño y un pastor.*
>
> *Dices "yo" y estás orgulloso de esa palabra. Pero esa cosa más grande aún, en la que tú no quieres creer, -tu cuerpo y su gran razón: ésa no dice yo, pero hace yo.*
>
> Friederich Nietzsche, *Así habló Zarathustra*

Uno de los obstáculos epistemológicos que sostienen el insidioso dualismo que sigue permeando formas de pensar y prácticas sociales, es el reduccionismo en la concepción de cuerpo, que es en mi opinión el gran impensado, reducido a su condición de entidad biológica a la que está atada nuestra existencia. Sin embargo, importantes corrientes de pensamiento filosófico que surgieron a finales del siglo XIX y se desarrollaron en el siglo XX, como son el existencialismo, la fenomenología y la hermenéutica, convergen en la gran aventura de inaugurar nuevas maneras de pensar el ser, a la existencia, al cuerpo. Un antecedente notable es la obra del filósofo francés Maine de Biran (1766-1824) quien realiza una observación sorprendente anticipándose a la fenomenología, para emerger como el primer filósofo que comprendió

---

16 Uno de cuyos intereses principales de los que se ocupa Hilary Putnam es lo que hoy se conoce como "filosofía de la mente", perspectiva contemporánea que comentaré más adelante.

la necesidad de mirar el cuerpo como cuerpo subjetivo[17]. Distanciándose radicalmente de las posturas empiristas prevalecientes en su época, afirma que no es la sensación la que provee el conocimiento de nuestro cuerpo, sino que es la acción en tanto que ésta pertenece a la esfera de la subjetividad. "Desnaturaliza" el cuerpo al plantear que el despliegue de las potencias corporales no es automática, no es "natural"; en cambio, su manifestación depende de un hacerse presente, de un abrirse hacia el mundo, de un movimiento hacia el otro. Las potencias del cuerpo son "conquistas" del sujeto.

Pero sin duda es el pensamiento de Nietzsche (1844-1900) la plataforma desde la que el desmontaje de los andamios de las tradiciones del pensar occidental pudo tener lugar y generar nuevos horizontes. Será el preludio del pensamiento freudiano e invariable referencia para deslumbrantes pensadores contemporáneos como Foucault y Deleuze. En la conferencia que pronuncia con el título "*Nietzsche, Marx y Freud*", Foucault (1967) ubica a los tres personajes como "maestros de la sospecha": sospecha de que la palabra no dice exactamente lo que dice, y sospecha de que el lenguaje desborda su propia forma verbal, considerando que el pensamiento de dichos autores abre la posibilidad de una hermenéutica.

Para Nietzsche, la más perniciosa de las ilusiones enclavadas en el lenguaje es la de la identidad, que en el plano subjetivo produce un yo cosificado, estable, ficcional. Esta identidad se sostiene olvidando lo más posible al cuerpo, no al cuerpo como cosa que sería tan engañoso como el yo, sino a la *pluralidad pasional* que nos constituye. Dice Savater (1993:76) que Nietzsche es "el profeta del silencio pasional del cuerpo reprimido por la parlanchina conciencia". La valoración del cuerpo como fuerzas heterogéneas que son el sujeto mismo, y la denuncia de una conciencia que "desvirtúa constantemente los impulsos que recibe desde la amplia zona inconsciente de la intimidad" (*ibid*, p. 75), modifica profundamente los términos de la relación mente-cuerpo conocidos.

Desde la fenomenología se producen también aportaciones decisivas para desarrollar las nociones de cuerpo y de corporalidad. Como se sabe, la fenomenología es la teoría filosófica desarrollada por Edmund Husserl (1859-1938) y sus seguidores, que ha llegado a ser caracterizada como "el intento mayor y más serio en nuestro siglo por alcanzar las fuentes últimas del conocimiento"[18], un proyecto filosófico que es contrario al dualismo cartesiano y a toda concepción del cuerpo como objeto. El método fenomenológico consiste en "poner entre paréntesis" la creencia

---

17 Fragmentos de su obra se encuentran en Jean-Jacques Barreau y Jean-Jacques Morne, *Epistemología y antropología del deporte*, (Alianza, Madrid, 1991). Un análisis amplio de cómo Maine de Biran anticipa el proyecto de la fenomenología lo realiza Maurice Merleau Ponty en *The Incarnate Subject* (Humanity Books, University of Toronto).

18 Kolakowsky, citado por Cruz (2001:159).

en la realidad del mundo; lo que resta, producto de la "reducción fenomenológica" no sería una descripción empírica o meramente psicológica, sino trascendental, es decir, constitutiva del sentido de lo experimentado: serían las vivencias, la esencia de los fenómenos.

Ubicado en la perspectiva fenomenológica, Maurice Merleau Ponty (1908-1961), con sus obras: *Fenomenología de la percepción, La estructura del comportamiento* y *Lo visible y lo invisible*, hace aportaciones decisivas para pensar el lugar del cuerpo en la vida humana desde una crítica radical al dualismo, a la oposición sujeto/objeto, y a la ubicación del cuerpo en el lugar de lo otro enfrentado a la esencialidad humana, que sería pretendidamente la razón. El centro del que irradia su reflexión es la caracterización del ser humano como *ser-en-el-mundo*, enunciando como tesis básica que "el cuerpo no es un objeto", es decir, no somos un "alma" que se pueda escindir del cuerpo, o un intelecto que habita una entidad biológica. Merleau-Ponty rechazó tanto la idea de conciencia como interioridad, como la de cuerpo como cosa. El cuerpo se caracteriza por una forma de ser absolutamente singular, que viene a contradecir la partición de la conciencia y del objeto. El ser que percibe no es ni material ni espiritual, sino un modo de ser que es fundador de todo ser. Considera que en la experiencia de la percepción se da una relación de co-implicación entre sujeto y objeto que no puede entenderse ni desde una postura idealista ni tampoco materialista, las clásicas soluciones al dualismo psico-físico. Es desde esa condición de ser-en-el-mundo que "ya no observamos nuestra relación en el mundo desde un yo pensante o reflexivo; antes que nada, somos en el mundo, y somos el mundo en virtud de nuestro cuerpo" (Costa, 2006: 5).

El proyecto filosófico de Martin Heidegger (1889-1976), autor de la célebre obra *Ser y tiempo,* es sin duda un referente privilegiado en la filosofía contemporánea, en la que resuenan las preguntas cruciales que fueron centrales en su obra: ¿Qué es el Ser?, ¿qué es lo que *es*? Propone como eje de su reflexión a la existencia humana; de ahí que se le ubique con los existencialistas, aunque a él no le gustaba mucho ser encuadrado en esa clasificación. Plantea que la existencia no debe concebirse como algo dado, ya que está indeterminada justamente porque no está terminada: el ser humano se encuentra frente a un complejo de posibilidades y sólo *es* en cuanto *puede* ser. El ser humano no es que esté en el mundo, es que es -dice Heidegger coincidiendo con la fenomenología- un *ser-en-el-mundo*. El hombre, al ser posibilidad, existe proyectándose; por ello, de las tres determinaciones del tiempo –pasado, presente, futuro- considera como la originaria y fundamental al futuro (Cruz, 2002).

Como última frase de *El ser y la nada*, una de sus obras culminantes, Jean-Paul Sartre (1905-1980) enuncia: "el hombre es una pasión inútil", con la que corona su idea del hombre no como una esencia, como un ser ya dado, sino como existencia que libremente se configura según sus proyectos. Al igual que Heidegger, concibe al hombre como pura posibilidad, es decir, como "no ser". Plantea una separación ontológica entre el "en-sí" y el "para-sí", el primero referido a las realidades fácticas, lo dado; el *para-sí* es lo que le permite al ser humano trascender hacia lo que no es. Para Sartre el cuerpo desempeña un papel fundamental en la vida humana considerada precisamente en su dimensión de *para-sí*, es decir, el cuerpo como hecho fáctico que sostiene el para-sí. Desarrolla tres dimensiones de la corporeidad: el cuerpo como ser-para-sí, como cuerpo-para-otro y como cuerpo-para-sí-conocido por el otro. La vivencia del propio cuerpo sólo puede darse como consecutiva al encuentro con "el otro", pero esta relación con el otro no es una simple relación exterior entre cuerpos, sino que el otro es ante todo aquél para quien yo existo como cuerpo (Aisenson, 1981). Aquí se inscribe una de las reflexiones más notables de Sartre: el tema de la experiencia de la mirada como una subjetividad que me objetiva.

Otros horizontes para el abordaje mente/cuerpo

En el recorrido por los rumbos filosóficos que van configurando de distinta manera el tema de la relación mente/cuerpo, no se puede omitir mencionar dos grandes aperturas en el campo del pensamiento que han producido auténticos cambios de perspectiva ("giros") en la forma de pensar al ser humano y a la sociedad con respecto a las formas tradicionales de la reflexión filosófica. Me refiero al llamado "giro lingüístico" por un lado, y a lo que se puede denominar "giro ontológico" de la hermenéutica filosófica.

El "giro lingüístico" se considera uno de los hechos más sobresalientes de la filosofía en el último siglo. Dentro de esta denominación se encuentran aportes diferenciados de corrientes y autores, no es un movimiento homogéneo, pero a todos los reúne un planteamiento de ruptura con la concepción tradicional de lenguaje que viene desde Platón y Aristóteles, según la cual lo esencial es el pensamiento, de manera que el lenguaje no sería más que la expresión externa de la idea, del pensamiento. En cambio, la tesis central que define el viraje lingüístico moderno es que el lenguaje es constitutivo de nuestra relación con el mundo; de ahí que no es simplemente un medio entre el sujeto y la realidad, ni un vehículo transparente, ni meramente un instrumento para reflejar el pensamiento. Se produce entonces un viraje de la reflexión filosófica desde los contenidos psicológicos de la conciencia hacia el lenguaje, es decir, el lenguaje pasó a ser centro de la reflexión filosófica. La imposibilidad de pensar más allá de los límites del lenguaje es un nuevo principio en la filosofía, junto al reconocimiento del carácter social e histórico de toda relación intersubjetiva mediada por símbolos.

La expresión "giro lingüístico" se debe originalmente a Richard Rorty[19], pero ya desde Nietszche hay reflexiones fundamentales sobre el lenguaje, además de aportes relevantes de filósofos como Ludwig Wittgenstein (su conocida tesis sobre los "juegos del lenguaje"), John L. Austin (autor de la tesis de "cómo hacer cosas con palabras"), Charles Peirce (la semiosis como proceso infinito), Mijail Bajtín (teoría crítica de lenguaje), entre otros autores muy significativos, además de la indiscutible influencia de la obra de Ferdinand de Saussure (con su famosa obra *Curso de lingüística general*). Es una temática muy amplia que se desborda hacia la lingüística, la semiótica y campos afines, y excede los propósitos del recorrido que me he propuesto. Pero será un importante referente para entender el alcance de distintas aproximaciones a la subjetividad, el cuerpo y la psique desde el horizonte del sentido y la significación, perspectiva implicada en el campo psicoanalítico y en las investigaciones contemporáneas de la cuestión psicosomática.

Como corriente paralela, pero en confluencia dialógica con el viraje del giro lingüístico, aparece la hermenéutica moderna[20] que afirma que *existir es interpretar*. Interpretar podría describirse como una "incorporación" (que es literalmente "hacer cuerpo") ya que interpretamos asimilando los "hechos" y las "cosas" a nuestra propia perspectiva, en un devenir constante. La llamada hermenéutica filosófica, desarrollada por Hans-Georg Gadamer (1900-2002) es definida como una teoría de la experiencia humana en el mundo. Sus raíces están en Heidegger (Gadamer fue su alumno), quien ubica la hermenéutica como problema ontológico: comprender es un modo de ser del *Dasein*, cuyo ser-en-el-mundo está ligado desde siempre a una comprensión. Gadamer coincide con la crítica a las tesis tradicionales del lenguaje y sostiene que nuestra experiencia del mundo se produce paralelamente al lenguaje. Las nociones de comunidad lingüística, de diálogo y de horizonte apuntan a enfatizar la interacción de las experiencias humanas y su historicidad. Al interesarse extensamente en la experiencia del arte, del juego, de la fiesta, así como en las dimensiones de la tradición y la comunidad, asentó una idea de significatividad más allá de lo conceptual, contraponiendo el sentido al concepto. También fue un severo crítico del reduccionismo científico. El título de su monumental obra: *Verdad y método*[21] alude a la relación de tensión entre los dos términos ("verdad" y "método"), sosteniendo que

---

19 Uno de los filósofos estadounidenses más importantes del siglo XX (1931-2007), ubicado en el neopragmatismo que publicó una obra con ese título, en el que hace una crítica de la filosofía del lenguaje en sus pretensiones de fundamento racional. Su obra se destaca por desconstruir las falsas certezas y las (pseudo) seguridades modernas

20 La inquietud por la interpretación viene desde la Antigüedad, en Grecia y en otros ámbitos. La hermenéutica toma su nombre de Hermes, hijo de Zeus, mensajero e intérprete de los mensajes divinos a los hombres. Se le definió luego como exégesis de los textos sagrados, pero en su acepción moderna, como disciplina, nace en la Modernidad, con Schleiermacher (1768-1834) y Dilthey (1833-1911).

21 *Verdad y método*, de Gadamer, es considerada por algunos como la obra cumbre de la filosofía alemana del siglo XX.

la experiencia de comprender es irreductible al método que pretende un saber exacto y objetivo desde una noción de sujeto neutral.

Junto a Gadamer, habría que recordar a autores como JacquesDerrida (la desconstrucción), Paul Ricoeur (la interpretación como tema central), y los llamados "posmodernistas": Gianni Vattimo y Jean-Francoise Lyotard, todos inmersos en la cuestión hermenéutica más allá de la diversidad de sus posturas filosóficas La influencia de la hermenéutica ha sido fundamental en el marco filosófico contemporáneo en la medida en que pone de manifiesto la finitud, la temporalidad y la historicidad de todos los procesos humanos. Supone un rechazo del dualismo cartesiano y una afirmación de la idea del hombre como auto-creador.

Pensar de otra manera la relación mente-cuerpo

¿Qué es entonces la filosofía de hoy –me refiero a la actividad filosófica- sino el trabajo crítico del pensamiento sobre sí mismo? ¿Y si, en vez de legitimar lo que ya se sabe, no consiste en saber cómo y hasta dónde sería posible pensar de otra manera?

Michel Foucault, *Historia de la sexualidad II: El uso de los placeres*

La idea de "pensar de otra manera" es una frase conocida de Michel Foucault, como expresión de su convicción de la necesidad de poner en cuestión los fundamentos del pensar occidental, tarea que ya había emprendido decisivamente Nietzsche unas décadas atrás. En el amplio campo del pensamiento, no hay filósofo indiferente al tema de la materia y el espíritu, la mente y el cuerpo. Si el dualismo, que viene al menos desde Platón y que se inscribe como paradigma a partir de Descartes, ha sido denunciado repetidamente como un obstáculo epistemológico a superar, resulta llamativo que esa forma de pensar que se quiere negar aparezca a cada paso, obstinadamente, en la vida diaria. ¿Por qué regresa el pensamiento dualista una y otra vez? Dice Jean-Luc Nancy que "cuando queremos hablar del cuerpo, hace falta romper con cierto reflejo. Nosotros pensamos espontáneamente cuerpo *contra* alma" (2000:97). Emmanuel Levinas (1906-1995), otro notable filósofo contemporáneo, teórico del tema de la *otredad*, se pregunta si con los desarrollos de la antropología filosófica moderna y la puesta en cuestión de la subjetividad, ha desaparecido el abismo entre *res cogitans* y *res extensa*. "La distinción, aún corriente en el habla cotidiana, entre materia y espíritu, ¿conserva hoy en día un significado menos ingenuo?" (Levinas, 1987:116).

La pregunta por la persistencia del esquema dualista-de diversas maneras y en múltiples resquicios- tanto en el campo de la ciencia y las humanidades como en la vida diaria, hay que dejarla abierta. Seguramente algo señala, algo denuncia, algo del orden de lo no-pensable. No obstante, en el campo de la reflexión filosófica contemporánea -incluyendo los aportes ya brevemente comentados de la fenomenología, el existencialismo y la hermenéutica- hay vías de pensamiento que abren sin duda otras formas de pensar la cuestión de la relación mente/cuerpo. Está por ejemplo el pensamiento de Gilles Deleuze: en opinión de Foucault, el siglo XX sería "deleuziano".

Deleuze, como otros pensadores, considera que una de las características que distingue a la filosofía contemporánea es el pasaje de las metafísicas del ser a las nociones de sujeto. Se trata de pensar lo no-pensado velado por la lógica de la identidad; de ahí que pone en cuestión la noción clásica del sujeto basada en la identidad, en la división del mundo entre sujetos y objetos[22]. El núcleo de su pensamiento (apoyado en Spinoza, Leibniz, Hume, Kant, Nietzsche y Bergson) es la noción de *diferencia*: su lugar es el devenir -con sus flujos, intensidades, multiplicidades, conexiones rizomáticas- que se corresponde con el mundo de un *cuerpo sin órganos*. Con esta peculiar expresión, y en el proceso del desmontaje del dualismo impugnado, Deleuze da cuenta de una serie de prácticas subversivas de la corporalidad, entendida como organismo que se pretende organización armoniosa de los órganos del cuerpo. "El cuerpo está harto de los órganos y quiere deshacerse de ellos, o bien los pierde" (Deleuze y Guattari, 1980:156). Describe una larga procesión: el *cuerpo hipocondríaco*, cuyos órganos están destruidos, el *cuerpo paranoico*, atacado y reconstituido por energías exteriores, el *cuerpo esquizofrénico* que paga el precio de la catatonia, el *cuerpo masoquista* y su clausura hermética, el *cuerpo drogado* que se sueña experimental sobre un organismo ineficaz, pero también está el *cuerpo amante*, lleno de éxtasis, de danza....

El cuerpo-sujeto en la reflexión filosófica contemporánea no podría entenderse sin la obra de Michel Foucault (1926-1984). Al distanciarse de los definiciones clásicas del poder y ofrecer una nueva noción de poder como relaciones de fuerza, como situación estratégica en una sociedad determinada y siempre implicada con la constitución de un campo del saber, muestra al cuerpo –tanto como especie como a nivel del individuo- como objetivo de las estrategias políticas de la sociedad. Desde la perspectiva de una bio-política (el control sobre los cuerpos, sobre la vida), el cuerpo no puede volver a ser concebido como una entidad aislada, pasiva o natural. Foucault no concibe una relación humana sin relación de poder, la que también tiene un aspecto productivo, generador. Muestra que la corporeidad es una construcción trans-subjetiva; esta concepción

---

22 Con Félix Guattari, se ocupó en *El antiedipo* (1972) de la noción del inconsciente, rechazando la noción de deseo como repetición de la relación con la madre fundante, es decir, no acepta la noción de deseo como carencia, sino como productor, como articulador de flujos profundos de creación.

se ha convertido en una referencia imprescindible en el contexto de la perspectiva antropológica que habla del cuerpo como construcción cultural e histórica[23].

Todo el esfuerzo de las investigaciones de Foucault pasan por mostrar cómo el cuerpo es permeado por las prácticas de la sociedad, cómo es subjetivado, entendiendo que estos procesos de subjetivación no pasan por mecanismos "psicológicos": Es decir, dice Foucault (1979:166): "Lo que busco es mostrar cómo las relaciones de poder pueden penetrar materialmente en el espesor mismo de los cuerpos sin tener incluso que ser sustituidos por la representación de los sujetos. Si el poder hace blanco en el cuerpo no es porque haya sido previamente interiorizado en la conciencia de las gentes". Otra vertiente relevante del pensamiento de Michel Foucault, es el de las "tecnologías del yo", tema principal del último período de su obra, dedicado a desarrollar la noción del "cuidado de sí", concebida como una ética de subjetivación o contra-poder, frente a la encrucijada del sujeto contemporáneo atrapado entre "técnicas de individualización subjetivas y procedimientos de totalización objetivos" (Agamben, 1998:14).

En 1992, el filósofo francés Jean-Luc Nancy publica *Corpus*, obra en la que busca "escribir el cuerpo" (no del cuerpo), no sólo argumentando contra el dualismo sino también denunciando ciertos enfoque contemporáneos que, en nombre de una unidad entre alma y cuerpo, ponen el alma en lugar del cuerpo, hablando de una "interioridad" que posee un cuerpo. No le gusta tampoco la idea de la "encarnación", en el sentido de que expresa una idea de sujeto como espíritu encarnado. Para Nancy, no hay un sujeto "detrás" de un cuerpo. "Yo quisiera mostrar que el cuerpo, si es que hay cuerpo, no es substancia, sino justamente sujeto" (1992:86). Para Nancy el cuerpo es lo abierto, es lo expuesto, pero no en el sentido de la *res extensa* de Descartes, esa cosa mecánica absolutamente privada de alma, sino en el sentido de que el cuerpo "es la unidad de un ser fuera de sí" (*ibid,* p.98). El cuerpo es relación, es articulación, y por tanto es "la relación de sentir, de ser sentido y de sentir algo como de fuera". (p.91). Entiende entonces el ser sí mismo como necesariamente ser fuera, ser expuesto o extenso, encontrando esa misma idea en lo que Heidegger refirió con la palabra *Dasein* (la existencia): el *Dasein* es el ser ahí. No el estar ahí, sino "ser ahí". Finalmente, en un diálogo con el pensamiento freudiano, habla de *Psique* como extensión, como cuerpo en acto, pero también como un no-saber que es *el cuerpo mismo de Psique*:

La palabra más fascinante y quizás (lo digo sin forzar) la más decisiva de Freud está en esta nota póstuma: *Psyche ist ausgedehnt: weiss nichts davon*: "La psique es extensa: no sabe nada de ello". Es decir que la "psique" es *cuerpo* y que precisamente es esto lo que se le escapa, y por

---

23 Que tiene representantes contemporáneos tan destacados como David Le Breton, con obras como *Antropología del cuerpo y modernidad* (2002), Nueva Visión, Buenos Aires.

tanto (se puede pensar) que lo escapado o el escape la constituyen en tanto que "psique" y en la dimensión de un no-(poder/querer)-saber-se (Nancy, 2003:20).

Desde otro lugar: neurociencias y filosofía de la mente

Antes de cerrar la exploración de los relieves más significativos de la reflexión filosófica contemporánea, creo importante mencionar una vertiente muy distinta a las que venía comentando, pero que actualmente está gravitando fuertemente en la discusión de la relación entre mente y cuerpo. Me refiero al avance de las neurociencias, especialmente a partir de la segunda mitad del siglo pasado[24] en que aparece una rama de la filosofía que se ha denominado "filosofía de la mente", que se ocupa de discutir un conjunto variado de problemas alrededor de la noción de mente.

La tesis central de algunos filósofos que trabajan esta línea ha consistido en replantear el problema mente-cuerpo, como mente-cerebro. Esta definición es ya un acotamiento que llama la atención y que invita a la discusión, pues no se habla de procesos corporales en general sino que se centra todo en los procesos neuronales, a los que se atribuyen poderes causales sobre la conducta. Una postura radical es sostener que todos los procesos mentales son causados por procesos cerebrales sobre la base de la identidad mente-cerebro[25]. En el marco de este planteamiento, consideran erradicado el problema mente-cuerpo. Ésta es, evidentemente, una simplificación crudamente reduccionista, propia de un pensamiento fragmentario, que incluso ha llevado a la opinión extrema de que las disciplinas "psi" eventualmente dejarán de tener sentido. No se toma en cuenta que, como dice Pakman (en Morin, 1990:18): "La mente humana, si bien no existe sin cerebro, tampoco existe sin tradiciones familiares, sociales, genéricas, étnicas, nacionales...".

John Searle, profesor de filosofía de la mente y del lenguaje de la Universidad de Berkeley en California, intenta replantear la temática de una manera diferente. Afirma que la conciencia, la intencionalidad, la subjetividad y la causación mental son rasgos diferentes de los procesos neurofisiológicos, aunque no independientes de aquéllos. Sostiene que los seres humanos pueden describirse de formas diversas: por ejemplo en términos mentales o en términos biológicos, argumentando que es reduccionista buscar estados mentales en el cerebro, ya que ése sería un contexto equivocado para utilizar el vocabulario "mental". Es decir, plantea que hay que hacer una distinción entre la descripción micro-nivel de un fenómeno (el de las neuronas) y el nivel macro de las propiedades

---

24 Si bien, formalmente hablando, se ubica su surgimiento en 1899, cuando Santiago Ramón y Cajal descubre que el tejido nervioso no es una masa continua sino una red de células delimitadas (las neuronas).

25 Entre los filósofos que han defendido abiertamente esta postura están el australiano David Amstrong y el norteamericano David Lewis.

del sistema (procesos mentales). Su postura se sintetiza en la idea de que la mente y el cuerpo interactúan pero que no son dos cosas diferentes puesto que los fenómenos mentales son solamente rasgos del cerebro.

Así también, en uno de los libros más influyentes de la filosofía inglesa: *El concepto de lo mental (The Concept of Mind)* (1949)de Gilbert Ryle, quien fue profesor de la Universidad de Oxford, se encuentra una crítica al dualismo mente – cuerpo y a los reduccionismos tanto idealistas como materialistas. La fórmula cartesiana que postula la separación entre cuerpo y mente, es para Ryle "el dogma del fantasma dentro de la máquina", afirmando que no hay ninguna entidad oculta ("mente") en un aparato mecánico llamado "cuerpo". Asegura que las formas clásicas de analizar la relación entre la mente y el cuerpo implican un "error categorial", es decir, una confusión de categorías lógicas al pretender adscribir los términos–sea lo mental o lo material- a una categoría que no les corresponde.

El trabajo en el campo de las neurociencias tiene hoy en día un peso importante en los posicionamientos respecto a la cuestión de la relación mente-cuerpo, pero también las llamadas ciencias cognitivas[26] -cuyo tema central es el estudio de los fenómenos de la cognición en humanos, en animales y en computadoras-, están participando en los debates en el terreno de la "filosofía de la mente". Hay que observar que se utiliza el término "cognición" en vez del habitual de "conocimiento", para dar cuenta de que se está partiendo de un modelo de la mente como un sistema de procesamiento de la información.

En un lugar teórico y filosófico opuesto estarían las aproximaciones semióticas, en la medida en que éstas toman el modelo del habla, y conciben a la mente humana como semántica, es decir, que tiene como atributo principal el otorgar sentido y significado a sus contenidos representacionales. En cambio, puede observarse que la noción de procesamiento de información desdibuja la idea de significado. Las computadoras por ejemplo, procesan cadenas de signos pero naturalmente sin atribuirles ningún significado. Los procesos cognitivos son caracterizados por la función que desempeñan, independientemente del soporte (que puede ser el cerebro humano o una computadora). De ahí que no centren su atención en el soporte en sí sino en la función del mecanismo como un todo. Los enfoque cognitivos son propuestas funcionalistas[27], algunas más sofisticadas y otras de indudable raigambre mecanicista.

---

26 Que son básicamente la psicología cognitiva (opuesta al enfoque conductista) y el campo de estudio de la inteligencia artificial (diseño y construcción de computadoras inteligentes).

27 Destacados representantes del funcionalismo cognitivo son los filósofos norteamericanos Hilary Putnam (catedrático del Departamento de Filosofía de Harvard) y Jerry Fodor (catedrático de filosofía de la Universidad Rutgers de Nueva Jersey).

Algunos pensadores están intentando desarrollar una visión trans-disciplinaria que incorpora planteamientos cognitivos y de las neurociencias a una concepción centrada en "el fenómeno de la vida". Afirman que mente y materia no deben ser considerados conceptos pertenecientes a categorías distintas, sino que representan dos aspectos complementarios del fenómeno de la vida: el aspecto proceso y el aspecto estructura. Dice Fritjol Capra (1975:16): "La mente es el proceso de la vida, el proceso de la cognición. El cerebro (y por supuesto la totalidad del cuerpo) es la estructura a través de la cual este proceso se manifiesta".

Las posiciones más críticas en el campo de la filosofía de la mente se distancian decididamente de lo que consideran el enfoque tradicional materialista que llevaría a dos caminos cerrados: uno, el dar cuenta en términos materialistas (físico-químicos) de lo constitutivo del pensar, el percibir, etcétera, o bien, aceptar que el dualismo es correcto y que tenemos almas inmateriales encima o sobre nuestros cuerpos y cerebros. Como alternativa, ven como complementarias –no antagónicas- la descripción científica natural del organismo humano (que hace sistemáticamente abstracción de la intención y el significado) y la descripción "mentalista" en términos justamente de intención y significado. Sin embargo, Hilary Putnam, destacado filósofo de la Universidad de Harvard que ya mencionamos anteriormente, advierte que la pretensión de que la descripción científica natural sea la única válida y acertada tiene raíces tan profundas en el modo de pensar occidental, que "el debate acerca de la filosofía de la mente ha llegado a ser hoy incontenible, y se ha convertido en debates sobre metafísica, epistemología, metafilosofía, etcétera" (Putnam, en entrevista con Harlan, 2005).

La tarea de explorar los antecedentes filosóficos de la cuestión de la relación entre alma y cuerpo (o mente y cuerpo) es inagotable, pero aún una breve travesía como la que he intentado abre la imaginación y multiplica las preguntas alrededor del vínculo psicosomático. Para finalizar, recupero la palabra de dos pensadores:

> La filosofía permite ver aunque ella misma no sea visión. La filosofía… pone a la vista las perplejidades en las que nos ha sumido la tenaz propensión a olvidar por qué usamos ciertos conceptos.
>
> Ludwig Wittgenstein

> Quien pregunta de verdad, expresando en la interrogación sus más genuinas carencias, corre el riesgo de dejarse sorprender por la respuesta.
>
> Hans-Georg Gadamer

CAPÍTULO 2

EL ESTATUTO DEL CUERPO EN LA OBRA DE FREUD

La teoría psicoanalítica es... de modo inseparable,
una teoría acerca de la relación psique-soma

Luis Chiozza

La obra original de Freud constituye el horizonte de referencia fundamental para los trabajos teóricos y de investigación alrededor de la cuestión psicosomática que, a lo largo del siglo XX y hasta la fecha, se han desarrollado en el campo psicoanalítico. Paraconstruir una mirada crítica frente al vasto escenario de tendencias, aportes y debates acerca de los fenómenos psicosomáticos que pueblan el campo psicoanalítico y definir mi propia postura, me he propuesto reflexionar en la trayectoria que forjó el pensamiento freudiano para abordar el tema mente/cuerpo, es decir,me propongo explorar la manera como Freud abordó la relación o concurrencia entre lo psíquico y lo somático, apuntando a identificar las grandes tesis freudianas sobre el cuerpo.Tarea nada fácil, porque preguntar por el estatuto del cuerpo en la teoría de Freud,involucra de hecho al conjunto de su obra.

En este recorrido me ocuparé inicialmente del momento "germinal" del pensamiento psicoanalítico, es decir, del trabajo que Freud desarrolló en la etapa en que gestaba sus intuiciones fundamentales con base en las dos vertientes de las que invariablemente se ocupó en forma paralela: la teórica y la clínica. La primera girará alrededor de las implicaciones de la peculiar e intrigante obra llamada *Proyecto*. La segunda se ocupará de la mirada que Freud desplegó hacia el síntoma histérico, detonada por su experiencia como alumno del neurólogo francés Charcot, y del intercambio y colaboración con su colega austriaco Joseph Breuer. Posteriormente me ocuparé de analizar la idea de "cuerpo pulsional", discutiré las implicaciones de la pulsión de muerte para la noción de cuerpo, y confrontaré las temáticas del dolor, la angustia y el duelo, para concluir con una síntesis del pensamiento freudiano sobre el cuerpo.

El referente neurofisiológico: presencia y silencio

> *El propósito de este proyecto es brindar una psicología de ciencia natural, a saber, presentar procesos psíquicos como estados cuantitativamente comandados de unas partes materiales comprobables....* (Freud,*Proyecto de psicología, 1895:339)*[1]

En un momento temprano de su producción teórica, Freud estuvo intensamente involucrado en desentrañar los fenómenos psíquicos sobre la base del modelo de funcionamiento neuronal y las propiedades de la energía nerviosa. A su apuesta le llamó "Proyecto de psicología" (*Entwurf einer Psychologie*), el cual quedó plasmado en un texto redactado febrilmente en el otoño de 1895, en estrecha comunicación con su amigo Wilhelm Fliess, con quien compartió sus apasionadas expectativas y también las severas frustraciones que experimentó en el desarrollo de esta labor. Luego de una carta que le enviara a su amigo en enero del siguiente año[2] en que sintetiza y revisa algunas de sus tesis fundamentales sostenidas en el "Proyecto", Freud abandonó silenciosamente su intento y no autorizó en vida su publicación, mismo que apareció póstumamente en 1950[3].

Este texto, lejos de ser un capítulo menor o insignificante en la historia de la creación conceptual del psicoanálisis, contiene –como detallaré más adelante- el núcleo de una buena parte de los desarrollos teóricos más importantes de Freud, que serían plasmados en las obras cruciales de la metapsicología freudiana empezando por el capítulo VII de *La interpretación de los sueños*. Esta condición de sustento fundacional del *Proyecto* ha sido exaltada por numerosos autores del campo psicoanalítico, reivindicándose el valor de su publicación más allá de la voluntad expresa de Freud.

---

1 En toda esta sección dedicada a la revisión de la obra freudiana, he modificado la forma de citar, privilegiando el título de las obras de Freud (junto al año original de edición - con excepción del *Proyecto*, del que se indica la fecha de creación y no de publicación, que fue en 1950). Tal como se indica en la bibliografía general, las citas corresponden a la edición de las Obras Completas de Freud en Amorrortu (*AE*), establecida con la traducción directa del alemán de José L. Etcheverry (reimpresión de 1990).

2 Carta 39 del 1° de enero de 1896, publicada *AE*,**1**, pag.437

3 En español se publicó con el título de *Proyecto de una psicología para neurólogos*, en la editorial Biblioteca Nueva, según traducción de Luis López-Ballesteros, y como *Proyecto de psicología* en la editorial Amorrortu, traducción de José L. Etcheverry.

James Strachey, realizador de la famosa traducción al inglés de la Standard Edition[4], le otorga a esta obra un papel peculiar: "...lo cierto es que el *Proyecto* –o más bien su invisible espectro- está calladamente presente en toda la serie de escritos teóricos de Freud, hasta el final". Esta metáfora del "invisible espectro calladamente presente" concebida por el psicoanalista/traductor que atravesó minuciosamente toda la obra freudiana, resulta muy sugerente. En efecto, en años posteriores al *Proyecto*, Freud caracterizó como fallidos los intentos de describir los fenómenos psíquicos en términos fisiológicos ("han fracasado de raíz", planteó) según parece, como conclusión referida en primera instancia a su propio esfuerzo temprano. También se ocupó de aclarar cualquier equívoco respecto a que sus "tópicas" remitieran a localizaciones anatómicas. Su apasionado esfuerzo de explicación del psiquismo a partir de un enfoque fisiológico y con terminología neurológica, le fue llevando a un descubrimiento decisivo: el psiquismo no opera como el sistema nervioso.

> Es un resultado inconmovible de la investigación científica que la actividad del alma se liga con la función del cerebro como no lo hace con ningún otro órgano. Un nuevo paso –no se sabe cuán largo- nos hace avanzar el descubrimiento del desigual valor de las partes del cerebro y su relación especial con determinadas partes del cuerpo y actividades mentales. Pero han fracasado de raíz todos los intentos por colegir desde ahí una localización de los procesos anímicos, todos los esfuerzos por imaginar las representaciones almacenadas en células nerviosas y la circulación de las excitaciones por los haces de los nervios (Freud, *Lo inconsciente*, 1915:170).

> Nuestra tópica psíquica provisionalmente nada tiene que ver con la anatomía; se refiere a regiones del aparato psíquico, dondequiera que estén situadas dentro del cuerpo, y no a localidades anatómicas (*ibid*)[5].

No obstante, llama la atención el silencio de Freud con respecto a esa etapa temprana de su trayecto metapsicológico, tarea de escritura que si bien quedó oculta, le había llevado a esbozar temas cruciales para el desarrollo posterior de la teoría psicoanalítica. Tal vez, el "espectro" omnipresente en la obra freudiana -huella duradera de la experiencia intelectual del *Proyecto*-, sea el cuerpo, su extrañeza, su otredad[6] o, más específicamente, las implicaciones múltiples del trabajo que impone

---

4 En comentario que aparece en *AE*, **1**, pag.333

5 El subrayado es del autor.

6 Una llamativa noción de alteridad, de "algo otro [anders sind] dentro de una gran diversidad", aparece en el Proyecto (1895:352) cuando Freud se pregunta por el cómo y el dónde se generan las "cualidades", que lo lleva a problematizar la cuestión de la conciencia.

al psiquismo su "trabazón" o su dependencia con lo corporal[7], difícil de precisar y de hacer inteligible, pero imposible de ser ignorada.

La aspiración de forjar una psicología cuantitativa a partir de una descripción neurofisiológica resultó insostenible, pero justamente a partir de ese intenso trabajo Freud descubre los puntos de quiebre de la lógica del funcionamiento fisiológico para explicar el psiquismo, y asimismo constata cómo se ahonda la diferencia entre lo fisiológico y lo psíquico, al mismo tiempo que, paradójicamente, reafirma su implicación irreductible.

Puede pensarse entonces que el considerable esfuerzo teórico desplegado en el *Proyecto* le permitió bosquejar el fino puente que dejará asentado el psicoanálisis en la tarea de explicar la articulación *psique-soma* de una manera hasta entonces inédita. En la trayectoria de su reflexión aparecen distintos ejes: el cuerpo figurado desde una metáfora termodinámica comprometido con la creación, circulación y destinos de la energía desde propiedades intrínsecas que la determinan; el cuerpo que es fuente de energía según procesos enigmáticos que sólo parcialmente son conscientes; un cuerpo inmerso y sensible a su entorno que debe tramitar los estímulos que recibe; un cuerpo de necesidades que lo colocan en una condición de "apremio de la vida" y que lo vinculan para siempre, dado el desvalimiento infantil o desamparo (*Hilflosigkeit*), con "el otro"; y, finalmente, un cuerpo que es un territorio de inscripciones. Me ocuparé de estas "figuraciones del cuerpo" para dar cuenta de algunos aspectos relevantes de ese texto anticipatorio que es el *Proyecto,* en donde cuerpo y psiquismo -como forma de nombrar respectivamente lo somático y lo simbólico-, aparecen entreverados, implicados y complicados, como expresión de la complejidad humana.

El cuerpo como metáfora termodinámica

Para formular su "psicología científica", Freud postuló dos nociones básicas: la cantidad y la neurona. Llama la atención el hecho de que nombra a la "cantidad" como primera noción fundamental, lo cual es un claro indicio de la importancia que en ese momento Freud le atribuía. ¿A qué se refiere? Tiene que ver con una idea de procesos energéticos a nivel neuronal, de montos de excitación y de flujos de carga y descarga. El referente somático de estos procesos −en la lógica de asentar la comprensión de los procesos psíquicos en una base material- es la

---

7 Estoy aludiendo a la conocida frase de Freud en su definición de pulsión. En *Pulsiones y destino de pulsión* (1915) se lee: "la pulsión es la medida del trabajo impuesto al aparato psíquico por el hecho de su dependencia del cuerpo".

neurona[8]. Como fundamento fisiológico, Freud tomó el concepto de estímulo y el esquema del reflejo, referencia de primera línea en la fisiología de su época[9]. El esquema neurológico del reflejo (que continúa totalmente vigente en la neurología moderna) describe dos extremos: el polo sensitivo y el polo motriz, los cuales configuran un trayecto de descarga de energía. La recepción del estímulo -que tiene como base la irritabilidad del tejido nervioso[10]- provoca una excitación, la que es liberada con una respuesta motora.

Freud plantea en el *Proyecto* un funcionamiento primario del aparato neuronal que consiste en que la energía tiende a una descarga inmediata y completa y le llamó *principio de inercia neuronal*, el cual postula que la tendencia primordial del sistema nervioso es llevar a un nivel "cero" la tensión producida por la excitación neuronal. Freud, médico de profesión y especialista en "enfermedades nerviosas", conservó siempre este esquema de funcionamiento neurofisiológico en su horizonte conceptual. Así por ejemplo, escribía en 1915:

> El sistema nervioso es un aparato al que le está deparada la función de librarse de los estímulos que le llegan, de rebajarlos al nivel mínimo posible (Freud, *Pulsiones y destinos de pulsión*, *1915:115*).

El *principio de inercia neuronal* es una expresión de evidente inspiración fisicalista[11] que no utilizará Freud en textos posteriores, peroes sin duda un punto de partida importante de la reflexión freudiana en la elaboración de la perspectiva económica en la noción de aparato psíquico, vertiente conceptual que es pilar fundamental en su concepción metapsicológica, al lado de la tópica y la dinámica.

La finalidad del enfoque económico es "perseguir los destinos de las magnitudes de excitación y obtener una estimación por lo menos relativa de ellos"(Freud, *Lo inconsciente*, 1915:178). También se puede señalar que, al referirse Freud a la cantidad como eje para fundar el *Proyecto*, se aprecia el intento de responder de alguna manera al criterio de cuantificación. Al respecto dice Assoun (1981:167): "Cuantificar no es tan sólo un ingenuo capricho destinado a dotarse de las apariencias de

---

8 Se ha destacado lo atinado del planteamiento de Freud en el plano neurofisiológico, ya que el descubrimiento de las neuronas como células discretas y como entidades genética y metabólicamente distintas era un descubrimiento reciente de finales del siglo XIX, y todavía faltaban unos años para que su observación plena en la microscopio con una técnica de tinción apropiada fuera lograda por el español Santiago Ramón y Cajal. También anticipó la idea de "sinapsis" (término introducido en 1897 por Sir Charles Sherrington) a través de su descripción de las modalidades de contacto entre las neuronas y del supuesto de resistencias que se oponen a la descarga, que llamó "barreras-contacto".

9 El concepto de reflejo fue introducido en el siglo XVIII y luego aplicado al sistema nervioso entre 1833 y 1844 (Assoun, 2002).

10 Se define la irritabilidad como la capacidad de la materia viva de responder a un estímulo.

11 La noción de inercia viene de la física, siendo la ley de inercia una de sus leyes fundamentales.

la cientificidad, sino el imperativo categórico de toda una racionalidad... Freud restablecerá ese deseo al mismo tiempo que ese requisito al incluir una *económica* en su metapsicología".

El planteamiento del *principio de inercia neuronal* implica que el concepto físico de inercia ha sido llevado a la esfera fisiológica y, en consecuencia, el sistema neurónico se presenta como un sistema de energía "libre", con la idea de que las neuronas tienden a evacuar completamente las cantidades de energía que reciben (Laplanche y Pontalis,1968). Lo que está sosteniendo Freud es una *concepción energética* que en el punto inicial de la argumentación contempla el universo fisiológico (energía neuronal), para derivar finalmente en el universo psicoanalítico con la noción de *energía psíquica*. En ambos contextos, el punto de vista económico implica al mismo tiempo un esquema tópico: en el *Proyecto* es el sistema neurónico, espacio de circulación de la energía de las neuronas, con sus conductos, "barreras" y "facilitaciones"; luego, abandonada ya la pretensión de localización anatómica y fisiológica, será el *aparato psíquico*, cuya formulación específica aparecería en el capítulo VII de *La interpretación de los sueños*.

Lo que se conoce como termodinámica –en el sentido clásico de circulación de la energía, y en la expresión de su primera ley que es la de conservación de la energía- es en Freud una energética donde la noción clave es la de *procesos*, y el vocabulario que la expresa incluye términos como carga, descarga, catexia, *quantum* de afecto, barreras, etcétera. En lo concerniente a la circulación de la energía, Freud introdujo la distinción entre dos modalidades: proceso primario, en el que la energía es llamada *libre* porque fluye hacia la descarga sin restricciones, y proceso secundario, en el que la energía se encuentra *ligada* –contenida en ciertas neuronas o sistemas neuronales- y por tanto el movimiento hacia la descarga será retardado y controlado. Aparece en el texto del *Proyecto* un esbozo del *yo* –que en su expresión neurológica es: "un grupo de neuronas catectizadas a un nivel constante"- del cual se plantea que ejerce una función inhibidora, funcional al proceso secundario.

En el siglo XIX, numerosas teorías físicas y físico-fisiológicas se referían a la energía como uno de sus conceptos centrales. Sin duda es relevante recordar que Freud tenía en su horizonte epistémico a dos indiscutibles figuras científicas del siglo XIX: Hermann von Helmholtz, físico y fisiólogo alemán autor de *Acerca de la conservación de la energía*(1847), en el que aplica el principio de la conservación de la energía a los procesos fisiológicos (Assoun, 1982), y Gustav Theodor Fechner, fundador de la psicofísica, autor de *Elementos de psicofísica* (1860). Ambos son citados en forma explícita en la obra de Freud. De Helmholtz, Freud decía que era "su ídolo"; mientras que a Fechner lo consideraba "un sabio"[12]. Dice Assoun (1981:156): "...ningún fisiólogo

---

12 Cfr. Paul-Laurent Assoun, en *Introducción a la epistemología freudiana*.

o psicólogo usuario de la concepción energética podría desconocer a Helmholtz como el que abrió la vía regia" y, en efecto, la imbricación de la física con la fisiología y la psicología, legado de Helmholtz, formaba parte de la "dote científica" de Freud.

Por su parte, Fechner, cuya obra resonó en el padre del psicoanálisis de distintas formas, se ocupaba de un proyecto particularmente significativo en lo concerniente a la cuestión de la relación entre cuerpo y mente: la psicofísica. Con la psicofísica, Fechner pretendía establecer la relación entre la magnitud de los estímulos físicos y la vivencia psíquica de las percepciones, dándole un lugar preponderante a la idea de "umbrales"[13]. Apoyándose en los estudios de Weber sobre las sensaciones, postuló la famosa ley Weber-Fechner, con la que lograba matematizar la relación entre un dato físico y un fenómeno psíquico[14]. Al estudiar las sensaciones, Fechner habló de placer y de displacer, relacionados con estados de estabilidad y de inestabilidad, respectivamente. Lo que Fechner llamó "tendencia a la estabilidad", Freud lo incorporó como *principio de constancia*. Comenta Assoun (1981:153): "Cuando se recuerda el papel que desempeña ese principio en la teoría del masoquismo y como expresión económica de la pulsión de muerte, se advierte que la referencia a Fechner materializa la asombrosa continuidad de la económica freudiana".

Del principio de constancia –formulado explícitamente hasta 1920, en *Más allá del principio del placer*- se ha afirmado que "nunca deja de suponerse implícitamente su influencia regulando el funcionamiento del aparato psíquico" (Laplanche y Pontalis, 1968:298), y consiste en mantener la cantidad de excitación al nivel tan bajo, o al menos tan constante, como sea posible. Se ha querido ver una analogía entre la tendencia a la constancia y la homeostasis –que se refiere a los mecanismos de autorregulación que operan para mantener equilibradas las propiedades del organismo-, tal como fue planteada por el fisiólogo W.B. Cannon en 1932[15]. Sin embargo, Assoun (1981) advierte que aunque hay algunos puntos de contacto, el modelo de Freud es distinto en la medida en que involucra una idea de reducción y de un efecto estabilizador apenas por encima del umbral. Freud plantea en el *Proyecto* la necesidad de una modificación del principio de inercia -que supone la tendencia al nivel cero-, para admitir un acopio que permitiera solventar "el apremio de la vida", modificación que más adelante llamará "principio de constancia" para expresar la tendencia a mantener la cantidad de excitación lo más baja posible "y defenderse de cualquier acrecentamiento, es decir, mantenerla constante". La expresión "apremio de la vida" la mantuvo

---

13 El umbral se define como el valor a partir del cual empieza a ser perceptible un agente físico.

14 Según la cual, la intensidad de la sensación corresponde al logaritmo de la magnitud del estímulo.

15 En su libro *La sabiduría del cuerpo,* en el que describe cómo el cuerpo trata de mantener en equilibrio la composición del medio sanguíneo.

Freud en su obra posterior, aunque luego prefirió emplear la palabra *Ananké*[16]. *Ananké,* referida a la gran fuerza de la necesidad, tiene en opinión de Paul Ricoeur (1970) el papel de simbolizar la noción de realidad en la última y definitiva teoría pulsional con la introducción de la pulsión de muerte. Adelantándome al comentario sobre este giro decisivo de la concepción freudiana con el objetivo de anticipar la relevancia del "apremio de la vida", cito a Ricoeur (*ibid.*, p.225):

> Después de la pulsión de muerte, la noción de realidad se carga con un sentido que la sitúa al nivel de las grandes fuerzas cuasi míticas que se reparten el imperio del mundo. Esta transfiguración estará simbolizada en el término griego de Ananké, que recuerda a la vez el destino de la tragedia griega, la naturaleza en la filosofía del Renacimiento y de Spinoza, y el eterno retorno de Nietzsche. Dicho con brevedad: lo que al principio no era sino un principio de "regulación psíquica" se convertirá en cifra de una sabiduría posible.

El cuerpo como "apremio" de la vida

Entre las primeras distinciones que Freud tuvo que establecer en relación al simple esquema descrito como excitación y descarga, es la que se refiere a las fuentes de excitación y sus consecuencias para el organismo, y resultó esencial comprender el destino de las excitaciones que se reciben del exterior, por un lado, y las que provienen del propio cuerpo, por otro. A éstos los denominó "estímulos endógenos".

> Con la complejidad de lo interno, el sistema de neuronas recibe estímulos desde el elemento corporal mismo, estímulos endógenos que de igual modo deben ser descargados. Estos provienen de células del cuerpo y dan por resultado las grandes necesidades: hambre, respiración, sexualidad. (*Proyecto,* 1895:341).

Lo que caracteriza a la excitación producida por "estímulos endógenos" –término que es claramente precursor de la idea de pulsión- es que es imposible para el organismo emprender la huida para alejarse de ella. Es decir, la excitación que proviene del interior del cuerpo no sólo "quebranta" el principio de inercia dice Freud, en la medida en que no hay posibilidad de resolverla por medio de una respuesta motriz inmediata -tipo el modelo del reflejo- sino que tampoco se puede huir de ella para resolverla. En otras palabras, la vida del cuerpo, sus grandes "necesidades", colocan al organismo ante una urgencia, ante un displacer,

---

16 J. Stratchey hace esta observación en la nota a pie de página número 9 (*AE,* 1:341) anotando que la obra específica en donde hace este cambio es en *El malestar en la cultura*; ahí Freud se refiere al par *Eros* y *Ananké,* términos griegos para el Amor y la Necesidad.

y frente a ese apremio –particularmente en los tiempos iniciales de la vida- se está en un completo *desvalimiento*: nada puede hacer por sí mismo para resolverlo.

Esta situación particular coloca a la experiencia del cuerpo en una situación privilegiada para el surgimiento del plano psíquico de la representación y del afecto.la satisfacción y el dolor, las dos modalidades de experiencias originarias, llamadas en el *Proyecto* "vivencias", van a llevar a Freud a concebir piezas conceptuales fundamentales del psicoanálisis: el deseo y la repetición. Freud sostuvo la idea de *principio del placer* a todo lo largo de su obra, si bien fue descubriendo y abordando las dificultades teóricas que implicaba.

En analogía con su concepción de funcionamiento neuronal, Freud plantea como tendencia fundamental de la vida psíquica la de *evitar displacer*, siendo el placer y el displacer las sensaciones o cualidades de la conciencia que se corresponderían con la descarga de tensión (placer) y con su acrecentamiento (displacer). "Para ser rigurosos –dice Nasio (1994:37)-, la noción freudiana de placer debe entenderse en el sentido económico de *baja de la* tensión[17]". El principio del placer alude entonces al principio regulador del psiquismo que opera procurando la evacuación de la tensión displacentera. La serie placer-displacer corresponde entonces a la traducción cualitativa del aumento o disminución de la tensión generada por la excitación proveniente del interior del cuerpo: la elevación de tensión se concibe como displacer y la descarga como placer.

Una complicación con este esquema económico simple surgirá al abordar la cuestión de la sexualidad; en ese contexto, Freud reconoce que, en contradicción con lo esperado según la equivalencia tensión=displacer, la elevación de la tensión sexual se vive como placentera, con lo que se altera el esquema original del principio del placer. Anticipa ya lo que en una etapa tardía de su trayecto metapsicológico será la conceptualización de la pulsión de muerte, el "más allá" del principio de placer cuyo funcionamiento es descrito con el nombre de principio de *Nirvana,* que significa la tendencia al cese total de la tensión que implica la vida. Dicen Laplanche y Pontalis (1968:306) que "...el principio de Nirvana, que aparece mucho más tarde en la obra de Freud, puede considerarse como una reafirmación, en un momento decisivo del pensamiento freudiano ('vuelta' de los años 20), de la intuición fundamental que guiaba ya la enunciación del principio de inercia".

Desde luego, la primera reflexión crítica respecto a un modelo simple de descarga de la tensión la abordó Freud en el *Proyecto*, referida a los estímulos que vienen del propio cuerpo. De éstos -ya comentaba más arriba- no se puede huir, y adicionalmente, la excitación que generan se

---

17 El subrayado es del autor.

renueva constantemente. Entonces, aunque el movimiento general del psiquismo tienda a la descarga total de la tensión, nunca se logra tal estado. Entonces podemos enfatizar, a partir del pensamiento freudiano, que por el cuerpo estamos en la vida y que tal condición significa trabajo psíquico incesante. En otras palabras,"en la vida psíquica, la tensión no se agota jamás" (Nasio, 1994:25).

En la perspectiva del modelo pulsional que Freud consolidó después de la etapa del *Proyecto* -considerada "prehistórica" del psicoanálisis- diríamos que el cuerpo freudiano es un cuerpo pulsional, cuyo pulsar es incesante y sólo cesa con la muerte. Si nos colocamos en la terminología más cercana a lo energético y neurológico del *Proyecto,* entonces hay que enfatizar que no hay descarga completa que sea posible. La descarga total, meramente hipotética, generaría un placer absoluto. Para Nasio resulta significativo señalar –refiriéndose a la concepción de psicosexualidad del desarrollo teórico freudiano, naturalmente posterior al *Proyecto*- que "dicho hipotético ideal de placer absoluto sigue siendo la meta inaccesible de las pulsiones sexuales" (*ibid*, p.36). En realidad, esta aspiración de "placer absoluto" desdibuja cualquier idea simple que pudiéramos tener respecto al placer como descarga que conduce a la satisfacción. Por un lado, es importante la premisa psicoanalítica de que "hay siempre un resto nunca llenado por la satisfacción" (Green, 1995:332), esto en función de la tesis del objeto (primordial) perdido. De ahí que deseo y satisfacción nunca se acoplan cabalmente, sólo se logran aproximaciones.

Por otro lado hay que tomar en cuenta la vertiente compleja del "más allá del principio del placer" del escrito de Freud de 1920, en la que la sexualidad y la muerte desdibujan sus fronteras y nos colocan ante la cuestión paradójica entre placer y goce, que van, digamos, en sentido contrario. El placer es el producto de una tensión que se atempera; el goce, en cambio, es máxima tensión, donde dolor y satisfacción están mezclados y gana terreno la pulsión de muerte. Puede acontecer entonces que la obsesión erótica, insaciable, se actualice desbordando todos los límites sin colmarse nunca y, por el contrario, vaya*in crescendo,* en una aspiración de goce que, a diferencia del placer, siempre pide más. No hay descarga que apacigüe sino irrupción pulsional que no acepta límites y que al no poder ser acotada lleva a la muerte real. La tensión exacerbada del cuerpo, con su cauda de dolor y de locura –el goce sin contención posible- rebasa la acción de la palabra, la articulación del deseo y la posibilidad de sublimación[18].

---

18 A manera de ejemplo podemos evocar la controvertida película del director Nagisa Oshima ("El imperio de los sentidos", 1976), que se dice está basada en un hecho real acontecido en Japón en la década de 1930, que narra la espiral erótica-mortífera de Sada, joven sirvienta ex prostituta, con Kichi, su amo, quien termina pidiéndole que lo estrangule durante el coito, y en la escena final ella deambula en la calle con los genitales de su amante, en una especie de trance.

Volviendo al contexto del *Proyecto,* Freud describe cómo la excitación generada por los "estímulos endógenos" crea las condiciones que llamó "el apremio de la vida". Aquéllos llevarán a un afán de descarga, a una exigencia (*Drang*), que se manifestará como una "alteración interior" (signos diversos del cuerpo conmovido por una tensión creciente), alteración que será sin embargo inefectiva para cancelar el estímulo. El imperativo de resolución, la urgencia provocada por el acrecentamiento de la tensión junto a una "cualidad particular que se hace reconocer junto al displacer" (*Proyecto,* 1895:365) que configuran la *vivencia de dolor,* compromete con una "acción específica" para lograr la cancelación del estímulo, la que exige una alteración en el mundo exterior. ¿Cómo resolver la tensión creada por la "necesidad", que colocan al individuo en tales condiciones de "apremio de la vida" y de las cuales no puede escapar? Se requiere, dice Freud, de una *acción específica.*

Este término está lejos de ser meramente indicativo o descriptivo[19]. En lo explícito, la "acción específica" señala el proceso necesario para la resolución de la necesidad, proceso que implicará el auxilio exterior, es decir, la participación de otro ser que facilitará la consecución del acto necesario para el alivio de la tensión, específicamente en el caso del lactante dado su completo desvalimiento. Pero si nos detenemos un poco, se apreciará que con ese término Freud anticipa ideas fundamentales alrededor de lo que más adelante quedará establecido en relación a la pulsión: el vínculo entre la tensión interna y la sensación de alivio ligada a la presencia de un "objeto". Se configurará así, una experiencia que tendrá "las más hondas consecuencias para el desarrollo de las funciones en el individuo" (*Proyecto,* 1895:363): la *vivencia de satisfacción.* Esta noción remite a una experiencia que desborda totalmente la idea de una simple descarga de tensión. Es en cambio una experiencia compleja que arranca del desamparo inicial, y enlaza la necesidad y el auxilio exterior para lograr la "acción específica".

Se trata de un conjunto complejo de elementos relacionados entre sí: las sensaciones del cuerpo en necesidad -en "urgencia de vida"-, la imagen/recuerdo del objeto que cubrió la necesidad, la imagen de los múltiples efectos corporales de la satisfacción: fisiológicos, afectivos, nutritivos, de apaciguamiento, de contención del desvalimiento. La vivencia de satisfacción es esa suma de cosas, aunada a una condición especial: su carácter originario, es decir, su condición fundante del devenir subjetivo. Aunque después del *Proyecto* y de *La interpretación de los sueños* Freud no utilizó más –explícitamente- esa expresión, "las concepciones de Freud serán siempre las inherentes a esta noción" (Laplanche y Pontalis, 1968:474).

---

19 Dada su relevancia conceptual, Laplanche y Pontalis le dan una entrada en su *Vocabulaire de la Psychanalyse. (Cfr. Diccionario de Psicoanálisis,* 1968).

Pero también, con carácter de experiencia originaria y contraparte de la vivencia de satisfacción, Freud habla en el *Proyecto* de la *vivencia del dolor*. El estado de desvalimiento biológico y de desamparo psíquico del lactante ante un aflujo de excitaciones que crece hasta magnitudes intolerables, da lugar a la *vivencia del dolor*, reflexiones que Freud desarrollará con amplitud en obras posteriores, en relación a su teoría de la angustia. Ambas vivencias, de satisfacción y de dolor, conducen a detenerse en el asunto de la memoria, tema este último que Freud consideró imprescindible de abordar en cualquier teoría psicológica.

El cuerpo como inscripción de experiencias

Tú sabes que trabajo con el supuesto de que nuestro mecanismo psíquico se ha generado por estratificación sucesiva, pues de tiempo en tiempo el material preexistente de huellas mnémicas experimenta un <u>reordenamiento</u> según nuevos nexos, una<u>retrascripción</u>(Umschrift). [...] Yo no sé cuántas de estas trascripciones existen. Por lo menos tres, probablemente más[20].

Freud, *Carta 52 (1896:274)*

Se ha dicho que "la obra de Freud es en resumidas cuentas una elaboración sobre la memoria" (Kaufmann, 1993:127), y sin duda esta expresión resulta pertinente si asumimos que una clave fundamental que sostiene la concepción freudiana de psiquismo es la inscripción de lo que podría llamar la "dramática" de la vida, es decir, una teoría de la memoria, nunca plenamente desarrollada como tal, pero siempre presente como presupuesto teórico esencial. Así, en las primeras páginas del *Proyecto* se lee: "cualquier teoría psicológica atendible tiene que brindar una explicación de la *memoria*" (Freud, 1895:343). La memoria, dice Freud, sería "el poder de una vivencia para seguir produciendo efectos" (*ibíd*, p. 345).

En carta a Fliess del 6 de diciembre de 1986 (*Carta 52*), Freud presenta su concepción de memoria como estratificación de signos basada en sucesivas retranscripciones que "constituyen la operación psíquica de épocas sucesivas de la vida", de donde se desprenden ideas fundamentales para su concepción del psiquismo, ideas que tienen claros nexos con algunas nociones anticipadas en el *Proyecto* y que conciernen a la inscripción, la traducción y, en conjunto, a la tramitación psíquica de la excitación. La memoria se constituye a través de materiales psíquicos en constante movimiento, con reordenamientos no homogéneos ya que en las sucesivas transcripciones hay fallas, es decir, materiales que no admiten traducción. En ese contexto habla de la denegación de

---

20 El subrayado es del autor.

traducción producto del desprendimiento de displacer que se generaría por una traducción ("como si ese displacer engendrase un trastorno del pensamiento que a su vez impediría el proceso de producción")mismo que describe como represión, diferente de la inhibición, considerada esta última como defensa "normal" ante el displacer. Otra noción importante en la *Carta 52* es la de retroactividad (*nachträglich*), que se refiere a la posibilidad de que huellas mnémicas puedan ser modificadas en función de nuevas experiencias y adquieran así un nuevo sentido.

Freud retoma la idea, ya expresada en el *Proyecto*, de que la conciencia y la memoria se excluyen mutuamente. Al respecto observa Derrida (1967:311):"Si sólo hubiese percepción, permeabilidad pura a los pasos-abiertos, no habría ningún abrirse-paso. Estaríamos escritos, pero no se consignaría nada, no se produciría ninguna escritura, no se la retendría, no se repetiría como legibilidad".Vale la pena destacar la distancia conceptual que Freud marca entre percepción y signo de percepción. En la *Carta 52* se llama "signo de percepción" a la primera transcripción, un modo de inscripción "totalmente incapaz de conciencia"; a las huellas inconscientes corresponde la segunda transcripción y a las representaciones-palabras ("imágenes verbales") del sistema preconsciente, la tercera transcripción.Dice José Cueli (2007): "La *Carta 52* nos plantea tres términos esenciales sobre los cuales reflexionar: transcripción, traducción y transliteración", y explica que la *transcripción* alude a una operación en lo real, la *traducción* al registro de lo imaginario y la *transliteración* se apoya en un código[21]. Los modos posibles de las tres operaciones remiten respectivamente –afirma Cueli citando a Allouch- al "sonido", al "sentido" y a "la letra".

Ahondando un poco más, la transcripción se entiende desde la suposición de que la palabra –pensando en el plano de lo fonético, de lo oral- sería, en la escritura, ese sonido captado "a través de mirada". La traducción pone en juego el sentido, el cual se mantiene aunque cambien las palabras: consiste en "decir lo mismo" con otras palabras o en otra lengua. La transliteración, en cambio, no se apoya en el sonido (transcripción) ni en el sentido (traducción), sino en la *letra*[22]. Lo que hace el sueño, comenta Sauval (2005), es transliterar, y refiere al siguiente pasaje de *La interpretación de los sueños*:

> El contenido del sueño nos es dado como un jeroglífico, cuyos signos deben transferirse, uno por uno al lenguaje de las ideas latentes. Seríamos inducidos evidentemente a error si se quisiera

---

21 Típicamente se menciona como ejemplo de transliteración el sistema Morse, en el cual, bajo cierta convención, se sustituyen las letras por líneas y puntos.

22 La "letra" es definida en el contexto del psicoanálisis de perspectiva lacaniana, como diferencia, como un lugar vacío que algún signo viene a ocupar.

leer estos signos dándoles el valor de imágenes pictóricas y no de caracteres de una escritura jeroglífica (Freud, 1900, capítulo VI).

Freud vuelve enigmático, dice Derrida, aquello que se cree conocer con el nombre de escritura. En una memorable conferencia presentada en el seminario del Dr. Green en el *Institut de Psychanalyse* con el título "Freud y la escena de la escritura",Jacques Derrida (1967:277) señala que para Freud la memoria no es "una propiedad del psiquismo entre otras, es la esencia mismo de lo psíquico". En el *Proyecto* se busca explicar el funcionamiento psíquico desde su base neurológica: los diferentes sistemas de neuronas que postula (*fi, psi* y *omega*) van a dar cuenta de cómo se produce el funcionamiento diferencial de los actos de percepción-conciencia y de recuerdo,así como de los procesos primario y secundario, mientras que en la *Nota sobre la pizarra mágica* (1924) –pasando por la *Carta 52* y *La interpretación de los sueños*- se ha consumado el paso de lo neurológico a lo psíquico. Freud encuentra en el *Wunderblock* la representación del aparato psíquico que cumple la operación complicada de dos funciones que se oponen: huellas permanentes de las inscripciones hechas y capacidad ilimitada de recepción. Derrida apunta la originalidad de la concepción freudiana, considerando que la presentación del texto psíquico como huellas siempre en retranscripción subvierte las nociones comunes de espacialidad y de temporalidad. El texto psíquico, apunta Derrida, no se puede remitir a la presencia, en tanto que se trata desde siempre en transcripciones, "depósitos de un sentido que no ha estado nunca presente, cuyo presente significado es siempre reconstituido con retardo, *nachträglich*, a destiempo" (1967:291).

Distintos estudiosos de Freud destacan que una hipótesis notable que aparece en el *Proyecto* es la de la facilitación[23]*(Bahnung)* o el "abrirse paso". Así, como otra manera de definir a la memoria, encontramos en el *Proyecto* la siguiente frase: "La memoria está constituida por las facilitaciones existentes entre las neuronas *psi*" (1895:344).La facilitación marca la preferencia por ciertas vías, indica que se tiende a recorrer un camino ya recorrido. Con esa noción no sólo se perfila una noción de repetición como atributo esencial del deseo, sino que también se anticipa la encrucijada vida/muerte constitutiva del psiquismo: "La vida está ya amenazada por el origen de la memoria que la constituye y por el abrirse-paso al que aquélla resiste, por la rotura que no puede contener más que repitiéndola" (Derrida, 1967:279).

La huella mnémica se inscribe siempre en sistemas, en relación con otras huellas. Así, el uso del término "vivencia" -referido en el *Proyecto* a la satisfacción y al dolor- alude a experiencias originarias que quedan inscritas como series complejas de huellas mnémicas compuestas de

---

23 Kaufmann (1993) señala que para Lacan "la originalidad del *Proyecto* reside en la noción de facilitación", y constituye un primer bosquejo de lo que más adelante será concebido como compulsión de repetición.

imágenes y de sensaciones del cuerpo. Está en juego la idea de una inscripción en la emergencia de lo psíquico articulada con lo somático. Las "vivencias" que Freud erige como modelos de inscripciones originarias (las de satisfacción y de dolor) son conjuntos complejos de representaciones y recuerdos dotados de intenso valor afectivo. ¿Cuáles son los "efectos" de estas vivencias? Dice Freud que dejan como secuela "unos motivos compulsivos": nada menos que el *deseo* y la *defensa*[24]. En la vivencia de satisfacción ha quedado vinculada la imagen del objeto que procuró la satisfacción, a las sensaciones corporales del estado de necesidad. Cuando aparece de nuevo un estado de tensión, la imagen del objeto es investida: es el deseo. El dolor, por su parte, genera "un esfuerzo de suplantación y desalojo", pero al mismo tiempo juega un papel importante en la emergencia del primitivo "yo", anunciando los contornos del propio universo corporal; de ahí que puede decirse que la vivencia de dolor es una experiencia paradójica de extrañamiento y de noticias del propio cuerpo, de impotencia pero también de esbozo de la propia singularidad.

> Del estado de deseo se sigue directamente una atracción hacia el objeto de deseo, respectivamente su huella mnémica; de la vivencia de dolor resulta una repulsión, una desinclinación a mantener investida la imagen mnémica hostil. Son estas la atracción de deseo primaria y la defensa primaria. (*Proyecto...*1895:367)

El "anhelo de deseo" significa que se tiende a repetir la experiencia de satisfacción, y más específicamente, que ante el aumento de excitación se carga la *huella mnémica* de la satisfacción primera, es decir, la fijación perceptiva de la experiencia de satisfacción. Cuando el estado de deseo se reactiva puede generarse, desde el funcionamiento psíquico primario, una investidura de la imagen-recuerdo en una alucinación que derivará finalmente en una satisfacción fallida. Una primera función que desarrolla el incipiente *yo* es un freno a la descarga, el paso al proceso secundario. La oposición entre proceso primario y proceso secundario es correlativa a la existente entre principio de placer y principio de realidad.

> Es entonces la inhibición por el yo la que suministrará un criterio para distinguir entre percepción y recuerdo (*Proyecto,* 1895:371).

Freud fue plenamente consciente de la dificultad teórica que suponía explicar cómo se estaba en condiciones de distinguir entre percepción y representación. Green (1993) anota que el tema ocupó a Freud muchos años y derivó en postular una función psíquica específica que ya anticipa

---

24 En la nota introductoria a la obra, J. Stratchey señala: "Lo que nos brinda el *Proyecto* es una descripción *defensivista* del aparato psíquico, *anterior al ello*" (*AE,* **1**:335)

en el *Proyecto* y es atribuida al yo: la de realizar un *examen* sobre los "signos de realidad"[25]. El tema cobrará especial relevancia cuando se consolide la noción de pulsión y se dé cauce a la reflexión acerca del pasaje de la excitación endosomática a su inscripción psíquica, que compromete naturalmente el carácter de la inscripción psíquica temprana y la "memoria" de las vivencias de satisfacción y de dolor, experiencias tempranas que apuntan a una prefiguración del cuerpo en su estatuto inconsciente. Freud anticipa en el *Proyecto* las dos vías convergentes y decisivas en la construcción del cuerpo subjetivo: una corresponde al proceso intrasubjetivo, es decir, la "traducción" de las excitaciones somáticas en lenguaje psíquico; la otra es de índole intersubjetiva, que pasa por la relación infans-madre u objeto que sostiene en la situación de desvalimiento inicial.

El cuerpo del síntoma histérico

Una anatomía "imaginaria"

Si el *Proyecto* representa en la obra de Freud un momento elaborativo importante en su desarrollo teórico hacia la metapsicología, es decir hacia el núcleo teórico fundamental del psicoanálisis, la clínica –la otra vertiente inseparable de la trayectoria freudiana- muestra nítidamente, en palabras de Assoun (1997), "el desafío de la metapsicología por el cuerpo". Y, como se sabe, es el encuentro con el síntoma histérico el acontecimiento que inaugura propiamente la clínica freudiana.

Las mujeres histéricas que aparecían en los consultorios médicos a finales del siglo XIX generaban incomodidad y molestia. La histeria – específicamente la llamada histeria "de conversión"- se manifiesta bajo la forma de síntomas somáticos, es decir, de dificultades importantes en la funcionalidad del cuerpo, tales como parálisis, contracturas, anestesias y ceguera. Ante la ausencia de alguna lesión orgánica que justificara los aparatosos desórdenes del cuerpo en las pacientes, el pensamiento médico de la época atribuía los síntomas histéricos a la autosugestión e incluso a la simulación. "En nuestra época, -escribe Freud[26]- una histérica podía estar casi tan segura de que la considerarían una simuladora, como lo estaría en siglos anteriores de ser condenada por bruja o posesa". La estancia que Freud hizo en el sanatorio de la Salpêtrière entre 1885-86 para estudiar con Jean-Martin Charcot, famoso neurólogo francés, orientó en forma decisiva su interés hacia la histeria. "De todo lo que vi

---

25 Pedro F. Villamarzo (1989) destaca que en el *Proyecto* Freud prefiguró las siguientes hipótesis: instancia yoica, procesos energéticos conscientes e inconscientes, concepto de pulsión, concepto de regresión, principios de placer y realidad, y concepto de "prueba de realidad".

26 En informe de 1886 al Colegio de Profesores de la Facultad de Medicina de Viena acerca de la experiencia con Charcot (*AE,*1)

junto a Charcot, lo que me causó la máxima impresión fueron sus últimas indagaciones acerca de la histeria..."[27].

Un primer aprendizaje que Freud logra a través del cuerpo de la histeria –alentado y sensibilizado por las investigaciones inaugurales del eminente profesor Charcot- es que el síntoma somático con que se manifiesta el acontecimiento histérico se alberga en el cuerpo "real", pero el trastorno corporal que ha aparecido no corresponde a una anatomía real, aquella propia de un organismo biológico, sino a una anatomía imaginaria. Por ejemplo, una hemiplejia común de origen orgánico implica la parálisis de los miembros de un lado del cuerpo, superior e inferior y faciales del mismo lado; en cambio, una parálisis histérica puede afectar en forma disociada sólo a la pierna o al brazo. En el trabajo titulado "Estudio comparativo de las parálisis motrices orgánicas e histéricas" (1893), escrito originalmente en francés como homenaje a su maestro, Freud dice:

> Yo afirmo, por el contrario, que la lesión de las parálisis histéricas debe ser completamente independiente de la anatomía del sistema nervioso, puesto que *la histeria se comporta en sus parálisis y otras manifestaciones como si la anatomía no existiese o como si no tuviera noticia alguna de ella*" (1893:206)[28].

Añade además una peculiaridad: la manifestación histérica es tan excesiva, tan intensa, tan absoluta, que las lesiones orgánicas por comparación son apenas un pálido reflejo. Así, Freud encuentra que al síntoma histérico lo caracteriza una paradoja: es corporal –más aún, intensamente corporal- pero no es biológico; el cuerpo-organismo está intacto pero no "funciona" bien: no hay lesión orgánica, pero el cuerpo "habla" de algún sufrimiento. También es intrigante la "invención" de la arbitraria anatomía histérica; no se trata de una simulación intencional como pensaba con desdén la medicina de la época. Lo que acontece es que el cuerpo histérico se altera sobre una imagen fantaseada del cuerpo orgánico. Propiamente, se inventa un cuerpo sobre otro cuerpo a manera de copia o remedo, y produce síntomas que "instituyen una audaz geografía corporal" (Assoun, 1997:38). Esto implica que aparecen dos cuerpos distintos: uno "real" y otro fantaseado. Bajo la lógica de un cuerpo imaginario se afecta la funcionalidad del cuerpo real, sin tocar, sin embargo, la estructura orgánica. Y, naturalmente, hay que subrayar que todo el proceso es inconsciente. Es decir, algo fuera de la consciencia y fuera también del registro biológico, ha impactado físicamente el cuerpo. Esto deriva irremisiblemente en considerar el estatuto inconsciente del cuerpo.

---

27 Presentación autobiográfica (*AE*, **20**)

28 Subrayado del autor.

Assoun (1997:33) plantea que la gran lección de las investigaciones inaugurales sobre el sentido del síntoma histérico, es "el *desenganche de lo físico y lo orgánico*, del que el cuerpo histérico es el *teatro viviente*[29]". Siguiendo a este autor, se puede afirmar que resulta esencial distinguir lo *orgánico* de lo *físico* para comprender la complejidad de la corporalidad. También, evidentemente, para propósitos de diagnóstico y de intervención. Así, al subrayar que en la persona con síndrome histérico hay afectación física pero no orgánica, se ubica esta neurosis como un punto de referencia imprescindible para mirar hacia otros pacientes que, en contraste, sí sufren de lesiones orgánicas pero que, al igual que la paciente histérica, desafían la lógica médica tradicional; tal es el caso de los fenómenos psicosomáticos.

Encarnación simbólica del "trauma psíquico"

> *"Nuestros enfermos de histeria padecen de reminiscencias. Sus síntomas son restos y símbolos mnémicos de ciertas vivencias (traumáticas)* (Freud, *Cinco conferencias...,. 1910:13)*[30].

La histeria tiene una larga historia[31], y su etimología (de *hystera:* matriz) da cuenta del origen que se le atribuía en la medicina griega en la Antigüedad: una matriz agitada por su esterilidad (por ello considerada una enfermedad típica de las vírgenes y las viudas). En la Edad Media se le consideró una posesión diabólica y posteriormente, con el surgimiento de la ciencia moderna, se le atribuyeron sucesivamente orígenes nerviosos, desórdenes pasionales o alienación mental.Charcot en la Salpêtrière, explicaba los cuadros de histeria como una degeneración de naturaleza hereditaria precipitada por "agentes provocadores", es decir, los entendía a partir de explicaciones orgánicas; en sus investigaciones Charcot usaba la hipnosis para provocar síntomas histéricos y luego para hacerlos desaparecer. Sus ideas acerca de la hipnosis estaban en el centro de la polémica con la llamada Escuela de Nancy, creada por el psiquiatra Hipólito Bernheim en colaboración con el médico Liébeault, quienes definían a la hipnosis como producto de la *sugestión* que ejerce el hipnotizador frente al hipnotizado, considerando que los resultados eran dependientes de la susceptibilidad del sujeto a la sugestión[32]. Freud, que a su regreso de París había orientado su práctica médica hacia las neurosis, afirmaba en esos años: "la sugestión hipnótica se convirtió en mi medio

---

29 Cursivas en el texto original del autor.

30 El subrayado es del autor.

31 El D.S.M.IV actual ha descartado el término de histeria y únicamente ha conservado la noción de "síntoma de conversión".

32 Alumnos de Bernheim hicieron el pasaje de la sugestión a la persuasión, de donde se le ha atribuido ser el iniciador de las psicoterapias.

principal de trabajo". Con la idea de perfeccionar el procedimiento, Freud viajó en 1889 a Nancy y tuvo estimulantes intercambios con Bernheim. En Nancy, dice Freud: "recogí las más fuertes impresiones acerca de la posibilidad de que existieran unos potentes procesos anímicos que, empero, permanecerían ocultos para la conciencia del ser humano[33]". Se puede decir que Freud fue testigo directo de la polémica Nancy-Salpêtrière y a la vez aprovechó avances importantes de ambas escuelas para su posterior itinerario psicoanalítico: con Charcotafianzó su convicción de que la histeria y la hipnosis podían enfocarse desde la mirada de la ciencia; Bernheim, por su parte, favoreció su perspectiva psicológica –y ya no médica- para el tratamiento de la histeria. Adicionalmente, Freud sacó provecho de la práctica de la hipnosis –que a la postre abandonaría para dar paso al método psicoanalítico- para investigar la historia del surgimiento del síntoma, constatando que en vigilia el sujeto no podía –o sólo podía en forma muy fragmentaria- hacerlo. Al explorar con mucha curiosidad la historia que había dado origen del síntoma, Freud avanzaba el camino hacia la comprensión de la etiología de la histeria.

Distanciándose del punto de vista de Charcot, Freud y su colega Joseph Breuer publican en 1895 los *Estudios sobre la histeria,* obra en la que describen el hallazgo que consideran fundamental: una conexión causal entre el síntoma histérico y un "trauma psíquico" en la historia del sujeto afectado. El proceso es descrito como producto de uno o varios acontecimientos generadores de un afecto insoportable (miedo, angustia, vergüenza) que resulta intolerable a la conciencia y por ello ha sido reprimido; no obstante, sin que el sujeto sea consciente de ello, el trauma permanece activo, ejerciendo una acción psíquica a la manera de "un cuerpo extraño". Resuena entonces la conocida –y no por ello menos sorprendente- sentencia de Freud y Breuer: "Nuestros enfermos de histeria padecen de reminiscencias...".Cuando por medio de la hipnosis la paciente[34] evocaba el recuerdo de ese "trauma" y todo el afecto concomitante bajo el método catártico antecesor del método psicoanalítico, se lograba la desaparición del síntoma que la afectaba. Entre la expresión histérica y su causa se descubre un *vínculo simbólico,* es decir,se encuentra que una zona o un determinado órgano del cuerpo son el material para la expresión simbólica de un conflicto inconsciente gestado en experiencias pasadas.

El análisis de los síntomas histéricos revela, sin excepción alguna, toda una serie de impresiones de la vida pretérita que el enfermo

---

33 Presentación autobiográfica, *AE,***20**:17)

34 El uso del género femenino tiene como referencia los primeros famosos casos de histeria sobre los que Freud escribió, muy señaladamente la paciente de Breuer (Anna O.), pero Freud mismo aclaró que la histeria puede manifestarse tanto en mujeres como en hombres, aunque la frecuencia es significativamente mayor en las primeras.

confirma haber olvidado hasta el momento" (Freud,*Conferencias de introducción...,1917:299*)

Las grandes "lecciones" del cuerpo de la histeria

Más allá de las formulaciones iniciales con Breuer, Freud ha extraído otras "lecciones" decisivas del cuerpo de la histeria; una es la relación que guarda la formación del síntoma histérico con la sexualidad. En *La etiología de la histeria* (1896) da cuenta de lo que considera un descubrimiento esencial, válido en todo caso de histeria: "...llegamos indefectiblemente al terreno de la vida sexual". Seguir a Freud en esta tesis fundamental va a implicar entender su idea del cuerpo como *cuerpo libidinal* en el marco de su concepción del conflicto psíquico y de la represión. En otras palabras, nos conduce a mirar cómo la noción de inconsciente redefine el campo de lo sexual, en una ruptura radical con la idea de sexualidad considerada como equivalente a genitalidad o como instinto que tiene un destino inexorable y un objeto predeterminado.

La otra "lección" sobrevino cuando después de registrar un buen número de casos en los que Freud creyó confirmar que las personas con sintomatología histérica habían sido víctimas de seducción en la infancia por parte de un adulto del medio familiar (especificando que en el caso de la histeria se trataba de un trauma de seducción vivido pasivamente), tuvo que reconocer poco después que había sido "engañado" por sus pacientes. Entonces, la interrogación sobre el cuerpo histérico produce un auténtico parteaguas para la teoría psicoanalítica: el descubrimiento del papel primordial de la fantasía inconsciente y de la realidad psíquica.

La nueva comprensión apunta a que el cuerpo de la histeria dramatiza el conflicto psíquico y el fantasma incestuoso subyacente. De la prioridad etiológica concedida anteriormente a los sucesos reales se pasa a interrogar las fantasías infantiles en la gestación del conflicto psíquico y por tanto en la formación de síntomas. El síntoma conversivo de la histeria se define como *síntoma* en el sentido analítico, es decir, desprendido de la connotación médica restringida a indicación de enfermedad y concebido en cambio como formación del inconsciente que remite a un conflicto psíquico, mismo que en el proceso analítico se entendería desde la lógica del deseo y de la estructura del inconsciente. El énfasis teórico pasa de la teoría del trauma a la teoría de la pulsión y al planteamiento del Complejo de Edipo como organizador de la sexualidad.

El cuerpo acoge el fantasma

Freud dio el nombre de "conversión" al proceso por el cual se traspone una excitación psíquica al ámbito corporal. ¿Cómo comprender este impacto físico inconsciente sobre el cuerpo, su aptitud para simbolizar lo reprimido y para encarnarse en lugares específicos del cuerpo? Por un lado, Freud introdujo el término "complacencia somática" para abordar las preguntas por la elección de un determinado órgano del cuerpo para la manifestación histérica, con la hipótesis de que las afectaciones orgánicas pueden servir de punto de atracción para la expresión de un conflicto inconsciente. Ante esta cualidad de "cuerpo complaciente"[35] que Freud describe como soporte material de un proceso de excitación somática donde luego se asienta el síntoma neurótico, Assoun afirma contundente que"el soma es tierra de acogida del fantasma", y se pregunta:

> ¿No significa eso decir, acaso, que todas las manifestaciones del cuerpo real –ya sean "normales" o "patológicas"- son aprovechadas por la excitación libidinal y virtualmente se vuelven "rentables" para la "formación del síntoma" propiamente neurótico, por ejemplo y en especial para la histeria"? (Assoun, 1997:46)

Freud utilizó la metáfora del "grano de arena" que conduce a la formación de la perla (en *Lecciones de introducción al psicoanálisis)*,para asentar la idea de que siempre hay un principio de excitación sexual somática ("el grano") en toda psiconeurosis. Claire Rojas (2008), tomando como eje esa metáfora freudiana de la perla y el grano de arena, hace una lectura de la conversión histérica que, de acuerdo a la propuesta de Freud, se expresa en el concepto de complacencia somática, misma que se produce en la convergencia de dos aportes: el somático y el psíquico, cada uno "viniendo al encuentro del otro". "La perla de la histeria, portadora de un sentido sexual *a posteriori*, se construirá alrededor de un grano de arena de la neurosis actual, grano de arena, él mismo, desprovisto de sentido, inscrito en el soma mismo" (Rojas, 2008:33)[36]. Esta autora subraya que el concepto de complacencia somática permite comprender cómo el síntoma histérico se asienta en una base orgánica, constituida por las marcas en órganos del cuerpo que han dejado los procesos sean normales o patológicos, en el desarrollo libidinal del sujeto. En esa línea de reflexión, anticipa la importancia de los intercambios pre-verbales y las relaciones en espejo entre madre e hijo, y en específico, de las huellas traumáticas ligadas al encuentro con los primeros objetos. Por otro lado, retoma la lectura que algunos autores[37] han hecho del famoso caso *Dora* de Freud, planteando que se observa la presencia en Dora tanto de un núcleo histérico como de un núcleo psicosomático (este último, responsable de ciertos problemas de tipo alérgico). También recuerda aFreud cuando describía las *neurosis*

---

35 Expresión de Assoun, interpretando a Freud.

36 En francés en el original (mi traducción).

37 Entre ellas, la de los psicosomatistas de la Escuela de París

mixtas en *Estudios sobre la histeria*: "es que un síntoma idéntico, por ejemplo, una cefalea, puede pertenecer en caso de individuos diferentes o de un mismo individuo unas veces a un registro histérico del cuerpo, otras a un registro actual del soma.Existiendo formas de pasaje de uno al otro, en los dos sentidos, a merced de los acontecimientos de la vida o de la economía interna del sujeto" (Rojas, *ibid*, p.35)[38].

Los anteriores señalamientos y comentarios ilustran la importancia que muy diversos autores del campo de la investigación psicosomática han dado a la caracterización que hizo Freud de las neurosis actuales, en contraste con las psiconeurosis, estas últimas pensadas como las "verdaderas" neurosis (es decir, aquellas cuya sintomatología surge desde una etiología psíquica -como la histeria y la neurosis obsesiva). El punto que vale la pena resaltar es que con la idea de las neurosis actuales (neurastenia, neurosis de angustia), término utilizado por Freud para caracterizar aquellos trastornos cuya formación sería somática, sin mediación psíquica, se está apuntando a la problemática de la falla en cuanto a tramitación psíquica de la excitación, elemento relevante en la discusión contemporánea de los trastornos psicosomáticos. Retomando a Freud, uno de sus señalamientos tempranos se refiere a la transformación directa de la excitación sexual en angustia. Desde 1894, en el *Manuscrito E* de su correspondencia a Fliess, Freud formuló esa idea de que en ciertas circunstancias la tensión sexual física no alcanza a ser ligada psíquicamente y se traduce en angustia[39].

> La tensión sexual física crece, alcanza su valor de umbral con el que puede despertar afecto psíquico, pero por razones cualesquiera el anudamiento psíquico que se le ofrece permanece insuficiente, es imposible llegar a la formación de un <u>afecto sexual</u> porque faltan para ello las condiciones psíquicas: así, la tensión física no ligada psíquicamente se muda en…. angustia (Freud, en: *Manuscrito E*, 1894:232)[40].

Más adelante[41] Freud planteará que el síntoma (como es el caso del síntoma histérico) cumple una función de ligadura de la excitación libidinal. André Green expresa una opinión que resulta significativa tanto en la reflexión sobre la histeria misma como en la indagación de las afecciones psicosomáticas, nuestro contexto de referencia. Dice Green (1995:281):

---

38 En francés en el original (mi traducción).

39 Freud modificó esta idea posteriormente (cfr. *Inhibición, síntoma y angustia*) y le dejó un papel más acotado. Sin negarla como resultado de una tensión libidinal exacerbada con insuficiencia de elaboración psíquica, planteó una "segunda teoría" en la que describe a la angustia como una reacción ante el peligro –como función de señal-, correspondiente a la reactivación de situaciones traumáticas prototípicas, por ejemplo el desamparo, material y psíquico.

40 El subrayado es del autor.

41 "Angustia y vida pulsional", en *Nuevas conferencias…(*1933 [1932])

"... el punto que quiero insistir es que las representaciones inconscientes de las histéricas, y sus fantasmas, se acoplan a un núcleo de sinsentido, y ésta es quizás la razón de su misteriosa complacencia somática". Es esa expresión de "núcleo de sinsentido" la que llama la atención y ya habrá ocasión de volver a ella, cuando examinemos algunos puntos de vista relevantes respecto a las modalidades de psiquismo arcaico y a lo irrepresentable[42].

El cuerpo erógeno

En "La perturbación psicógena de la visión según el psicoanálisis" (1910), Freud argumenta que para comprender la ceguera histérica hay que partir de la doble utilización del órgano visual:

> [ ]... los ojos no sólo perciben las alteraciones del mundo exterior importantes para la conservación de la vida, sino también las propiedades de los objetos por medio de las cuales estos son elevados a la condición de objetos de la elección amorosa: sus "encantos".*(ibid*, p.213)

Esta condición dual y heterogénea de la visión implica que cumple funciones adaptativas al mundo exterior por un lado, pero también se reviste de cualidades erógenas al entrar a jugar en el circuito de la sexualidad, por lo que muestra el dislocamiento del plano de la necesidad a partir de la dimensión del deseo. De igual manera, señala Freud, la boca sirve tanto para besar como para comer o para la expresión verbal. Distintas zonas y partes del cuerpo (y particularmente sus bordes y orificios) son fuente de excitación somática que se vincula a fines pulsionales definidos: mirar en el caso del órgano visual, que no es lo mismo que ver: "los ojos también apresan y vigilan las características y propiedades sexuales de los objetos, guían y presiden la elección de objeto erótico" (Masotta, 1990:46). Estas zonas (y aún todo el cuerpo) pueden emerger como *zonas erógenas*, es decir, lugares del cuerpo adonde puede ir la energía sexual (la libido).

> [...] y justamente la sintomatología de la histeria nos llevó a comprender que a los órganos del cuerpo ha de reconocérseles, además de su papel funcional, una significación sexual –erógena-, y son perturbados en el cumplimiento de aquella primera misión cuando la última los reclama con exceso. (Freud, Conferencias de introducción al psicoanálisis, 1916-1917:281)

---

42 En el capítulo I de la Parte II

Freud habla también de "zonas histerógenas atípicas", que se equiparan a un órgano genital en estado de excitación generando síntomas histéricos como el dolor de muslos de Elizabeth von R[43]. Assoun (1997:34) se pregunta qué designan exactamente esos "puntos histerógenos", y responde: "los lugares del cuerpo en los que se muestra –y *se repite* (Freud ya lo presiente)- un acontecimiento que, pese a remitir a 'otra escena', no por eso ocurre menos aquí, *in corpore*".

La tesis freudiana respecto a la génesis de la sexualidad consiste en plantear que en un momento inicial de la vida la sexualidad nace *apoyada* (apuntalada) en ciertas zonas del cuerpo que cumplen una función biológica, específicamente la alimentación y la excreción. Del placer experimentado a partir de la satisfacción de una necesidad orgánica (por ejemplo, el saciar el hambre) se desprende otro tipo de placer: el placer de succionar el pecho, siguiendo el ejemplo anterior. El "placer de órgano" se realiza a través de un objeto real, mientras que el placer sexual tiene por mediación un "objeto fantasmatizado" (Nasio, 1999) articulado a través de una zona erógena. La idea de zona erógena, definida como una región del cuerpo susceptible de ser asiento de una excitación de tipo sexual, coloca la noción de psicosexualidad freudiana no sólo en la vertiente del placer y del goce, sino también del vínculo, del desarrollo de la sexualidad infantil como una historia del cuerpo erógeno. Se trata del proceso de erogenización del cuerpo, asentado en el desvalimiento y la dependencia del infante hacia la madre o quien la sustituya, y cuyo desenlace hace del vínculo nutricio el modelo primordial de amor.

Como reflexión final de esta sección diría que el cuerpo de la histeria trajo a primer plano el gran problema teórico de la relación entre lo corporal y lo psíquico, y se constituyó, bajo la mirada genial de Freud, en operador conceptual metapsicológico, es decir en herramienta de reflexión que impulsó la creación del núcleo teórico psicoanalítico que colocó la cuestión *soma-psique* bajo un nuevo paradigma.

Metapsicología de la corporeidad

Con el propósito de identificar las tesis fundamentales que definen el estatuto del cuerpo en la obra de Freud, realizaré inicialmente una revisión "a la letra" del núcleo conceptual que funda la metapsicología y, específicamente, de la noción de pulsión y el modelo pulsional implicado.Esta revisión tiene el propósito de tener presente el referente directo del pensamiento freudiano para desde ahí dialogar con los desarrollos contemporáneos referidos a la comprensión de los trastornos psicosomáticos y, específicamente, abrir la comprensión a lo que Paul-Laurent Assoun llama "la metapsicología de la corporeidad", es decir,

---

43 "...el lugar donde, cada mañana, su padre apoyaba su pierna hinchada, cuando ella le cambiaba los vendajes" (*Estudios sobre la histeria*).

explorar los interrogantes acerca del cuerpo en Freud desde el objeto mismo de la metapsicología: el inconsciente. Assoun afirma que, "para cortar el camino a la re-introducción del dualismo" en la comprensión de la cuestión psicosomática, hay que entender bien la afirmación freudiana de que el inconsciente "sería el *missing link*- es decir, el eslabón intermedio entre psique y soma (Carta a Groddeck del 5 de junio de 1917)- lo que confirma la definición de la pulsión como concepto límite entre psíquico y somático" (Assoun, 2000:73). Y añade ese autor, en una expresión significativa:

> Es esta correlación entre "acto inconsciente" y "procesos somáticos" lo que representa el postulado de una metapsicología del cuerpo(*ibid*, p. 197).

Recordemos el sentido del término "metapsicología". Freud acuña esta palabra (carta a Wilhelm Fliess del 10 de marzo de 1898, en la que le consulta sobre la pertinencia de usar ese nombre para "su" psicología), como forma de nombrar la teoría fundamental del psicoanálisis, es decir, su núcleo teórico. La hipótesis del *inconsciente*, el postulado de *aparato psíquico* y la noción de *pulsión*, constituyen ese corazón conceptual que trastoca radicalmente a la psicología conocida en tiempos de Freud. El neologismo *metapsicología* incorpora tanto el "más allá" (*meta*) de la metafísica, como la referencia a la psicología, generando algunos equívocos aún dentro del campo psicoanalítico[44]. De ahí que a veces sea necesario enfatizar que Freud no solamente no abandonó el campo científico (a pesar de renunciar a la explicación neurológica que intentó en el *Proyecto)*, sino que indefectiblemente se mantuvo en ese horizonte, aspirando a formular una psicología "científica" donde el inconsciente como objeto de conocimiento, tuviera lugar.

Freud, como se sabe, no fue el primer pensador que habló de lo inconsciente[45], sin embargo, el inconsciente freudiano en su carácter de sistema dotado de propiedades determinadas, instituido por la represión y definitorio de la escisión en el ser psíquico del sujeto, constituye sin duda una auténtica revolución para la comprensión del ser humano. Para Freud, la descripción de la "fenomenología psíquica", es decir la observación de las percepciones, sentimientos, ideas y demás experiencias a las que se puede acceder desde la conciencia inmediata, no puede confundirse con la tentativa de explicación, es decir, del intento de reconstruir y hacer inteligibles los procesos inconscientes.

---

44 Paul-Laurent Assoun (2000) documenta los usos y sentidos que se le dieron a este término en forma contemporánea a Freud, destacando el caso de los fenómenos paranormales, estudio al que en un inicio se llamó "metapsíquica", para finalmente tomar el nombre de "parapsicología".

45 Cfr. Lancelot Law Whyte (1962) *The Unconscious before Freud*, Tavistock Publications, Londres. También: Henri F. Ellenberger (1970), *The Discovery of the Unconscious*, Harper Collins Publishers, U.S.A.

En "Lo inconsciente", uno de los cinco artículos "metapsicológicos"[46], leemos:

> Propongo que cuando consigamos describir un proceso psíquico en sus aspectos <u>dinámicos, tópicos y económicos</u>, eso se llame una exposición <u>metapsicológica</u>(Freud, 1915:178)[47].

Las tres coordenadas propuestas por Freud aluden a las fuerzas en juego y en conflicto (dinámica), el aparato psíquico con sus regiones como "lugar" en el que se despliegan los procesos (tópica), y a la producción de intensidades (económica). Tal es el gran proyecto metapsicológico freudiano, creación y aspiración que en sus inicios le mereció el calificativo de "hijo problema", y casi al final de su vida el de "hechicera" que es preciso que venga al rescate ante dilemas teórico-clínicos[48]. En una revisión de la metapsicología freudiana, Green plantea que, sin cuestionar la definición formulada por Freud de la metapsicología según los tres puntos de vista mencionados, él ha optado por "privilegiar un enfoque más general, que caracteriza a la *metapsicología* como la tentativa de describir y teorizar los procesos psíquicos que se producen 'del otro lado de la conciencia'" (Green, 1995:13).

Habría que señalar que si bien la metapsicología cumple la función de formulación teórica esencial, es también la que sostiene la clínica, el campo empírico donde emergió el saber psicoanalítico. La metapsicología se asienta, desde la noción crucial de *pulsión*, en la exploración de las conexiones de la dimensión psíquica con lo real somático. Dice Assoun (2000:43): "… la metapsicología no es una simple psicología de los procesos psíquicos, sino una investigación de los procesos limítrofes entre 'alma" y 'cuerpo'".

Cuerpo pulsional: el paradigma freudiano

Si quisiéramos definir con una expresión básica cuál es la noción de cuerpo en Freud, postularíamos sin duda que es el *cuerpo pulsional*. El concepto de *pulsión*, la deslumbrante creación conceptual que ofrece Freud para concebir el funcionamiento psíquico y para arribar a una noción de cuerpo original y característica, junto con los postulados de *inconsciente* y de *aparato psíquico,* abre un horizonte insospechado para

---

46 Al lado de: "Pulsiones y destinos de pulsión", "La represión", "Complemento metapsicológico a la doctrina de los sueños", y "Duelo y melancolía", todos fechados en 1915, aunque los dos últimos fueron elaborados en 1917.

47 Subrayado del autor.

48 En el primer caso, en comunicación a Fliess; en el segundo, en *Análisis terminable e interminable* (1937). En este último caso, la idea de que "la hechicera venga al rescate" es una alusión a un pasaje del *Fausto* de Goethe (referido por Assoun (2000: 8).

comprender la emergencia misma de la subjetividad, panorama desde el que buscaré esbozar las líneas de reflexión más significativas para la noción de cuerpo en Freud.

El cuerpo en Freud no es un cuerpo de instintos, de caminos pre-establecidos y objetos forzosos, es un cuerpo de pulsiones, y desde ahí se concibe el devenir subjetivo. En el cuerpo pulsional confluyen distintas dimensiones que aparecen en la obra freudiana, tales como *cuerpo libidinal* (constituido por las pulsiones de vida), el *cuerpo imaginario* (referido a los avatares del yo y los imaginarios de sí desde la dinámica narcisista) y *cuerpo en disolución* (la presencia de la pulsión de muerte). El uso de la expresión "cuerpo en disolución" ("en disolución" como sinónimo de "en proceso de destrucción o de cese de existencia") es una licencia metafórica que utilizo para señalar la paradoja de un goce mortífero en un cuerpo que por definición "vive", expresión inspirada en la tesis freudiana que postula que la pulsión de muerte "busca la disolución de las conexiones, destruyendo así las cosas". En la confluencia de dimensiones del cuerpo están implicados procesos que podemos llamar de "historia del cuerpo" que llevan a concebir un *cuerpo erógeno* así como un *cuerpo sexuado.*

Empecemos por ahondar en la idea de "cuerpo pulsional".Esta expresión contemporánea para calificar la noción de cuerpo presente en Freud, además de apuntar al hecho de que el psicoanálisis tiene una manera característica y original de concebir el cuerpo deslindándose de concepciones restringidas como la que lo define como entidad estrictamente biológica, la expresión se entiende desde las líneas de sentido que se desprenden de los cuatro elementos que Freud establece para la idea de pulsión: *fuente, empuje, meta* y *objeto.* Entonces, se concibe un cuerpo que, con una fuerza que se gesta en el interior orgánico, se despliega en el mundo en forma incesante creando sentido, buscando ávidamente objetos, y moviéndose en pos de una meta. Los planos somático y psíquico se conciben entreverados y complicados en un cuerpo donde palpita la fuente orgánica, se configuran los destinos de los impulsos desde una dinámica conflictiva, se despliega la doble vertiente de la representación y el afecto, se representan sus modos de satisfacción particulares derivados de su meta perentoria, se inscribe la dimensión del otro en su superficie-toda que se convierte en geografía erógena, y se eligen en deriva abierta los objetos que más se acercan a sus sueños.

La recreación que hago del sentido que tiene la expresión "cuerpo pulsional" remite a la calidad de "fronteriza" con la que Freud define su concepto de *pulsión,* de noción límite que desmonta la idea de un organismo y un psiquismo separados. Entonces, puede afirmarse que con la creación del concepto de *pulsión* (*Trieb*[49]) Freud ha generado un nuevo paradigma para abordar la relación entre lo corporal y lo psíquico. Esta es la línea de pensamiento que han argumentado eminentes teóricos del psicoanálisis. Así, Serge Leclaire(1968:57) señala que "...el difícil concepto de pulsión, que constituye el aporte de Freud, tiende precisamente a comprender ese dualismo en una dinámica verdaderamente nueva: la originalidad de ese concepto, descrito como límite, se debe a que funda el inconsciente fuera de las categorías de lo biológico y lo psicológico entendido en su sentido prefreudiano". En el mismo sentido, André Green (1995:24) afirma que lo más subversivo del pensamiento freudiano es "la revolución que produce en la teoría de la subjetividad al instalar en su fundamento el mito de la pulsión, y haciendo del sujeto el sujeto de la pulsión".

En el contexto de tales opiniones que suscribo plenamente, aclaro que intentaré perfilar la idea de cuerpo pulsional en Freud sin pretender abarcar todas sus implicaciones y conexiones, ya que la temática involucra la mayoría –por no decir todos- los postulados fundamentales sobre el psiquismo. ¿Qué dice Freud sobre su concepto de pulsión?

> La doctrina de las pulsiones es nuestra mitología, por así decir. Las pulsiones son seres míticos, grandiosos en su indeterminación (Freud, *Nuevas conferencias de introducción al psicoanálisis*, 1933:88).

No es fortuito que Freud aluda a las mitologías en referencia a las pulsiones. En el pleno sentido antropológico, los mitos apuntan a dar cuenta de los orígenes, y a expresar por medio de relatos el momento fundacional –de una comunidad, una sociedad o de procesos cruciales. En diversos momentos Freud catalogó de "región oscura" a la teoría de las pulsiones[50]. Y, en efecto, referirse a los fundamentos de los procesos implica asumir la radical oscuridad de los orígenes, su plena indeterminación. Sólo se logrará comprenderlos a través de concepciones que intentan expresar lo estrictamente indecible, como es el caso de la vida psíquica en su dependencia con el cuerpo. Pero en el reconocimiento de la condición mítica de la idea de pulsión está también la fuerza y la relevancia de ese concepto., al menos en dos sentidos que deben

---

49 En alemán existen los términos *Instinkt* y *Trieb*, con acepciones claramente diferenciadas, tal como las utilizó Freud. Lamentablemente las clásicas (y en general magníficas) traducciones de las obras de Freud al inglés de la Standard Edition y al español de Biblioteca Nueva, optaron por traducir *Trieb* por *instinct* e instinto respectivamente, oscureciendo el sentido radicalmente opuesto de los términos instinto y pulsión. En la edición de las Obras completas de Amorrortu, se restablece el sentido original del alemán (Trieb: pulsión)

50 Por ejemplo, en *Más allá del principio del placer* (1920) se refirió a las pulsiones como "el elemento más importante y oscuro de la investigación psicológica". Referido por J. Stratchey, en Nota Introductoria a Las pulsiones y sus destinos. Esa idea de "oscuridad" o bien de incompletud junto a su extraordinaria importancia, fue reiterada en distintas ocasiones. Freud añadió en 1924 la siguiente nota a *Tres ensayos de teoría sexual*: "La teoría de las pulsiones es la parte más importante de la teoría psicoanalítica, pero también la más incompleta".

destacarse: primero, la pulsión funda teóricamente la metapsicología, es el eje conceptual que la sustenta; segundo, con el desarrollo de la idea de pulsión Freud da cuenta de los cimientos de lo psíquico en su articulación con lo somático. Dice así la famosa cita en la que define su concepto de pulsión:

> La "pulsión" nos aparece como un concepto fronterizo entre lo anímico y lo somático, como un representante (*Repräsentant*) psíquico de los estímulos que provienen del interior del cuerpo y alcanzan el alma, como una medida de la exigencia de trabajo que es impuesta a lo anímico a consecuencia de su trabazón con lo corporal (Freud, *Pulsiones y destinos de pulsión*, 1915:117)

Resulta particularmente importante prestar atención a la expresión que refiere "la medida de la exigencia de trabajo que se impone a lo anímico...", puesto que se trata de trabajo, de transformación, de tramitación psíquica que pone al ser en movimiento, en dirección a una meta pulsional. Al respecto, encontramos en Green (1995:24) una frase elocuente:"La subjetividad se ve arrastrada aquí por un empuje que surge de las fuentes del cuerpo y que pone al ser en movimiento, haciéndolo salirse de sí mismo, e invitándolo a consumirse en esa búsqueda".

El cuerpo como fuente pulsional

> Llamamos pulsiones a las fuerzas que suponemos tras las tensiones de necesidad del ello. Representan [*repräsentieren*] los requerimientos que hace el cuerpo a la vida anímica (Freud, *Esquema del psicoanálisis*, 1938-40:146).

La pulsión es definida por Freud en primera instancia como un representante psíquico de las tensiones que surgen del cuerpo. Destaca la idea de fuerza que mueve: "toda pulsión es un fragmento de actividad" (*Pulsiones y destinos de pulsión*, 1915:118), y que se describe como "empuje", "esfuerzo", "exigencia" o "perentoriedad", términos propuestos en distintas traducciones al español para la palabra alemana *Drang*[51], que

---

51 En la traducción de Luis López-Ballesteros (Obras Completas de Freud en la Editorial Biblioteca Nueva) se opta por el término "perentoriedad" para *Drang*, que es sin duda muy sugerente y compatible con las ideas originales de Freud sobre el "apremio de vida" en el *Proyecto*. José L. Etcheverry, traductor de las Obras Completas en Amorrortu, elige la palabra "esfuerzo", que sin duda intenta responder a la idea de "exigencia de trabajo" de la definición de pulsión en Freud, que resulta interesante si se entiende en el sentido del esfuerzo –de las pulsiones sexuales en particular- por obtener satisfacción por medio de los objetos, aunque a mí en particular me parece que la expresión "empuje" -o "empuje psíquico" – que utilizan otros traductores al español, sea del alemán directamente o del francés, cumple bastante bien el sentido de *Drang*.

constituye el aspecto esencial de la pulsión de los cuatro que la definen: *empuje, meta, objeto* y *fuente*.

El *empuje* se refiere entonces al factor impulsor –motriz- de la pulsión, a la suma de fuerza, de impulso que articula la inscripción psíquica y que hace tender hacia el fin último de satisfacción-reducción de tensión. El *fin* o *meta* (*Ziel*) es invariablemente la satisfacción, es decir, la supresión del estado de excitación; no obstante, si bien la meta en tanto tal es invariable, puede darse una diversidad de caminos que lleven a ella. La pulsión se sirve de un *objeto* por medio del cual puede alcanzar su propósito. En su obra-homenaje a Freud (*El placer de leer a Freud*), David Nasio (1994:60), señala que el objeto de la pulsión "puede ser una cosa o una persona, a veces es uno mismo, a veces una persona distinta, pero se trata siempre de un *objeto fantasmatizado*[52], más que real". En el mismo sentido apuntan Laplanche y Pontalis (1968:270): "Puede tratarse de una persona o de un objeto parcial, de un objeto real o de un objeto fantaseado"[53]. En todo caso, la concepción freudiana de objeto se opone al modelo de satisfacción de la necesidad biológica: "Vemos que el objeto que pone en juego al deseo se distingue radicalmente del objeto que sirve para la satisfacción de la necesidad" (Leclaire, 1968:61).

El objeto (*Objekt*) "es lo más variable de la pulsión", y esta característica que Freud destaca pone de manifiesto la distancia radical de la dinámica pulsional con respecto al esquema del instinto, en el cual el objeto está predeterminado y es fijo. No solamente no existe una adecuación biológica o natural entre pulsión y objeto, sino que la cuestión del objeto apunta a otro aspecto "límite" de la pulsión: la constitución del adentro y el afuera: "La pulsión no es sólo un concepto límite entre lo psíquico y lo somático, sino también un concepto límite entre el sujeto y el objeto, toda vez que su puesta en actividad la inducirá a crear el objeto externo según la dialéctica del hallar-creado propuesta por Winnicott" (Green, 1995:282). El objeto no es algo dado, se constituye en estrecha relación con la constitución del sujeto; se pone en juego el pasaje de la condición narcisista de objeto a la condición objetal.

El encuentro de objeto es propiamente un reencuentro (Freud, *Tres ensayos de teoría sexual*, 1905:203).

> De esa intrigante formulación freudiana se desprende que todos los objetos hallados-creados (insisto en esa formulación que me parece muy atinada) son objetos sustitutos respecto de un primer objeto originario, radicalmente perdido. Un reencuentro supone que previamente se consumó una pérdida y que existe una actividad pulsional insaciable de reconstitución de un estado mítico de completud. De ahí que todo objeto, constituido desde la pérdida,

---

52 Surayado por el autor.

53 Laplanche y Pontalis (1968) advierten que si bien Freud puso en evidencia las relaciones con el objeto parcial (básicamente objeto pregenital), reservó la expresión de elección de objeto para referirse al objeto de amor, es decir, básicamente personas "totales".

más allá de la ilusión del reencuentro –a veces muy parecido a ese anhelo– , dejará siempre un saldo de insatisfacción. "Ese objeto se constituye en relación al otro prehistórico, [...] a *Das Ding*, esa cosa del mundo que una vez, antaño, produjo una satisfacción real. La paradoja es que ese objeto nunca existió, porque nunca se lo tuvo: *se era* ese objeto en términos de identificación" (Boyé, 2006:2).

Las pulsiones tienen como origen o *fuente (Quelle)* la excitación endógena, es decir, procesos somáticos generadores de tensiones internas, constantes, de las que no se puede escapar mediante acciones de fuga. Dadas estas características de la excitación pulsional, que la diferencia de la excitación proveniente de fuentes externas, lo que se impone entonces es su "dominio"; tal es la exigencia "de un trabajo que se impone a lo psíquico". Si bien la pulsión parte de una fuente somática, sus "destinos" son esencialmente psíquicos. "Así tendremos una primera idea de la pulsión, al caracterizar el trabajo del aparato psíquico en su naturaleza y en su relación con el cuerpo" (Kaufmann, 1993:415).

El psicoanálisis nunca oculta que lo anímico descansa en lo orgánico, aunque su trabajo sólo puede perseguirlo hasta esa base suya y no más allá (Freud, *La perturbación psicógena de la visión según el psicoanálisis,* 1910:215).

Lejos de partir de la idea de dos sustancias o entidades separadas, en la idea de pulsión lo somático siempre está presente, es parte constitutiva de la misma, es su fuente. La pulsión nace de las "fuentes de excitaciones en el interior corporal" (*Nuevas conferencias...*), de manera que para Freud, dice Assoun (1997:105) "la pulsión misma no sería posible sin ese hecho: la 'excitación de órgano' (*Organbreiz*). En efecto, no hay pulsión sin cierto 'estado de excitación en lo corporal". Cada elemento definitorio de la pulsión de acuerdo a Freud (fuente, empuje, meta y objeto) arroja claves para la comprensión del misterioso lazo entre "el alma y el cuerpo". El empuje (*Drang*) es fuerza propulsiva que empuja a investir nuevos objetos y corresponde a ese pulsar constante e inagotable que caracteriza a la pulsión. La meta *(Ziel),* desprendida de las connotaciones realistas y de simple satisfacción de la necesidad, implica actividad, direccionalidad, intencionalidad.

El concepto freudiano de pulsión, como referencia a una vida psíquica anclada en el cuerpo, pero de un orden ya psíquico, es el único que une en su seno la exigencia de un dato primordial como matriz de desarrollos, diferenciaciones, diversificaciones ulteriores, en el que se anudan los fundamentos de la fuerza y del sentido (Green, 1995:63).

La pulsión enlaza fuerza y sentido señala Green (1995), lo que conlleva sin duda una idea de acción, de creación, esencial en los procesos de subjetivación y la noción de subjetividad, a condición de no olvidar que, si bien la pulsión enlaza fuerza y sentido, también bordea el sinsentido, lo irrepresentable.

La representación da existencia al cuerpo subjetivo

La cuestión de la representación tiene una importancia extraordinaria para seguir a Freud en la emergencia de lo psíquico y en la relación que guarda este advenimiento con lo corporal-biológico. Hablar de representación es considerar que la psique organiza en experiencia lo que de otra manera sería un caos de impresiones internas y exteriores. Por tanto, la psique es capacidad para hacer surgir representaciones que sean relativas a la pulsión (Castoriadis, 1996). Esta existencia psíquica corresponde a la dimensión del sentido. La representación da existencia al cuerpo/sujeto, entendida a nivel de mundo humano, que corresponde a un universo simbólico; si no fuese así, sólo tendríamos a un organismo.

Desde la fuente somática de la pulsión, Freud señala un efecto de "deslinde de lo anímico respecto de lo corporal" (*Tres ensayos de teoría sexual, 1905:168*). Este "deslinde"debe ser comprendido desde las nociones inseparables de *pulsión* y *representación* (*Vorstellung*), las que han sido llamadas "la pareja *princeps* formulada por la metapsicología" (Kaufmann, 1993:428), aunque en realidad se podría hablar, más que de una pareja, de un trío conceptual: *pulsión, representación* y *afecto*, éste último aspecto también inseparable de la concepción freudiana de pulsión.

En efecto, para adentrarse en la idea de "concepto límite entre lo psíquico y lo somático" que define a la pulsión, hay que pasar por la explicación freudiana acerca de la inscripción psíquica de las pulsiones. Llevaremos la atención a la noción de pulsión del año 1915 citada anteriormente, en la que Freud postula como nódulo de la pulsión el proceso que involucra al "representante psíquico" (*la pulsión nos aparece…. como un representante psíquico de los estímulos que provienen del interior del cuerpo y alcanzan el alma*). Lo que propiamente define a la pulsión es una relación de pasaje o de recorrido entre fuente somática de la pulsión y expresión-meta de la pulsión, que es de orden psíquico, es decir, es el camino que conduce de la fuente a la meta lo que hace que la pulsión "devenga operante psíquicamente" (Green, 1995).

Freud introduce[54]el término *representante-representación* (también traducido[55] como *agencia representante-representación*), con el que expresa la idea de "delegación" de lo somático en lo psíquico. Dadas ciertas ambigüedades en su uso que aparecen en los textos metapsicológicos, con frecuencia se toma la idea de representante-

54 Sobre todo en *La represión* y El inconsciente

55 En la traducción de la obra de Freud por Etcheverry (Amorrortu)

representación como sinónimo de representante psíquico. A André Green (1996) le parece muy importante distinguirlos y reservar para el término "representante psíquico" la condición embrionaria de la representación, considerando que lo que se delega del cuerpo no es una representación, es una demanda, de manera que "la representación inconsciente, más que un dato de partida, es el producto de un trabajo" (*ibid,* p.147). Green apoya su argumentación en el inconsciente de la segunda tópica, recordado que, a nivel del ello Freud da cabida a lo irrepresentable, considerando que algunas mociones pulsionales permanecerán en un estado de psiquismo embrionario. Ahora bien, cuando el sacudimiento somático pone en juego el sistema de representaciones, es decir, cuando el representante psíquico inviste la representación de cosa, surge el representante-representación de la pulsión, adquiriendo las propiedades del psiquismo.

Tal como Luiz Alberto Hanns[56] señala, la representación se despliega a lo largo de la obra freudiana mostrando una compleja trama de relaciones "entre temas tan diversos como alucinación, deseo, pensamiento, representante de la pulsión, constitución del lenguaje, palabra y cuerpo" (Hanns, 2001:419). La comprensión del cuerpo desde el psicoanálisis –temática que me he propuesto elucidar como herramienta conceptual fundamental para abordar las afecciones psicosomáticas- pasa necesariamente por problematizar la relación entre pulsión y representación. Es a partir de esta línea de reflexión que me propuse desarrollar en este apartado –como lo sugiere el subtítulo elegido- que la representación da existencia al cuerpo subjetivo. Para empezar, hay que hacer notar que las representaciones se encuentran asociadas: algunas entre sí (a la manera de una extensa red) o desvinculadas con otras; investidas de afectos y energía o desprovistas de ellos. Una pulsión se hace representar al ligarse a una representación; de ahí que las representaciones son como soportes"que cargan y representan las pulsiones en el circuito de circulación intrapsíquica" (Hanns, 2001:415). ¿Cómo se relacionan estos procesos con el postulado freudiano del inconsciente?

> Una pulsión nunca puede pasar a ser objeto de la conciencia; sólo puede serlo la representación que es su representante. Ahora bien, tampoco en el interior de lo inconsciente puede estar representada si no es por la representación. Si la pulsión no se adhiriera a una representación ni saliera a la luz como un estado afectivo, nada podríamos saber de ella(Freud, *Lo inconsciente, 1915:173*)

---

56 Hanns es autor del notable diccionario acerca de los términos en alemán usados por Freud. (cfr. en la bibliografía general) y ahí se encuentra un interesante análisis del término alemán *Vorstellung* y del uso original en la obra freudiana. Freud distingue *Vorstellung* (representación), *Repräsentant* (representante) y *Repräsentanz* (acto de representar) en un sentido teórico específico; además, es importante observar otras inflexiones teóricas que se expresan con *Darstellung* (que atañe a la forma, a la figurabilidad, como en el lenguaje onírico), y *Vertretung* (que señala la idea de delegación, o de "estar en lugar de"). Todo ello implica dificultades particulares para su traducción y para seguir a Freud en el complejo abordaje de la representación a lo largo de su obra,

Para Freud, enfatiza Green (1995:138), la pulsión "no es consciente ni inconsciente; es, en cuanto tal, incognoscible. No se la puede conocer más que por sus representantes". Como se sabe, en su teoría de la representación[57] Freud distingue dos modalidades: *representaciones-cosa* y *representaciones-palabra*, planteando que el inconsciente sólo comprende representaciones-cosa, en tanto que para que una representación acceda a la consciencia debe ligarse la representación-cosa a la representación-palabra, dando paso al proceso secundario. La representación-cosa es el elemento más afín a un término anterior que es la *huella mnémica*, que se refiere a la fijación perceptiva de la experiencia de satisfacción. Green (1995) subraya que la representación de cosa juega en el psiquismo un papel fundamental. Por un lado, recuerda que para que la representación de cosa pueda transformarse en representación de deseo, la primera debe ser investida por la carga pulsional del representante psíquico. Y, particularmente, señala que para Freud la representación-cosa es el nódulo de la actividad psíquica, sustento de los sueños y los fantasmas. No obstante, Laplanche y Pontalis (1968:383) advierten que "la distinción entre la huella mnémica y la representación como catexis de la huella mnémica, si bien implícitamente presente, no es expresada siempre con claridad", afirmando que es difícil concebir una representación que no tenga algún grado de investimento.

La pulsión se manifiesta psíquicamente por la representación y el afecto, que son entonces las dos modalidades de expresión de las pulsiones, mismas que pueden separarse y seguir distintos destinos. "El afecto nunca existe tanto –y nunca hace síntoma con tanta intensidad- como cuando se desconecta, de acuerdo con una u otra modalidad, de su 'pareja' representacional" (Assoun, 1997:133). El afecto del representante ("el factor cuantitativo de la agencia representante de pulsión") tiene tres destinos posibles: ser suprimido o inhibido, desplazarse a otra representación, o bien, se puede transformar en otro afecto, especialmente en angustia. Entre los destinos de pulsión correspondientes a la representación (el trastorno hacia lo contrario, la vuelta hacia la persona propia, la sublimación) tiene particular relevancia la *represión*, que afecta a los "representantes de la representación" pero no al *monto de afecto* asociado.

> En rigor, [....] no hay por tanto afectos inconscientes como hay representaciones inconscientes". "Toda la diferencia estriba en que las representaciones son investiduras –en el fondo, de huellas mnémicas- mientras que los afectos y sentimientos corresponden a procesos de descarga cuyas exteriorizaciones últimas se perciben como sensaciones" (Freud, *Lo inconsciente, 1915:174*)

---

57 Planteada tempranamente en su trabajo sobre la afasia de 1891.

La hipótesis de la disociación del afecto y la representación, de destinos separados para cada uno de estos aspectos, la condición "energética" del primero que compromete descripciones de inervación corporal, y la dualidad "representación cosa" y "representación palabra" del segundo, fueran abordadas básicamente en las obras de la Metapsicología. No obstante, Freud se vio obligado a discutir con mayor amplitud la cuestión de la pertinencia de hablar o no de afectos inconscientes, muy particularmente a raíz de lo que en la clínica observaba con notable frecuencia lo que podría ser caracterizado como "sentimiento inconsciente de culpa", o su equivalente, descrito como "necesidad inconsciente de castigo"[58]. Las vacilaciones de Freud al respecto son evidentes en distintos momentos. Sostiene la idea de que el afecto no es reprimido, ni tiene las características de una formación del inconsciente, pero se desplaza, se invierte, se metaboliza, y desde luego puede ser "sofocado"; al mismo tiempo era difícil no reconocer algo equivalente a un afecto inconsciente.

Puede que no sea nada simple el problema del modo en que se engendra la angustia a raíz de las represión; empero, se tiene el derecho a retener la idea de que el yo es el genuino almácigo de la angustia, y a rechazar la concepción anterior, según la cual la energía de la investidura de la moción reprimida se mudaba automáticamente en angustia. Al expresarme así anteriormente, proporcioné una descripción fenomenológica, no una exposición metapsicológica (Freud, *Inhibición, síntoma y angustia*, 1925:89)-

En relación a la "transformación de los afectos" Freud plantea que el poderío del yo estriba en su capacidad para emitir señales de displacer, con lo cual hace que intervenga "la instancia casi omnipotente del principio del placer" *(ibid, p.88)*, logrando así inhibir o desviar la satisfacción de una pulsión. Dice Assoun (2000:52) que lo más preciso que puede decirse de la reflexión freudiana sobre esta cuestión problemática, es que "hay *liberación* de afecto cuando la representación se oscurece y se escinde de su garante de aquél, en lo cual radica uno de los *efectos* fundamentales de la *represión...*"[59]. Constituyendo una especie de "punta" del proceso pulsional, el afecto "no se aloja en el sistema inconsciente de manera sedentaria, pudiendo 'virar' de lo consciente al inconsciente, según las tribulaciones inconscientes de la representación".

---

58 En *El yo y el ello* (1923:52)leemos: *Uno puede dar un paso más y aventurar esta premisa: gran parte del sentimiento de culpa tiene que ser normalmente inconsciente, porque la génesis de la conciencia moral se enlaza de manera íntima con el complejo de Edipo, que pertenece al inconsciente.* Freud planteará entonces que el surgimiento del sentimiento inconsciente de culpabilidad se encuentra en la tensión entre el yo y el superyó (este último considerado "heredero del complejo de Edipo".

59 Subrayado del autor.

Cuerpo inicialmente fragmentado y autoerótico

Freud describe un cuerpo originalmente disperso, disociado, consistente en una diversidad de pulsiones ligadas a distintos lugares y regiones del cuerpo, que tienden a su satisfacción con relativa independencia entre sí. Se trata de la noción de pulsiones parciales, que se satisfacen cada una por su cuenta sin referir a una organización de conjunto; esta concepción desmiente la idea de un cuerpo libidinal integrado o unificado como condición inicial. Decía Freud que las pulsiones parciales encuentran su satisfacción en lo que llamó *placer de órgano*, producción de placer sexual a partir de la excitabilidad sexual de distintas partes del soma, "un tipo de placer que no convoca al cuerpo como un todo y tampoco exige gran elaboración de representaciones" (Hanns, 2001:399).

> Entre los lugares del cuerpo de los que parte esa libido, los más destacados se señalan con el nombre de <u>zonas erógenas</u>, pero en verdad el cuerpo íntegro es una zona erógena tal *(*Freud, *Esquema del psicoanálisis,* 1938:149[60])

Ciertas zonas erógenas privilegiadas en el camino evolutivo del infante y del niño van conformando organizaciones libidinales provisionales, pero decisivas en sus desenlaces y vicisitudes para la conformación del cuerpo subjetivo. El proceso lo marca la erotización de las funciones del cuerpo, y los movimientos libidinales emergentes y sus múltiples manifestaciones simbólicas. El desvalimiento del infante sella su destino en la cuna humana ("Me sería imposible indicar ninguna necesidad infantil tan poderosa como la del amparo paterno"[61]), trazando una historia en contacto con otro, su cuerpo, su deseo, inscrito a su vez en el enlace de generaciones y la diferencia de los sexos.

Las fases oral, anal, fálica y, finalmente, la fase genital como organización sexual definitiva -precedida por el llamado "período de latencia"- muestran no un camino irreversible y de superación definitiva de fases previas, sino un anudamiento de procesos múltiples, donde las *fijaciones* van a dar cuenta de modalidades personales de economía libidinal, fantasías inconscientes y "cualidades de carácter" y, junto con las *regresiones,* explican también múltiples manifestaciones neuróticas y perversas. El cuerpo del niño funciona con una disposición para manifestarse como "perverso polimorfo", según la controvertida definición de Freud de 1905 en los *Tres ensayos de teoría sexual,* que da cuenta de la posibilidad de encontrar placer sexual con múltiples modalidades de satisfacción fundamentalmente autoeróticas, ligadas a pulsiones

---

60 Subrayado del autor.
61 *El malestar en la cultura* (1930).

parciales que aspiran en forma independiente al placer[62]. El cuerpo infantil es también un territorio de orificios –zonas del cuerpo que tienen preeminencia erógena- y de progresiva diferenciación en el plano de lo interior y lo exterior, al que el niño va a anudar sus "teorías sexuales infantiles". Éstas expresan la articulación de la sexualidad infantil y la imagen del cuerpo a los "enigmas" de la vida: la primera es la "premisa" universal del pene y "consiste en atribuir a toda persona, incluso a las de sexo femenino, órganos genitales masculinos"[63]; la segunda, impulsada por la pregunta por el origen de los niños, y sostenida por el desconocimiento de la vagina, es la teoría cloacal que supone la creencia de que "el niño es expulsado como un excremento, en una deposición"; la tercera es la interpretación del coito como una lucha violenta, de carácter sádico, donde "la parte fuerte impone violentamente a la más débil".

Estrechamente vinculada a la observaciones acerca de las "teorías sexuales infantiles", Freud llamó la atención sobre ciertas estructuras universales que aparecían organizando la vida fantasmática infantil, mismas que llamó "fantasmas originarios": escena originaria, castración y seducción, y que en conjunto configuran el campo del *complejo de Edipo*. La universalidad de estas estructuras fantasmáticas, más allá de que puedan referirse a escenas vividas realmente por los individuos, remiten en Freud a una explicación filogenética. Como señalan Laplanche y Pontalis (1968), es sin duda significativo que los fantasmas originarios se refieran a los orígenes: origen del individuo (escena originaria), origen de la sexualidad (seducción), origen de la diferencia de los sexos (castración).

La cuestión del autoerotismo es una línea de reflexión relevante acerca de la idea de cuerpo en Freud. Siguiendo su argumentación, hay que remitirse nuevamente a la sexualidad infantil, la que, afirma, tiene inicialmente un carácter autoerótico; esto significa que la pulsión parcial surge y encuentra satisfacción en el mismo lugar, a nivel de una zona del cuerpo; se satisface sin un objeto exterior y sin referencia a una imagen unificada del cuerpo (Laplanche y Pontalis, 1968). En el autoerotismo el objeto con el cual la pulsión se satisface es la propia fuente de la pulsión, y el ejemplo ideal que da Freud es una boca que se besa a sí misma[64]. El autoerotismo como forma de funcionamiento primario de la libido no implica, sin embargo, que Freud esté planteando un estado primitivo sin objeto, ya que para Freud el prototipo de placer sexual es la satisfacción del lactante con el pecho materno, producido bajo la modalidad de "apoyo" o "apuntalamiento" en la necesidad de alimentación, de la que

---

62 *Si se llamó a los niños "perversos polimorfos", no fue más que una descripción con expresiones usuales; no se entendió enunciar con ello una valoración moral. Tales juicios de valor son totalmente ajenos al psicoanálisis* (Freud, *Presentación autobiográfica*, 1924:36).

63 *Sobre las teorías sexuales infantiles* (1908)

64 En *Tres ensayos....* (1905)

luego se escinde la pulsión sexual. Aclara Freud que el pecho materno no fue distinguido al principio del propio cuerpo[65], y esto significa la ausencia de un objeto total (la madre), pero "en modo alguno la ausencia de un objeto parcial fantasmático" (Laplanche y Pontalis, *ibid,* p. 43).

La función sexual es en Freud ansia de objeto, búsqueda insaciable. La constitución del "objeto" o, en palabras de Freud,"la historia de las elecciones eróticas de objeto"[66], que involucra en su dinámica procesos libidinales de investidura y desinvestidura, carga y abandono del objeto, así como la reconstrucción del objeto en el yo por medio de la identificación, deriva en la importante tesis de que"el carácter del yo es una sedimentación de las investiduras del objeto resignadas, contiene la historia de esas elecciones de objeto" (Freud, 1923:31).El goce, como meta última de la función sexual, no es satisfacción de órgano, es conmoción del cuerpo en su existencia como tal, que incluye la dimensión del otro y que tiene su génesis en la erogenización del cuerpo a partir del cuidado y la presencia de la madre.

Más allá de la anatomía: psicosexualidad

El surgimiento del psicoanálisis implicó –a contrapelo de las resistencias y reproches del entorno intelectual de su época- una noción de sexualidad revolucionaria que resultó esencial para dar cuenta de la vida psíquica humana, y en la que destacan ciertas condiciones fundamentales: en primer lugar se desmiente la equivalencia entre genitalidad y sexualidad, optándose en cambio por una idea de sexualidad ampliada que incorpora el reconocimiento, tanto de la sexualidad infantil como de la erogeneidad como propiedad de toda región corporal; por otro lado, establece como idea fundamental la labilidad del objeto de la pulsión, en otras palabras, que la exigencia pulsional no tiene un objeto determinado, carece de un objeto dado, natural.

> Las pulsiones sexuales nos llaman la atención por su plasticidad, la capacidad de cambiar de vía sus metas; por la facilidad con que admiten subrogaciones, dejándose sustituir una satisfacción pulsional por otra, y por su posible diferimiento, de lo cual las pulsiones de meta inhibida acaban de darnos un buen ejemplo (Freud, *Nuevas conferencias introductorias al psicoanálisis,* 1933:90).

Las pulsiones sexuales se manifiestan con una sorprendente plasticidad, pero al mismo tiempo se distinguen por su gran vulnerabilidad:"algo en su naturaleza que no favorece la realización de la

---

65 Presentación autobiográfica (1924)

66 *El yo y el ello* (1923)

plena satisfacción"[67]. Es decir, en su deriva ávida e insaciable en búsqueda de satisfacción, las pulsiones sexuales nunca conquistarán el objeto del goce pleno y total, puesto que es imposible. Pero en la expectativa, en el anhelo del encuentro (que sólo podrá ser un reencuentro según la formulación freudiana) el sujeto se mantiene con vida, es decir, en deseo.

La psicosexualidad que postula Freud deriva de su ubicación en el horizonte pulsional, y se fundamenta con la teoría de la libido, aspecto esencial del aparato conceptual freudiano. La *libido* es definida por Freud como la energía de las pulsiones sexuales (luego, redefinida como la energía de *Eros*), subrayando su carácter sexual (nunca aceptó Freud la idea de una energía psíquica inespecífica tal como quería Jung), ubicándola como el eje de su concepción de desarrollo psicosexual, y afirmando su centralidad en términos de existencia psíquica. y es posible concebir sus vicisitudes. En la concepción freudiana de psiquismo nada sucede sin *libido*; esto quiere decir que la existencia psíquica exige la actividad ligadora de Eros, el movimiento de *catexis* y *contracatexis*. La libido designa claramente investimiento, tramitación psíquica. Ya me había referido a uno de los primeros escritos sobre la angustia (*Manuscrito E*), donde Freud se refiere a las consecuencias de la insuficiencia de "libido psíquica" y plantea que cuando la tensión de la excitación sexual no puede ser utilizada psíquicamente acontece una escisión entre lo somático y lo psíquico y surge la angustia.

Desde la perspectiva freudiana, la diferencia anatómica de los sexos no determina una diferenciación pulsional que se identifique como "masculina" o "femenina". Para Freud no hay más que una libido (que califica como "masculina"), pero, en cambio, sí hay fines activos o pasivos; aclara sin embargo que la predilección por fines pasivos no es sinónimo de pasividad: "puede ser necesaria una gran dosis de actividad para alcanzar una meta pasiva"[68]. La bisexualidad de los individuos es un "postulado clínico del psicoanálisis"[69]

Lo decisivo en la diferenciación de los sexos es el *complejo de Edipo* como organizador de la sexualidad infantil, drama de deseo incestuoso y de hostilidad hacia el padre rival, conjunto de procesos inconscientes que se precipitará en identificaciones, orientaciones libidinales, consolidación de la instancia superyoica y del ideal del yo. En el caso del niño, el afecto dominante alrededor del cual culmina y se dirime el Edipo, es la angustia de castración; en la niña, en la "angustia de castración" confluyen dos afectos primordiales: la envida celosa del pene y la angustia de perder el amor del ser amado. "La alta estima narcisista por el pene puede basarse en que la posesión de ese órgano contiene la garantía para una

---

67 Freud, citado por Assoun (2000:44)
68 "La feminidad", en Nuevas conferencias... (1932)
69 *El interés por el psicoanálisis (1913)*

reunión con la madre (con el sustituto de la madre) en el acto del coito" (Freud, 1924-25:131)El elemento común entre el niño y la niña, base de la angustia de castración, es la importancia que ambos sexos atribuyen al objeto de castración (pene/falo)."El destino es el Edipo, más que la anatomía, en el sentido de que revela a cada sexo su diferencia y su duplicidad" (Green, 1995:74). La "salida" del complejo de Edipo (nunca completa en el caso de la mujer según Freud), deriva en la cristalización de posicionamientos subjetivos en el eje de la diferencia de los sexos y la diferencia generacional. De las reflexiones acerca del "enigma" de la feminidad que Freud desplegó, destaco dos observaciones significativas:

> En suma, llegamos al convencimiento de que no se puede comprender a la mujer si no se pondera esta fase de la ligazón-madre preedípica(Freud, "La feminidad", en: *Nuevas conferencias introductorias*... 1933:111).

La angustia de castración va a gravitar en forma decisiva sobre el cuerpo propio, es decir, el cuerpo es el soporte, referente y lugar de tramitación de toda carencia, real o imaginaria, frente a las diversidad de demandas (pulsionales, superyoicas y de la realidad) que enfrenta el yo[70]. Dos elementos empíricos confluyen como condiciones para el surgimiento de la angustia de castración, tal como Freud la describió: la constatación por el niño pequeño de la diferencia anatómica de los sexos, y la amenaza de castración, real o imaginaria. Con la teorización de la segunda tópica y la temática del narcisismo, el cuerpo seguirá jugando como referente del anudamiento fantasmático de las aspiraciones, la omnipotencia de los deseos y la incompletud ontológica de la condición humana, con una inflexión interesante que señala A. Green (1983:249):"A raíz de la castración, Freud habla de angustia, es decir, de un peligro, pero cuando pasa a tratar del narcisismo en el duelo (y no sólo en ese contexto), dice *herida narcisista*, como si ya no fuera una mera amenaza, sino efectiva mutilación".

El yo-cuerpo

> Consiste en que el individuo empeñado en el desarrollo, y que sintetiza [zusammfassen] en una unidad sus pulsiones sexuales de actividad autoerótica, para ganar un objeto de amor se toma primero a sí mismo, a su cuerpo propio, antes de pasar de este a la elección de objeto en una persona ajena (Freud, "Schreber", 1910:56).

---

70 Siguiendo a Freud, Assoun (1997:114) discurre acerca de los enigmas de la enfermedad somática, y dice: "El órgano (orgánicamente) enfermo se convierte entonces en el órgano (simbólico) de la castración".

Como bien se plantea en Kaufmann (1993:330): "Tomarse a sí mismo como objeto de amor, en la tradición del mito de Narciso, supone implícitamente la condición de que exista para el yo una representación suficiente del objeto como para atribuírsela o para reemplazarla". En el origen de la organización psíquica, el yo emergente se encuentra en un estado muy rudimentario, nada comparable a una unidad. De ahí que Freud afirme en *Introducción del narcisismo*(1914) que el pasaje del estado temprano del autoerotismo al narcisismo requiere "*una nueva acción psíquica*", que se refiere a la formación del yo, a la concentración de las pulsiones parciales en una elección de objeto y a la investidura libidinal de la "imagen de sí" (que hará equivalente a la representación del propio cuerpo).

> Es un supuesto necesario que no esté presente desde el comienzo en el individuo una unidad comparable al yo; el yo tiene que ser desarrollado. Ahora bien, las pulsiones autoeróticas son iniciales, primordiales; por tanto tiene que agregarse al autoerotismo, una nueva acción psíquica, para que el narcisismo se constituya (Freud, *Introducción del narcisismo*, 1914:74).

La psiquiatría de fines del siglo XIX había denominado "narcisismo" a lo que consideraba un síntoma perverso. Freud, inspirado en el famoso mito de Narciso, lo conceptualiza como proceso esencial de la dinámica libidinal (o sea, de la sexualidad) y de la estructuración psíquica. En *Introducción del narcisismo* (1914) sugiere la alegoría del protozoario cuyos seudópodos se extienden y retraen para ilustrar los movimientos correspondientes a la investidura de objetos y al repliegue sobre el propio yo característico del narcisismo. Describe así un fenómeno por el cual narcisismo e interés por el mundo (incluyendo la relación con el otro) se ubican como polos opuestos de vicisitudes energéticas en una dinámica característica en la que el acrecentamiento de uno de los polos iría en detrimento del otro. El referente de esta movilidad libidinal es un sujeto pulsional librado al doble destino de la libido: investir el mundo (libido objetal) o investir el yo (libido narcisista). El análisis de este juego energético en distintas situaciones clínicas y de la vida cotidiana, permitió a Freud concebir como problemático tanto un exceso como una insuficiencia de investidura del yo.

El delirio de grandeza, aunado el cese de todo interés en el mundo - sean personas o cosas-, que Freud encuentra en la esquizofrenia (designada por Freud como "parafrenia"), junto a las observaciones sobre el deseo de dormir, el dolor orgánico y la hipocondría, lo llevan a postular un estado originario en el que aparecería un esbozo del yo investido de libido, inmerso en su propio universo, que llamaría entonces "narcisismo primario" y que se manifestaría por una omnipotencia absoluta, con resonancias decisivas en la dinámica del "yo ideal":" el sustituto del narcisismo perdido de la infancia"[71]. El narcisismo del yo, producto de la retirada de la investidura de los objetos eróticos para cargarse sobre sí, pero no simplemente a la manera de un amarse a sí mismo, sino como "amarse a sí mismo como objeto sexual"(Nasio, 1994:72), sería entonces un narcisismo secundario.

Assoun (2000:75) afirma que "la introducción del narcisismo es, desde un cierto punto de vista, el acontecimiento, si no más importante, al menos sí el más original de la historia, por lo demás rica y compleja, de la metapsicología freudiana". Desde luego, el narcisismo impacta en forma crucial la idea de corporalidad en Freud, además de que está muy vigente su análisis y discusión en la teoría y en la clínica psicoanalítica contemporánea[72].Se trata de la formación del yo, del objeto pulsional y de la compleja dinámica que implica la investidura libidinal del propio cuerpo. El narcisismo "supone necesariamente un yo que es objeto de las pulsiones libidinales, lo que implica la capacidad de un sujeto para representarse lo que más tarde designará como suyo, y que confundirá con la representación de su propio cuerpo" (Kaufmann, 1993:330)[73].

> El yo es sobre todo una esencia-cuerpo; no es sólo una esencia-superficie, sino él mismo, la proyección de una superficie(Freud, *El yo y el ello*, 1923:27).

Con esta afirmación tan contundente y, podríamos decir, llamativa, Freud refiere la génesis del *yo* en el proceso de diferenciación del *ello,* no sólo a la acción del sistema perceptual y a la emergencia del principio de realidad, sino"a la forma como el propio cuerpo se destaca del mundo de las percepciones"[74]. En la emergencia de esa noticia o sentimiento de sí el dolor se constituye en una experiencia fundamental:"el prototipo de aquella en la que llegamos a la representación de nuestro propio cuerpo"[75]. Además, "corresponde a la proyección de una superficie", lo que sugiere la decisiva relación del narcisismo con las imágenes, y específicamente con la imagen del cuerpo.

> Si uno le busca una analogía orgánica, lo mejor es identificarlo con el "homúnculo del encéfalo" de los anatomistas, que está cabeza bajo en la corteza cerebral, extiende hacia arriba los talones, mira

---

71 Frase que aparece en *Introducción del narcisismo*. Freud no fue totalmente explícito, pero de su obra se infiere claramente la diferencia entre yo-ideal e ideal del yo, ésta última correspondiente a la vertiente valorizada del superyó.

72 Como muy pertinente a nuestra temática, apunto la observación de Juan David Nasio (1996a) que afirma que en este momento "todos" los autores en el campo psicoanalítico concuerdan en que las afecciones psicosomáticas deben considerarse una perturbación de la identificación narcisista.

73 La construcción de la imagen de sí y su fundamento imaginario, lo describe Lacan en el famoso escrito sobre "El estadio del espejo".

74 *El yo y el ello* (1923)

75 *Ibidem*

hacia atrás y, según es bien sabido, tiene a la izquierda la zona del lenguaje (Freud, *El yo y el ello*: 1923:27).

Assoun (1997:131) hace una observación crucial: "Si bien es indudable que hay un yo cuerpo, el yo no es todo el cuerpo". Es decir, el yo es cuerpo, pero no podemos olvidar al ello, que no es el cuerpo pero da acceso a él: representa el "hogar pulsional". Señala que en las *Nuevas conferencias de introducción al psicoanálisis* leemos que "el ello está abierto en su extremo hacia lo somático".

El cuerpo en la encrucijada de fuerzas opuestas

Freud fue fiel a lo largo de su obra a la tesis que consiste en hacer depender la dinámica psíquica de un dualismo pulsional, es decir de la acción de dos tendencias opuestas, sobre las que se asienta, irreductible, el conflicto psíquico. El postulado fundamental de Freud, dice Green (1995:23)"sitúa a la pulsión en los orígenes de la vida psíquica y concibe los cambios y conquistas de ésta como efecto de los conflictos engendrados por dichas pulsiones y como destinos de ellas".Freud propuso una primera dualidad pulsional: *pulsiones del yo* o de *autoconservación versus pulsiones sexuales,* correspondiente también a un modelo según el cual el yo cumple una función de defensa, de represión contra el peligro pulsional (específicamente contra la sexualidad). Sin embargo, cuando Freud elabora la noción de narcisismo e integra el yo a la teoría de la libido, esa primera dualidad pulsional fue insostenible teóricamente. Si el yo está libidinizado no hay ya lugar para sostener la idea de pulsiones no-sexuales. De ahí que el desarrollo de la temática del narcisismo contribuyó decisivamente al modelo pulsional definitivo:la oposición entre *Eros o pulsiones de vida (que ahora incluye las pulsiones sexuales y las de auto-conservación) y pulsión de muerte*

Un propósito relevante para Freud fue identificar las orientaciones rectoras de la actividad pulsional, lo que iría en sentido contrario a plantear un listado incierto de una pluralidad de pulsiones especializadas. En realidad, tratándose de la pulsión, aparecen en la obra freudiana dos vertientes diferenciadas: una remite al "gran modelo pulsional" (como llama Oscar Masotta (1990) a la concepción de la dualidad pulsional fundamental –tanto en el primer modelo, como en el modelo definitivo), otra es la doctrina de las pulsiones parciales, a la que me referí anteriormente.

> La meta de la primera [Eros] es producir unidades cada vez más grandes y, así, conservarlas, o sea, una ligazón [Bindung]; la meta de la otra es, al contrario, disolver nexos y, así, destruir las cosas del mundo (Freud,*Esquema del psicoanálisis,* 1938:146).

Eros es ligazón, articulación de la vida en tramas cada vez más amplias y complejas; la pulsión de muerte por el contrario, tiene como meta no sólo disolver conexiones sino destruir la representación de las cosas del mundo. La meta de *Tánatos* es un trabajo de borramiento de huellas de objetos investidos, de disolución. Con la introducción de la pulsión de muerte en 1920 (*Más allá del principio del placer*), Freud descubre un "más allá del principio del placer": el principio de Nirvana como regreso a un estado de quietud, al antes del deseo y de toda actividad de representación.

Mientras que la pulsión de muerte es "muda", silenciosa, y no hay un término que designe su energía, *Eros* se manifiesta con todo el alboroto de la vida, siendo la *libido* el término que expresa su energía. Es a partir de estas vertientes pulsionales opuestas que el psicoanálisis concibe la dinámica donde se juega el conflicto psíquico y el devenir subjetivo, con una premisa fundamental:

> Sólo la acción eficaz conjugada y contraria de las dos pulsiones primordiales, Eros y pulsión de muerte, explica la variedad de los fenómenos vitales, nunca una sola de ellas (Freud, *Análisis terminable e interminable*, 1937:245)

Freud define la mezcla, combinación o asociación entre pulsiones de vida y pulsión de muerte con el término *intrincación*, sosteniendo que la mezcla o intrincación de las pulsiones es muy amplia y las combinaciones pueden darse en proporciones variables; en forma correlativa habla de la *desintrincación* (o desmezcla) pulsional para dar cuenta de la disociación entre las dos clases de pulsiones, que conduce a un funcionamiento separado en el que cada una persigue su propia meta. La libido, en la medida en que es la energía de *Eros,* es el factor de ligazón y tiende por tanto propiciar y sostener la intrincación; lo contrario ocurre con la acción de la pulsión de muerte cuya función es negativa y su labor es la destrucción de conexiones. La erotización de las pulsiones de muerte, es decir, su ligazón –siempre relativa- con la energía de *Eros,* cumple una función de freno a su potencia destructiva. Por ello la desintrincación de las pulsiones vida/muerte impregna el psiquismo de una fuerza silenciosa que va minando la vida.

Cuerpo y pulsión de muerte

El concepto de pulsión de muerte se impuso a la reflexión freudiana como esa vertiente fundamental que, en conjunción con las pulsiones de vida, explicaría la diversidad de los procesos de la vida y la cultura. Discurrió acerca de ella desde el extrañamiento: ¡Rara pulsión esa que se dedicaría a destruir su propia morada orgánica! (Nuevas conferencias de introducción...1932:98) y asumió las dimensiones de trabajo silencioso y de "mudez" que la caracterizaban. A partir de la introducción de la pulsión de muerte en *Más allá del principio del placer*(1920), obra en la que establece la nueva y definitiva dualidad pulsional, Freud va consolidando la reformulación de la teoría de funcionamiento del aparato psíquico hasta afirmar contundentemente[76] que su pensamiento no podría prescindir ya de esa categoría teórica central que es la pulsión de muerte. De ahí que Alexis Schreck (2005) describa el impacto del concepto de pulsión de muerte en la perspectiva freudiana como una auténtica "refundación" teórica. Al cambiar Freud los términos del conflicto psíquico –ahora concebidos como un antagonismo e imbricación simultáneos entre pulsiones de vida y pulsión de muerte-, al descubrir la repetición como un "más allá" del principio del placer considerado "guardián de la vida", al desarrollar una nueva comprensión de la dinámica pulsional bajo la égida de la segunda tópica, al iluminar bajo una nueva comprensión a los fenómenos transferenciales, el masoquismo y el dolor, entre otros temas importantes[77], encontramos también una noción de cuerpo tensada en la encrucijada vida/muerte, lo que no podía ser de otra manera en la medida en que toda tesis sobre el cuerpo que podemos extraer de la obra freudiana está articulada, como he intentado sustentar, en el concepto metapsicológico de pulsión.

La idea de cuerpo libidinal fue un logro teórico revolucionario, pero ahora, en forma paradójica y desconcertante, Freud perfila un cuerpo que aspira a desaparecer en su condición de viviente. El concepto de pulsión de muerte resultó por ello una idea escandalosa e inquietante. Si la noción de sexualidad que Freud desarrolló fue motivo de rechazo e incomprensión por parte del mundo científico de su época, la categoría de pulsión de muerte cimbró a un sector de la comunidad psicoanalítica misma en vida de Freud, y la resistencia a tal concepto persiste en la actualidad a grado tal que su aceptación o rechazo es criterio importante de distanciamiento entre diversos posicionamientos teóricos psicoanalíticos. Particularmente sintomática de la dificultad para incorporar ese concepto esencial y culminante de la teoría freudiana ha sido la postura que equipara la pulsión de muerte con la agresividad, intento de acotarla, plantea Poissonnier (1998:17), "en la agresión, la guerra y el asesinato", interpretación reduccionista que de hecho constituye una evasión del planteamiento freudiano esencial: el esfuerzo activo hacia la muerte, hacia el estado inorgánico, que actúa en forma primordial en el individuo, y que sólo se dirige al exterior en forma de agresión como derivación secundaria. Laplanche (1998) insiste en el mismo punto, recordando que

---

76 En *El malestar en la cultura*(1923).

77 Sin embargo, André Green (1983) afirma que el gran tema del narcisismo no fue revisado por Freud en todas sus consecuencias a la luz de la postulación de la pulsión de muerte. A examinar la relación entre narcisismo y pulsión de muerte ha dedicado el autor francés una parte importante de su producción teórica.

la postulación de la pulsión de muerte no surge de una reflexión sobre la agresividad, ni corresponde a la función que esta noción tiene en el pensamiento freudiano. De ahí que afirme que, para una mayor claridad de la propuesta de Freud sobre la idea de pulsión de muerte, habría que decir que es "pulsión de la propia muerte"[78]. La pulsión de muerte significa entonces que, en lo más íntimo del ser, reside un afán de regresar a un estado inanimado, persiguiendo por tanto su desintegración: *todo lo vivo muere, regresa a lo inorgánico, por razones internas*[79].

"La existencia de una pulsión de muerte en el nivel más profundo del ello inconsciente nunca le pareció a Freud incompatible con esas otras tesis que él reafirma: ausencia de negación, de contradicción, y ausencia de la idea de muerte en el inconsciente" (Laplanche, 1998:18). Freud concibe a la vida como antagonismo y como transacción entre las dos clases de pulsiones, que se expresan como fuerzas de creación y fuerzas de destrucción; esto implica corrientes antagónicas que, por un lado, promueven investidura, conexión, síntesis, expansión y complejización de las manifestaciones vitales, y por otro lado separación, desconexión, desinvestidura. Plantea además una tesis fundamental que reitera en múltiples ocasiones: la labor imperiosa del aparato psíquico de dominar las pulsiones. Al mismo tiempo que enfocamos esta importante premisa, hay que recordar que Freud también señala que ese dominio no se cumple jamás, siempre hay un resto. Es decir, algo escapa invariablemente a la ligazón, a la manera de un resto imposible de ser tramitado psíquicamente, de ser simbolizado. Esta condición involucra desde luego a ambas corrientes pulsionales: *Eros* y pulsión de muerte. Así, las pulsiones sexuales no ligadas generan en el aparato psíquico un estado de excitación exacerbado, lo que acarrea distintas consecuencias clínicas, una de ellas, señalaba Freud en escritos tempranos, sería la aparición de angustia. Pero, ¿cómo se domina en alguna medida la pulsión de muerte?

> Las peligrosas pulsiones de muerte son tratadas de diversa manera en el individuo: en parte se las torna inofensivas por mezcla con componentes eróticos, en parte se desvían hacia afuera como agresión, pero en buena parte prosiguen su trabajo interior sin ser obstaculizadas (Freud, *El yo y el ello*, 1923:54).

A esa parte de la pulsión de muerte que en estado no ligado, y por tanto no dominado, impregna el aparato psíquico de auto-destructividad, es lo que André Green (1983) ha llamado "el veneno que mina (al yo) desde el interior, [...], el implacable ejército de sombras, las potencias de

---

78 Laplanche encuentra una analogía entre la función de auto-destrucción de la pulsión de muerte con el auto-erotismo, característica temprana de *Eros*.

79 *Más allá del principio del placer* (1920:38)

la muerte": un fondo irrepresentable en lo profundo del Ello inconsciente que, describe Freud, continúa libremente su trabajo interior.

Al postular a *Tánatos*, pulsión de muerte, como haciendo par con *Eros* como la nueva y definitiva dualidad pulsional en su teoría, Freud retoma y desarrolla lo que desde el *Proyecto* fue una primera intuición teórica[80] y que corresponde al principio pulsional que Freud reconocerá como el más básico: la *compulsión de repetición*. Con este principio se describe la fuerza que obliga a la insistencia repetitiva de caminos ya recorridos, insistencia que desborda todo propósito consciente y las racionalizaciones emergentes para justificarla. Se postula entonces que la repetición tiene que ver con una característica general de las pulsiones: su carácter conservador, su tendencia a restablecer un estado anterior.

> Todas las pulsiones quieren reproducir algo anterior, [...] dirigidas a la regresión, al restablecimiento de lo anterior(Freud, *Más allá del principio del placer*, 1920:37).

Freud había establecido en forma temprana una importante tesis teórica relativa a que "lo reprimido retorna" en forma de síntomas, sueños y actos no intencionales, pero en tales manifestaciones encontraba claramente una función sustitutiva de realización de deseos[81]. En el marco del tratamiento analítico y del análisis de la situación transferencial, Freud llegó a resumir en la conocida tesis "recordar para no repetir" (o viceversa: se repite al no recordar), sus sorprendentes observaciones:

> Podemos decir que el analizado no recuerda nada de lo olvidado o reprimido, sino que lo vive de nuevo. No lo reproduce como recuerdo, sino como acto; lo repite sin saber, naturalmente, que lo repite (Freud, *Recordar, repetir, reelaborar*, 1914:148).

Lo que resultó particularmente desconcertante fue constatar la insistencia repetitiva de situaciones de displacer en determinadas situaciones, como es el caso, por ejemplo, de los sueños en las neurosis traumáticas, en los que se repite en todo su "horror" la situación origen del trauma. Esta insistencia se genera con una fuerza de coerción o compulsión, que incluso adopta la apariencia de "destino", lo que le imprime una cualidad "demoníaca". Freud reconoce que el principio de placer no está operando, que hay algo "más allá" del ese principio.

> Hay personas que durante su vida repiten sin enmienda siempre las mismas reacciones en su perjuicio, o que parecen perseguidas por un destino implacable, cuando una indagación más atenta

---

80 Con la idea de "facilitación", que comenté anteriormente.

81 "El síntoma es indicio y sustituto de una satisfacción pulsional interceptada, es un resultado del proceso represivo" (*Inhibición, síntoma y angustia*, 1925:87).

enseña que, en verdad son ellas mismas quienes sin saberlo se deparan ese destino. En tales casos adscribimos a la compulsión de repetición el carácter de lo demoníaco (Freud, *Nuevas conferencias*...., 1933:99)[82]

Freud va reconociendo en la *compulsión de repetición* una función del aparato psíquico que es independiente del principio de placer y que *parece más originaria*[83]. Este planteamiento es de largo alcance y lleva a ubicar la compulsión de repetición como una parte esencial de la definición misma de inconsciente (Kaufmann, 1993). La compulsión de repetir parece, dice Freud, *más originaria*, más irresistible que la tendencia regida por el principio de placer. Las grandes corrientes pulsionales: pulsiones de vida y de muerte son igualmente conservadoras (recuperar un estado anterior), pero remiten a fuerzas pulsionales antagónicas.

El cuerpo libidinal emerge de la historia tramada por las pulsiones parciales asentadas en zonas erógenas, historia que cristalizará en la imagen del cuerpo, emergiendo con el amparo vital del vínculo materno que lleva a enlazar auto-conservación y sexualidad con la huella de un estado mítico de completud. La tendencia a restituir ese estado, de reencontrar ese objeto mítico, será siempre fallido, pero al mismo tiempo un motor de vida incansable que erotiza el mundo y que pagará (como deuda psíquica) con el destino de represión. Restituir lo imposible, la meta ideal y última de las pulsiones de vida, sostenido por la historia del cuerpo libidinal. Por su parte, el cuerpo pulsional que despliega la pulsión de muerte no se asienta en "la superficie" del cuerpo, inscrito en el mundo con la guía del principio del placer y el principio de realidad. Late en cambio en lo profundo de la vida orgánica, en forma insidiosa, repitiendo sin cesar la extrañeza por la vida, lo intolerable del fragor de la vida, para lograr la descarga total, el cese radical de toda tensión. El principio de placer es subvertido, específicamente en su expresión de homeostasis, como principio de constancia. Rige su versión radical, que se refiere el cese absoluto de toda tensión, para constituirse en principio de *Nirvana*[84], forma de funcionamiento de la pulsión de muerte. Con la pulsión de muerte "el límite de la vida se franquea mediante la repetición" (Poissonnier, 1998:43).

Así como todo resto no ligado de la vida libidinal es factor desorganizante y motor de repetición, la energía libre de la pulsión de muerte – no intrincada con las pulsiones de vida, no representada y más aún, no representable- es destino de repetición, de compulsión de repetición que incide como factor auto-destructivo, como elemento mórbido en lo íntimo orgánico (Assoun, 1997).

---

82 Subrayado del autor.

83 *Más allá del principio de placer (1920)*

84 Denominación de Bárbara Low, que Freud reconoce.

Sin embargo, la pulsión de muerte está también involucrada con una dimensión esencial de la vida humana: la función del símbolo, el pensamiento, el lenguaje. En la comprensión de este proceso nuevamente destaca nítidamente el importante papel del cuerpo en la vida psíquica. El hilo conductor de la reflexión es el postulado freudiano de que la afirmación, dependiente de la unión, es expresión de *Eros,* mientras que la negación, heredera de la expulsión, corresponde a la pulsión de muerte (*La negación,* 1925). En su descripción del cuerpo infantil, ya señalado anteriormente, Freud ubica un primer momento de indistinción entre su propio cuerpo y el de la madre, luego, con el vector de las sensaciones –externas e internas- se empieza a dibujar la frontera entre el interior y el exterior, el adentro y el afuera, y al mismo tiempo va instalándose el "cuerpo del placer" (*yo-placer* dice Freud), que bajo el funcionamiento del principio del placer incorpora al emergente "sentimiento de sí" lo que le es placentero, y rechaza lo que le causa displacer: "el yo-placer originario quiere [...] introyectarse todo lo bueno, arrojar de sí todo lo malo"[85]

> El juzgar es el ulterior desarrollo, acorde a fines, de la inclusión (Einbeziehung) dentro del yo o la expulsión de él, que originariamente se rigieron por el principio de placer. Su polaridad parece corresponder a la oposición de los dos grupos pulsionales que hemos supuesto. La afirmación –como sustituto de la unión- pertenece al Eros, y la negación –sucesora de la expulsión-, a la pulsión de destrucción (Freud, *La negación,* 1925:256).

> La otra de las decisiones de la función del juicio, la que recae sobre la existencia real de una cosa del mundo representada, es un interés del yo-realidad definitivo, que se desarrolla desde el yo-placer inicial (examen de realidad) *(ibid,* p.255).

Cuando Freud expone su tesis de la nueva dualidad pulsional a partir de la postulación de la pulsión de muerte, toma como un punto crucial de reflexión su observación del juego infantil del *Fort-Da,* donde el pequeño Ernst repite incansablemente la experiencia displacentera de la ausencia de la madre. Cuerpo presente y cuerpo ausente unidos por el deseo del objeto madre y que son ahora integrados a partir de la emergencia del símbolo, que permite dominar –parcialmente- el efecto de la ausencia de la madre. Ernst también puede jugar haciendo su cuerpo visible e invisible al mundo: lo que estaba atado a la vivencia de las sensaciones, el cuerpo a cuerpo como masa indiscriminada, es trascendido con el símbolo. El poderío de la representación ya había aparecido en la experiencia alucinatoria del infante que lo sostenía –parcialmente- en la ausencia del pecho anhelado, pero ahora está la palabra, es decir, un sujeto constituyéndose, activo, separado del objeto, que se inscribe en el lenguaje. "Lo que está en acción es efectivamente la pulsión de

---

85 La negación, 1925:254

muerte, que quiebra el lazo que restringiría la toma en consideración de cualquier objeto a su sola presencia, la condición de realidad y los límites del campo de la vida. Surge el símbolo, que de allí en más se vuelve más importante que el objeto". (Poissonnier, 1998:63).

La pulsión de muerte es hoy sin duda un referente obligado en toda reflexión clínica psicoanalítica; sus implicaciones tanto teóricas como las relativas al tratamiento son inmensas[86].

El cuerpo ante el dolor, la angustia y el duelo

La cuestión del dolor llamó la atención de Freud en forma temprana y fue cobrando distintos matices en su reflexión a lo largo de su trayectoria. Se constituyó en un tema insistente, siempre desconcertante en sus implicaciones, y sin duda crucial en la concepción de cuerpo y de subjetividad. Ya habíamos comentado cómo abre un capítulo en el *Proyecto* en el que interroga el papel de la experiencia de dolor en la emergencia del psiquismo, considerándola equiparable a la importancia de la experiencia de satisfacción pero que se presenta con una calidad más imperiosa, y que es primordial para el proceso de reconocimiento de las propias fronteras del cuerpo y para la emergencia del incipiente yo[87], reflexión que ampliará años más tarde en la perspectiva de los efectos de la enfermedad orgánica y el dolor físico en la economía libidinal. También se ocupó con gran perspicacia de pensar el enigmático vínculo del placer con el dolor (masoquismo), y de examinar la relación del dolor con la angustia, el síntoma, el sufrimiento y el duelo, entre otros puntos relevantes de su trayectoria conceptual.

Freud aborda en innumerables ocasiones la cuestión de los estados afectivos, tema que consideró constitutivo y primordial para el psicoanálisis, a la vez que complicado por lo que lo que abordó siempre con reserva crítica. El elemento conceptual clave en la aproximación a los afectos es el que corresponde al eje placer-displacer. ¿Cómo describir una experiencia de placer? Sostuvo siempre que tenía relación con una reducción de tensión de la excitación, pero el análisis del placer sexual mostró que el placer no puede explicarse únicamente por factores cuantitativos. Dejó una reflexión muy sugerente, que si bien no desarrolló, abre vertientes fundamentales para explicar el carácter cualitativo y distintivo de los afectos, e incluso para la comprensión tanto del goce

---

86 Un ejemplo en esa dirección lo encontramos en las reflexiones finales de una investigación que se ocupó de analizar la noción de repetición en la obra de Freud en su articulación con el concepto de transferencia: "Nuestros resultados tienen implicaciones técnicas elementales, pues desde esta posición no podemos continuar realizando con nuestros pacientes sólo un trabajo asociativo de lo infantil reprimido. Lo inconsciente originario, los restos excluidos de la representatividad, involucran una escucha de estar *ahí*, en transferencia, para hacer efecto de trasliteracion, de ligadura, de construcción "(Schreck, 2005:243).

87 "También el dolor parece desempeñar un papel en esto, y el modo en que a raíz de enfermedades dolorosas uno adquiere nueva noticia de sus órganos es quizás arquetípico del modo en que uno llega en general a la representación de su cuerpo propio" (*El yo y el ello*, 1923:27).

(tomando por ahora como ejemplo el reconocido carácter "embriagador" de la experiencia artística) como del dolor. Sin duda, según la lectura freudiana, tanto el dolor y como el placer son experiencias que conmueven profundamente el cuerpo.

> Entonces, placer y displacer no pueden ser referidos al aumento o la disminución de una cantidad, que llamamos "tensión de estímulo", si bien es evidente que tienen mucho que ver con este factor.[...] Quizá sea el ritmo, el ciclo temporal de las alteraciones, subidas y caídas de la cantidad de estímulo, no lo sabemos (Freud, *El problema económico del masoquismo*, 1924:166)[88].

¿Pero qué sucede con afectos como la angustia, el dolor y el duelo? Salta de inmediato su carácter displacentero. El dolor, en específico, se reviste de condiciones aversivas y apremiantes. ¿Cómo pensar el masoquismo, la experiencia de placer en el dolor? Destaca dos elementos fundamentales: uno se refiere a la observación de que todo proceso significativo para el sujeto aporta algún componente a la excitación sexual, y esto involucra naturalmente a la experiencia de dolor y de displacer en general.Freud subrayó que el llamado masoquismo erógeno acompaña a la libido en todas sus fases de desarrollo y va configurando distintas expresiones psíquicas[89]. Adicionalmente, debe involucrar en su reflexión a la pulsión de muerte, a su amalgama con la libido, y a la orientación hacia el interior (masoquismo primitivo) o hacia el exterior (sadismo). La necesidad neurótica de conservar cierta medida de dolor representa un desafío a la clínica[90] y Freud lo explica desde el masoquismo "moral"[91], que emerge como "sentimiento de culpa que halla su satisfacción en la enfermedad y no quiere renunciar al castigo del padecer" (*El yo y el ello*, 1923:50). Cuando el componente destructivo se ha depositado en el superyó y se ha vuelto hacia el yo –como en la melancolía- "lo que ahora gobierna en el superyó es como un cultivo puro de la pulsión de muerte, que a menudo logra efectivamente empujar al yo a la muerte..." (*ibid*. p. 54). El sadismo del superyó y el masoquismo del yo se complementan.

En el contexto de sus reflexiones sobre el masoquismo, Freud llamó la atención hacia el caso paradójico de ciertas neurosis reacias a todo tratamiento pero que, no obstante, desaparecen cuando la persona enfrenta alguna desgracia o contrae una grave enfermedad orgánica, es

---

88 El subrayado es del autor.

89 Angustia de ser devorado (fase oral), deseo de ser golpeado (fase anal), etc.

90 "El padecer que la neurosis conlleva es justamente lo que la vuelve valiosa para la tendencia masoquista" (*El problema económico del masoquismo*, 1924:172).

91 Como sabemos, Freud distingue tres modalidades de masoquismo: erógeno, femenino y moral.

decir, lo importante parece ser que subsista algún motivo importante para padecer. No nos puede pasar desapercibida esta alusión a la enfermedad orgánica como "moneda de cambio" para el propósito de sufrir.

> Su peligrosidad [del masoquismo moral] se debe a que desciende de la pulsión de muerte, corresponde a aquel sector de ella que se ha sustraído a su vuelta hacia afuera como pulsión de destrucción. Pero como, por otra parte, tiene el valor psíquico [Bedeutung] de un componente erótico, ni aún la destrucción de la persona puede producirse sin satisfacción libidinosa (Freud, *El problema económico del masoquismo*, 1924:176).

La angustia y el duelo convergen en una experiencia común: la pérdida del objeto de amor, en el primer caso es por experimentar el peligro de una pérdida, en el segundo, la pérdida efectiva del objeto, lo que obliga a una re-organización libidinal que incluye el proceso de identificación. Freud hace un interesante comentario en el que relaciona el dolor físico al dolor psíquico, proceso que explica como el paso desde la carga narcisista a la carga de objeto. Ya había establecido en distintos momentos cómo el dolor físico "eleva la carga narcisista del lugar doloroso del cuerpo, carga que aumenta cada vez más y vacía, por decirlo así, al yo"[92].

> El paso del dolor corporal al dolor anímico corresponde a la mudanza de la investidura narcisista en investidura de objeto (Freud, *Inhibición, síntoma y angustia,* 1924-25:160).

Para Assoun (1997:187), esta homología entre el dolor físico y el sufrimiento psíquico lleva a "ubicar el dolor del lado de las 'punzadas' del objeto amado/perdido en la carne viva del sujeto". Si nos ubicamos en la concepción de la amalgama entre pulsiones de vida y pulsión de muerte, podemos abrir la posibilidad de pensar el cuerpo del dolor como síntoma de una "desintricación" pulsional.

Tesis freudianas sobre el cuerpo

¿Cuál es entonces el nuevo paradigma alrededor de las relaciones entre lo somático y lo psíquico que se desprende de la obra freudiana? Después de reflexionar sobre el concepto de pulsión como eje de la perspectiva metapsicológica, y a manera de resumen, cerraré la revisión del rastreo de esa pregunta buscando identificar las tesis fundamentales que se desprenden sobre el cuerpo haciendo una apuesta por lo más significativo, con la consciencia de que el tema es inagotable, en la

---

92 *Inhibición, síntoma y angustia* (1925)

medida en que compromete, como mencioné anteriormente, la mayoría de los postulados freudianos sobre el psiquismo.

El fundamento del psiquismo es su enraizamiento en el cuerpo; en el cuerpo reside la fuente de las pulsiones, causa y principio de toda actividad. El empuje que surge de las fuentes del cuerpo y que pone al ser en movimiento, lo hace salir de sí mismo, lo arroja al mundo.

Las pulsiones tienen su anclaje en el cuerpo pero pertenecen al orden de lo psíquico, por la mediación de la representación. Si bien se planea un vínculo irreductible del psiquismo con la realidad corporal-biológica del sujeto, Freud fue totalmente explícito en cuanto a que la pulsión pertenece ya al orden de lo psíquico.

En los momentos iniciales de la vida el deseo surge apoyado en las necesidades del cuerpo. Hay un psiquismo elemental cuya función es inicialmente representar las demandas del cuerpo; aquí se ubica el papel del "grito", la noción de apoyo o apuntalamiento, lo crucial de las huellas arcaicas, de las primeras vivencias, así como las vicisitudes del cuerpo infantil como dependientes del sostén biológico y psíquico de sus padres.

Cuerpo es sentido, es existencia psíquica. El cuerpo en la concepción freudiana nunca podría pensarse simplemente como un organismo, con fronteras establecidas por su condición biológica; en cambio, debe concebirse como una experiencia de sentido correlativa al investimento libidinal.

*El cuerpo subjetivo es invariablemente tensión derivada de una disposición conflictiva fundamental: pulsiones de vida versus pulsión de muerte.*Las vicisitudes, recorridos y desenlaces libidinales dan cuenta de la dinámica que articula la vida, que deben considerarse siempre en oposición y en mezcla conflictiva con la pulsión de muerte. La pulsión de muerte, en cambio se actualiza desinvistiendo al objeto, apunta a un estado de quietud, al reposo de la actividad de representación. Las mezclas y desmezclas pulsionales dan cuenta de las distintas expresiones de la vida.

El cuerpo pulsional posee una naturaleza profundamente conservadora, esto es, la de volver atrás. Esto se expresa de dos maneras: repetir la vivencia de satisfacción (o recuperar el objeto incestuoso irremediablemente perdido) –meta de las pulsiones de vida-, o volver al estado total de quietud del estado inorgánico –aspiración de la pulsión de muerte. Esto corresponde al descubrimiento central de la teoría freudiana de la compulsión a la repetición. El par pulsiones de vida y de muerte se rige siempre por la acción conjugada de estos dos principios capitales de funcionamiento mental: reconstruir un estado anterior y reencontrar el placer.

El cuerpo libidinal es un proceso inconsciente ávido, insaciable e inagotable[93] *en su accionar.* El "cuerpo libidinal", no es otra cosa que pensar el cuerpo organizado desde la libido, la energía de las pulsiones sexuales o pulsiones de vida *(Eros)* dinámica que por definición es inconsciente y cuya meta última es el goce de la pulsión sexual. Las pulsiones son creadoras de objetos y todo es transformable en objeto sexual. Lo libidinal en la concepción freudiana apunta al sentido específico de ligazón o investimento que da cuenta del proceso expansivo, generador y multiplicador de las tramas de la vida que realiza la potencia del ser deseante. Las etapas de desarrollo libidinal tienen un valor de organización psíquica y en su conceptualización se encuentran nociones importantes como fijación y regresión.

El cuerpo libidinal se gesta en una historia que se inscribe a la manera de una geografía erógena."Entre los lugares del cuerpo de los que parte esa libido, los más destacados se señalan con el nombre de *zonas erógenas,* pero en verdad el cuerpo íntegro es una zona erógena tal"*(Esquema del psicoanálisis, 1938:149).* El cuerpo libidinal se gesta en una historia que se inscribe a la manera de una geografía erógena. Con la idea de "cuerpo erógeno", se enfatiza la idea de cuerpo pulsante, sensible, diferenciado, una alegoría de cuerpo como territorio de inscripciones de las vicisitudes libidinales. El "cuerpo erógeno" es un territorio palpitante que lleva las huellas del diálogo con la dimensión del otro surgido desde la subversión del orden de la necesidad biológica. Las huellas representativas de la presencia y acciones del objeto ante la presencia del cuerpo de necesidad del infante quedan inscritas como experiencias primordiales.

La representación psíquica libidinal del cuerpo se constituye en cuerpo imaginario. Con la noción de narcisismo Freud señala cómo el propio cuerpo es investido libidinalmente y se transforma así en objeto sexual. La dinámica narcisista y sus avatares es un eje organizador fundamental del psiquismo que Involucra a las tres instancias del yo, ello y superyó.

El yo es ante todo un yo-corporal. El yo, se define, entre otras funciones importantes, por una relación específica con el cuerpo: la proyección mental de la superficie del cuerpo propio, o más exactamente, la proyección mental de los contornos de nuestro cuerpo. El carácter de mediación del yo-cuerpo con el mundo es importante. No obstante, también podrá constituirse como barrera que cierra el diálogo con el mundo y con el propio potencial. En esa inspiración freudiana, dice Nancy (2000:26): "Me ignoraré siempre como cuerpo justo *ahí mismo* donde 'corpus ego' es una certidumbre sin reservas". Por ello hay que tener presente, según Assoun (1997:131), que "si bien es indudable que hay un yo cuerpo, el yo no es todo el cuerpo". Se refiere este autor al "fondo de

---

93 Green (1995)

la vida pulsional", es decir: el ello en su vínculo con las otras instancias. *La pulsión de muerte ejerce su obra destructiva en el recinto orgánico*[94]. La "extraña pulsión" que se afana en la destrucción de propia morada orgánica, según refería Freud, produce una auténtica "tensión íntima de lo orgánico-inconsciente", dice Assoun. "La pulsión de muerte es el trabajo supremamente paradójico de lo viviente que sierra la rama en que se asienta o sabotea los cimientos que le dan sus raíces" (Assoun, 1997:138). De ahí la importancia para el posicionamiento subjetivo de su mezcla con las pulsiones de vida (y del predominio de estas últimas), comprendiendo esta dinámica desde la noción de cuerpo pulsional, en su otredad, en su estatuto inconsciente.

La inscripción de la diferencia sexual y el desenlace del complejo de Edipo constituyen el cuerpo sexuado. La oposición femenino/ masculino juega un papel ordenador de la vida psíquica. La expresión "cuerpo sexuado" pone el acento en los desenlaces de la diferencia de los sexos y el complejo de castración en la organización libidinal (trabajo psíquico con las representaciones incestuosas y parricidas). El sujeto se inscribe simbólicamente como ser sexuado y esto significa que en su devenir sujeto constituye un posicionamiento subjetivo en relación a la diferencia sexual y al deseo, en complejos procesos de naturaleza inconsciente, articulados con la cultura de referencia. Las condiciones del sexo anatómico contribuyen a la vivencia corporal pero la dimensión imaginaria modela la vivencia corporal.

En el cuerpo se dirimen la omnipotencia y los límites. En psicoanálisis el complejo de castración se refiere a una experiencia psíquica compleja, inconsciente, situada alrededor de los cinco años, misma que va a ser decisiva para el posicionamiento subjetivo respecto al género (identidad sexual) y a la orientación sexual (elección de objeto). Pero el complejo de castración no se reduce a un momento de la evolución sexual infantil; la experiencia de la castración se actualiza a lo largo de la existencia en forma inconsciente, en relación a los sentidos del propio cuerpo sexuado en el universo de hombres y mujeres, y en la experiencia de los límites del cuerpo frente a la omnipotencia del deseo. Todos estos componentes o matices confluyen en la concepción de cuerpo y sexualidad en Freud.

Goce y sufrimiento. Dos elementos imprescindibles para la noción de cuerpo en Freud. Naturalmente, está el principio de placer como base del funcionamiento psíquico, pero goce *(Genuss)* -utilizado por Freud en pocas pero significativas ocasiones[95]- refiere a una conmoción "oscura" del cuerpo. El goce es lo que pone en marcha la compulsión a la

---

94 Assoun (1997:138)

95 Un ejemplo, tomado de *El malestar de la cultura*(1930:82: "Aquí puede situarse el interesante caso en que la felicidad en la vida se busca sobre todo en el goce de la belleza, dondequiera que ella se muestre a nuestros sentidos y a nuestro juicio: la belleza de formas y gestos humanos, de objetos naturales y paisajes, de creaciones artísticas y aún científicas. [...] El goce de la belleza se acompaña de una sensación particular, de suave efecto embriagador."

repetición. El dolor no sólo es señalado como una experiencia primordial en el reconocimiento del cuerpo propio, sino, en otro contexto, se identifica al cuerpo como una de las tres fuentes de sufrimiento humano, al lado de las fuerzas destructoras de la naturaleza y de las relaciones con otros seres humanos:"el cuerpo propio, que, destinado a la ruina y la disolución, no puede prescindir del dolor y la angustia como señales de alarma" (Freud, en: *El malestar en la cultura*,1930:76). También destaca Freud las consecuencias en la distribución libidinal del dolor físico y de la enfermedad orgánica, y del retiro temporal de la "capacidad de amar" en el contexto de la dinámica narcisista.

El estatuto inconsciente del cuerpo. El trayecto metapsicológico freudiano lleva a esa gran conclusión. Darle la interpretación correcta a este postulado culminante de la obra freudiana, al hallazgo del inconsciente como el "eslabón perdido" entre lo somático y lo psíquico -que, según refiere Assoun (1997) fue planteado por Freud a Groddeck en 1917- requerirá una reflexión cuidadosa para desde ahí dialogar con los nuevos desarrollos psicoanalíticos, específicamente con relación a la temática que me concierne de los fenómenos psicosomáticos.

CAPÍTULO 3

PSICOSOMÁTICA: UNA PROBLEMÁTICA LÍMITE

Interrogando el término y la noción

Como en otro momento fue con el cuerpo de la histeria, ese cuerpo que se manifiesta afectado en el plano funcional pero preservado en su integridad biológica y al que históricamente se le atribuye el lugar de *inaugural* de la reflexión psicoanalítica, otro cuerpo incómodo para la medicina, sufriente y afectado en el plano somático real, está presente en el debate psicoanalítico de hoy, cobrando una relevancia inusitada. En contraste con la histeria, que se presenta como un cuerpo afectado en su capacidad funcional pero preservado en su integridad orgánica, se trata en este caso de lesiones en lo real del cuerpo biológico que sorprenden por aparecer desafiando la lógica estrictamente médica que pudieran referirlas a causas "objetivas" de orden anatómico-fisiológicas, y que se identifican entonces como trastornos "psicosomáticos" en una suerte de vacilación que apunta a múltiples incertidumbres: desde la explicación teórica respecto al orden de causalidad implicado en su surgimiento y evolución, pasando por el diagnóstico que ante estos casos tiene más las características de una apuesta teórico-clínica que de una cómoda clasificación en una nosografía de entidades patológicas, hasta la pertinencia de la clínica psicoanalítica, que trabaja con la palabra, para acoger manifestaciones donde la palabra está ausente...o en el borde.

Desde el trayecto freudiano con el cuerpo de la histeria como horizonte de contraste, el psicoanálisis confronta ahora, tanto en el plano teórico como clínico, a fenómenos somáticos que no corresponden a una estructura neurótica y no pueden ser considerados "síntoma" en el sentido analítico. Mientras que la conversión histérica, al expresar simbólicamente una conflictiva inconsciente referida a la sexualidad reprimida, es analizable en el mismo plano que un sueño o un acto fallido, el fenómeno psicosomático aparece como lesión en el cuerpo, como una marca observable y constatable por la mirada médica, pero que aparece "sin autor", es decir, aparentemente sin alguna significación que pudiera referirla a la dinámica psíquica del sujeto. El cuerpo con una lesión pretendidamente "psicosomática" puede presentarse en la clínica psicoanalítica bajo la forma de lamentaciones por las dolencias experimentadas y como narrativa de los periplos fracasados en sucesivas consultas médicas, o quizá como una vivencia silenciada de un paciente que un buen día es finalmente evocada en alguna sesión o, en ocasiones, apareciendo el problema de salud en el curso del tratamiento psicoanalítico. El discurso consciente y la manifestación somática se confrontan entre sí. "Todo cuanto sería necesario […] para develar lo que ocurre subterráneamente, es de una extremada precariedad, de una gran fragilidad y hasta quizá sea potencialmente peligroso de movilizar. […] La enfermedad somática se mantiene a porfía en el orden del sinsentido…" (Green, 1994a:155)

Esta condición opaca al sentido interroga al psicoanálisis en cuanto a la posibilidad teórica de referir estos fenómenos al sujeto del inconsciente y, por tanto, de acogerlos como analizables en su intervención analítica, es decir, ha llevado hasta el límite las preguntas sobre la pertinencia del fenómeno para el campo analítico, tanto como ha comprometido la inteligibilidad del mismo desde el marco conceptual metapsicológico. Ante esta encrucijada, el psicoanálisis ha apostado a que la aparente ausencia de significación del fenómeno psicosomático no implica que carezca de sentido; por tanto, atravesando perplejidades y dejando abiertas múltiples interrogantes, la cuestión psicosomática se ha constituido en un campo de desarrollo teórico y de investigación clínica muy activo y polémico, con un trayecto relevante ya recorrido, y al día de hoy plenamente vigente. El camino andado desde la confrontación de las afecciones psicosomáticas con el modelo de las neurosis, hasta la llamativa presencia de los fenómenos psicosomáticos en el nuevo conjunto de problemáticas propias de la llamada "clínica de la modernidad" -cuyo común denominador es que aparecen como situaciones/límite-, ha renovado a fondo las interrogaciones iniciales.

Al demarcar el terreno de la investigación psicosomática desde el campo del psicoanálisis se llega a la conclusión de que estos fenómenos constituyen "realidades límite de la experiencia analítica" (Nasio, 1996a:73). De ahí que el itinerario de indagación se proyecte hacia ese lugar limítrofe de la vida/muerte, del psiquismo arcaico, de la discusión acerca de lo representable y lo irrepresentable, y se dirija a interrogar el pasaje del "silencio de los órganos" -metáfora de la salud- a la ruidosa señal de la enfermedad "del cuerpo", que en la clínica se manifiesta como apremio de atención mientras que en la teoría estallan los intentos simplificadores de comprender el cuerpo afectado por un problema de salud que desborda la lógica médica.

El cuerpo en la psicosomática desafía radicalmente el saber médico pero también el saber psicoanalítico. Comprometidas íntimamente las dos disciplinas, acontece sin embargo una singular paradoja: la cuestión psicosomática ha unido estrechamente a la medicina y al psicoanálisis –desde la historia de su surgimiento moderno, colaboraciones clínicas, intercambios en encuentros y congresos- pero a la vez las diferencia y separa en un sentido radical: *ven en la misma dirección, pero miran objetos distintos de indagación, reflexión e intervención.* Las diferencias son naturalmente bienvenidas y no hacen sino reiterar la pertinencia de cada disciplina a su campo, pero ese compartir un mismo terreno de exploración sumado a un imaginario profuso alrededor de lo "psicosomático" que caracteriza a nuestra época, han propiciado muchas confusiones que pueden tener consecuencias no sólo de comprensión de lo que está en juego, sino también en un sentido práctico y específico al dejar en la indefensión a personas con distintos padecimientos ante un conjunto de sentencias simplistas o apresuradas, así como ofrecimientos de tratamientos de distinto nivel de seriedad.

Puede decirse que la perspectiva psicosomática es ante todo un intento de generar una nueva visión integradora de lo psíquico y lo somático, relación fracturada desde el dualismo cartesiano que separó la mente de la materia y que propició una tendencia biologicista -ciertamente reduccionista-, que se volvió hegemónica en la medicina moderna. Pero el entusiasmo por reencontrar el papel de lo "psi" en la vida del sujeto, incluyendo naturalmente su salud física, también ha favorecido un psicologismo apresurado e irreflexivo. Tal vez el alegato reciente más vehemente que denuncia esta modalidad de argumentación reduccionista lo ha hecho la gran escritora norteamericana Susan Sontag (1977) en su obra *La enfermedad y sus metáforas.* Ahí sostuvo –en el marco de un amplio rastreo histórico sobre el sentido que se le atribuye a la enfermedad en la sociedad- que las modernas teorías psicológicas sobre la enfermedad derivan en culpabilizar al enfermo, haciéndolo responsable tanto de su enfermedad como de su curación. Llama la atención que cita extensamente a Georg Groddeck –nos interesa por su cercanía con Freud, misma que ya comentaremos más adelante- quien en forma tajante afirmaba en su famoso *Libro del Ello* que "es el enfermo mismo el que crea la enfermedad; él es la causa de la enfermedad, no hay porqué buscar otra"[1].

Sontag comparó los "mitos" acerca de la tuberculosis propios del siglo XIX con los tejidos alrededor del cáncer en el siglo XX; así, mientras que a la tuberculosis se le asociaba con una apasionada disposición melancólica lo que la colocaba bajo un halo romántico, al cáncer se le liga con la represión emocional, la insatisfacción con la propia vida y la depresión ("la melancolía sin sus encantos", apunta la autora); pero, ¿no

---

1 Citado por Sontag (*1977*:68), o cfr. directamente en: Groddeck (1917-1928)

son estas asociaciones punitivas, vergonzantes?, se pregunta Sontag, ¿no son esos temas emocionales propios de la condición humana y no de una enfermedad? La apasionada argumentación de la escritora norteamericana muestra en forma contundente los imaginarios sociales que se crean ante situaciones que causan temor –como las enfermedades referidas por Sontag- y que derivan en formas de sentir y de pensar que se propagan en forma acrítica, generando estereotipos, discriminación e incluso condena social (piénsese en el caso del sida). Pero sin duda, también ilustra las resistencias a pensar en la posibilidad de que la enfermedad esté implicada en las tramas subjetivas que constituyen la propia vida, y en el inmenso dolor de afrontar la pregunta sin respuesta: ¿por qué me ha pasado esto a mí? En el consultorio psicoanalítico es todo un reto acompañar al paciente en el recorrido de las tramas complejas que de alguna manera podrían estar involucradas en la emergencia o evolución de la enfermedad, y al mismo tiempo sospechar de su adscripción a opiniones simplificadoras que plantean una relación directa entre sentimientos y lesiones orgánicas, que no pocas veces conducen al enfermo a auténticos delirios de culpabilidad[2], que lejos de abrir un camino liberador constituyen en sí mismos síntomas a ser esclarecidos.

Regresando a los teóricos del psicoanálisis, vemos que Paul-Laurent Assoun (1997:8) plantea como exigencia crítica necesaria para pensar la temática psicosomática el resistir toda "psicologización" del acontecimiento somático, "lo que equivale –afirma- a problematizar la noción de 'psicogénesis'". Por su parte, el psicoanalista Jean D. Matet (1974), advierte contra lo que ha nombrado "la bulla psicosomática", aludiendo a que las muchas voces que se han sumado a hablar de la temática han opacado las incertidumbres de origen que acarrea el tema y las confusiones a que ha dado lugar. Sugiere una aproximación que parta de una definición y demarcación cuidadosa de la problemática psicosomática, y que derive en una toma de posición en el contexto del campo psicoanalítico. En la reflexión de ambos estudiosos escuchamos el eco de la siempre pertinente tarea que Bachelard (1934) sugiere bajo el nombre de "vigilancia epistemológica" en su conocido libro *La formación del espíritu científico* y que se refiere a la revisión crítica permanente de los supuestos que sostienen un saber para evitar adscribir creencias o ilusiones que son producto del sentido común, cuando que lo que se requiere es precisamente la "ruptura" con éste, es decir, con lo que parece evidente. Y, dado que el tema mente/cuerpo o relación psique/soma toca fibras muy hondas que conducen invariablemente a confrontar enigmas milenarios acerca de la condición humana, habrá que intentar que en la exploración de la temática psicosomática dichos enigmas sean acicate para el pensamiento en vez de erigirse como obstáculos que oscurezcan nuestra comprensión.

---

2 Ricardo Bernardi (2005), relata el caso de una paciente en estado terminal de cáncer, que lo consultó ante amargos reproches que se hacía, convencida de la psicogénesis de su enfermedad.

La reflexión sobre el campo de la psicosomática puede restringirse desde dos reduccionismos típicos, auténticos obstáculos epistemológicos en el sentido de Bachelard, que son los ya mencionados: el *biologicismo* por un lado y el *psicologismo* por otro. Desde el psicoanálisis al primero lo identificamos más claramente, observando que en concepciones y diversas prácticas casi siempre del lado de la medicina, la atención se dirige al funcionamiento fisiológico exclusivamente, el organismo es seccionado en especialidades y sub-especialidades y el sujeto como tal no es mirado; como consecuencia se favorece un vínculo autoritario médico-paciente. En ese contexto, la noción de lo "psíquico" para comprender la relación psico-somática consiste básicamente en referirse a lo afectivo como equivalente a emociones experimentadas, en el marco de una idea de cuerpo como organismo. Más difícil quizá es advertir el psicologismo, por la preeminencia que se le da al plano de lo psicológico con el que, tal vez, nos sentimos sintónicos; por ello es importante distinguir que se trata también de un enfoque reduccionista que revela una insuficiente comprensión del funcionamiento psíquico.

Un enfoque psicologista se caracteriza no sólo por reducir la explicación de los distintos fenómenos de la salud y de la vida en general a lo psicológico desestimando la convergencia de otros factores como los biológicos y los sociales, sino por una concepción de lo "psicológico" *enfocada desde un paradigma que ve al individuo en el marco de un modelo adaptativo.* En conjunto, entonces, se trata de razonamientos lineales, más del tipo causa-efecto que de la consideración de procesos complejos. Evidentemente, la salud, y muy particularmente cuando estamos ante cuadros "psicosomáticos", no puede describirse simplemente bajo un esquema de causa-efecto. Hoy "se sabe que lo psicológico afecta lo hormonal que a su vez afecta lo inmunológico pero también a lo psicológico en secuencias complejas y recursivas" (Zukerfeld, 2005:283). Los intentos de fundamentar la opinión de que factores psicológicos y sociales inciden en la salud han dado resultados confusos al fallar en reconocer que los factores psicosociales difícilmente pueden ser directamente patógenos (como lo es un microorganismo o un tóxico), siendo además verdaderamente improbable que puedan tener un carácter unidimensional. Estos señalamientos subrayan la necesidad de moverse hacia un paradigma de complejidad, donde lo "recursivo" apunta a la doble condición de ser producto y productor. André Green resume nítidamente esta necesidad al plantear que, tratándose de desentrañar el psiquismo humano, se levanta claramente un dilema teórico entre lograr a toda costa claridad y simplicidad aunque no se haga justicia al objeto de estudio, o bien "esforzarse por respetar esa complejidad y pagar el precio correspondiente manteniendo en su seno oscuridades, contradicciones, ambigüedades y malentendidos" (Green, 1995:22).

Algunos enfoques psicosomáticos se sustentan en modelos donde resulta patente que se ha escamoteado la noción subversiva de cuerpo en psicoanálisis. Desde esa idea, Christophe Dejours (2008) afirma que en algunas lecturas características –típicamente la de la psicosomática clásica- el cuerpo es considerado meramente como un "efector" de lo que está en juego en el funcionamiento psíquico, pero el cuerpo libidinal no aparece. Este autor argumenta que la relación entre orden biológico y orden psicológico en un sentido propiamente freudiano, es de tipo "diabólico" (es decir, que obra separando, despegando). Partiendo de la noción de apuntalamiento de los *Tres ensayos de teoría sexual* (1905)de Freud, luego retomada por Laplanche en *Vida y muerte en psicoanálisis,* pone de relieve el proceso de subversión libidinal del cuerpo fisiológico que hace que emerja la economía erótica conducida por el encuentro intersubjetivo. Assoun (1997) también considera esencial recordar la importancia del apuntalamiento, "para dar cuenta de esta problemática de la necesidad en la que sigue <captado> el <sujeto somático> y que hace tan dificultoso su acceso a lo *sexual*[3]". Plantea que el síntoma somático reactiva el lenguaje arcaico de la necesidad y se revela como "desunión de las pulsiones de auto-conservación y las sexuales y/o de vida y muerte" (*ibid,* p.235).

Entre los aspectos iniciales a esclarecer, y que además nos proporciona un criterio epistemológico para mirar las distintas aproximaciones al campo, está la comprensión de los planos que se ponen en juego en el fenómeno psicosomático: lo psíquico y lo somático, sea que se piense en una continuidad entre ambos, o bien reconociendo la heterogeneidad entre los mismos. La postura freudiana es explícita al respecto: el rechazo total al monismo que indiscrimina los términos en cuestión. En la correspondencia entre Freud y Georg Groddeck se encuentra un material muy significativo al respecto, tanto por la tajante toma de posición de Freud como por el vínculo con Groddeck, médico al que algunos le atribuyen ser el iniciador de la psicosomática moderna[4], a quien Freud reconoció entusiastamente en un inicio y quiso atraer a su círculo analítico (y de quien tomó la expresión "Ello" para su segunda tópica –que a su vez Groddeck había tomado de Nietszche)[5] y del que luego se distanció.

Groddeck escribe a Freud: "Mucho antes de 1909, había arraigado en mi convicción de que la distinción entre cuerpo y alma no era más que una distinción nominal esencial, y que el cuerpo y el alma constituyen una cosa común, que en ello se encierra un Ello, una fuerza por la que somos vividos mientras creemos que somos nosotros quienes vivimos".

---

3 La puntuación y subrayado, son del autor.

4 Ángel Cagigas, en su introducción al libro *Sobre Ello* (compilación de textos de Groddeck, editado en 1996 (remito a la bibliografía general), considera que el trabajo titulado "Determinación psíquica y tratamiento psicoanalítico de las afecciones orgánicas", publicado por primera vez en Leipzig en 1917 y, recogido en esa compilación, es "el acta de fundación de la psicosomática moderna" (p.10). En él Groddeck sostiene que cuerpo y mente no son entes separados sino dos caras de la misma moneda, y que la enfermedad atañe a toda la persona, no a una de sus partes.

5 "En su libro *El yo y el ello,* Freud me honra presentándome como el primero en utilizar la expresión 'el Ello', indicando que él la toma prestada. El hecho es cierto, sólo que el *concepto 'Ello'* en la forma en que era útil para mis propósitos era inutilizable para él, así que lo ha transformado en algo distinto de lo que yo pensaba..." (Groddeck, 1917-28:73).

Freud responde: "¿Por qué desde su bonita base se arroja Ud. a la mística, suprime la diferencia entre lo anímico y lo corporal, y se aferra a las teorías filosóficas que no vienen al caso? Sus experiencias no conducen sino al reconocimiento de que el factor psicológico tiene una importancia insospechadamente grande incluso respecto de la aparición de enfermedades orgánicas. Pero, ¿el sólo hecho de que produzca estas enfermedades afecta de algún modo la diferencia entre lo anímico y lo corporal? [...] Me temo que sea Ud. también un filósofo (es decir un especulador) y tenga la inclinación monística de despreciar las bellas diferencias de la naturaleza en aras de la seductora unidad". (Correspondencia entre Freud y Groddeck del año 1917)[6].

Es difícil, dice Green, situar a Freud en el *body-mind problem* según las oposiciones tradicionales. En su opinión, Freud no es, propiamente hablando, monista ni dualista, ya que, si bien reconoce la dependencia indirecta de la organización psíquica respecto al soma, aquélla logra una riqueza y complejidad tan considerable "que en ningún caso es posible comprender los problemas planteados por la organización psíquica por pura y simple remisión a las referencias al soma (Green, 1995:57).

En el mismo orden de ideas, Dejours (1989:131) llama a distinguir entre un "monismo psicosomático", ya que según él "deriva casi infaliblemente en un sincretismo biopsicológico insostenible" y la postura que llama "dualismo inmanente", que reconoce la heterogeneidad entre los dos órdenes –psíquico y somático- en juego en la concepción psicosomática. Sincretismo designa la tentativa de buscar una síntesis, una continuidad entre lo psíquico y lo somático (con lo cual se está a un paso de concebir al psiquismo meramente como un producto del funcionamiento cerebral). Todo respondería según esa concepción sincrética, monista, a un orden de la naturaleza, funcional y adaptativo, lo que conduce a la instalación de la "naturalización" como mecanismo que oscurece la ruptura del orden natural que acontece con la creación, la historia, la psique, y lo que impide pensar, en palabras de Castoriadis (1996), "la disfuncionalidad radical de la psique".

En este contexto, se entenderá que no se trata de pensar en un dualismo de entidades separadas, lo que correspondería a una forma pre-freudiana de enfocar lo psicosomático, una modalidad cartesiana sin más. Es decir, el abordaje de los fenómenos psicosomáticos se ve sin duda confrontado por el paradigma dualista que, instalado en la Edad Moderna, nos vive y atraviesa: cuerpo como máquina fisiológica que funciona por su cuenta, mente como sustancia pensante que va por otro lado, dos entidades separadas que la idea misma de lo "psicosomático"

6 Anagrama, Barcelona, 1977 (resumen en línea: www.indepsi.cl/ferenczi/vinculaciones/grod). Los subrayados son míos.

desmiente, y que por el contrario obliga a poner en relación y a dar cuenta del pasaje de una a la otra. En el pensamiento psicoanalítico en cambio, no se acoge ese dualismo heredado que separa y escinde, sino que se trata de concebir *dualidades en tensión que se manifiestan en creación y subjetivación.*

Es un lugar común al ocuparse de la temática psicosomática señalar que Freud no la abordó ni desarrolló en forma explícita, pues sólo se refirió a estos fenómenos en forma indirecta y en escasas ocasiones. A pesar de esta reserva de Freud, que ha llamado la atención y suscitado diversas especulaciones –que van desde una "ambigüedad" respecto a estos fenómenos hasta la "prudencia" en pronunciarse al respecto quizá por no poder sustentar todavía "un discurso teórico serio al respecto"-, el amplio itinerario de reflexión psicoanalítica alrededor de la cuestión psicosomática que se ha desplegado ha tomado como herramientas teóricas centrales las imprescindibles nociones freudianas de pulsión, representación y afecto, por citar los pilares del gran edificio teórico metapsicológico del que abreva toda investigación psicosomática emprendida desde el campo psicoanalítico, y que ha derivado en exaltar la importancia para esta temática de los desarrollos freudianos acerca de las neurosis actuales y las neurosis mixtas, así como temáticas tales como el narcisismo, el duelo, el trauma y la pulsión de muerte, entre otras. Assoun, incomparable estudioso de la obra freudiana, encuentra que más allá de la cautela de Freud frente a los trastornos psicosomáticos se puede sacar provecho de las "lecciones del cuerpo" freudianas que constituyen, en su opinión, "observaciones fulgurantes de verdad clínica" y "*flashes* clínicos deslumbrantes" (Assoun, 1997:11), expresiones que suscribo plenamente.

Lacan por su parte, tampoco desarrolló la temática psicosomática. No obstante, hizo algunos breves pero valiosos señalamientos; su iluminación teórica, que pasa por la afánisis, la holofrase, el goce específico y la forclusión, son fuente de inspiración importante para la investigación contemporánea en psicosomática[7].

En psicoanálisis el cuerpo ha estado siempre en el centro de la interrogación tanto clínica como teórica. Nunca será irrelevante insistir en que la clínica psicoanalítica surge con la invención de tratamientos médicos alternativos para trastornos corporales (la conversión histérica y la neurosis de angustia) a los que la medicina de la época de Freud no encontraba explicación ni abordaje satisfactorio. Y desde luego, el cuerpo es consustancial a su núcleo teórico; al respecto cabe recordar "la disidencia conceptual que Freud introdujo con la noción de pulsión" (Zennoni, 2003), para dar cuenta de una manera original y de ruptura paradigmática de la relación entre cuerpo y psique. La experiencia analítica del cuerpo revela, dice Paul-Laurent Assoun (1997:8) que "lo

---

7 Remito a las páginas 171 y sigs., en donde reviso estas aportaciones.

real somático, hay que decirlo, está en el corazón de la experiencia de lo inconsciente"

Como plantea Green (1994a), ninguna reflexión sobre la psicosomática en psicoanálisis puede desarrollarse sin tomar en cuenta el estatuto del cuerpo desde una perspectiva metapsicológica, es decir, partiendo de la diferencia entre soma y cuerpo. Soma remite al organismo, es decir a la organización biológica; en cambio, cuerpo en psicoanálisis es cuerpo pulsional. Observemos cómo Julia Kristeva (1998:79) refiere a la pulsión desde su condición psicosomática: "De la pulsión el analista no escucha sólo los representantes/representaciones lingüísticos e infralingüísticos, sino que la oye en su condición de ser psicosomático". El cuerpo en su imbricación con las distintas manifestaciones de la vida humana está lejos de ser transparente; ni aún el cuerpo de la histeria que ya parecería superado en comprensión por tan estudiado y conocido, deja de ser enigmático. Pero no se diga de los retos que implica llevar el fenómeno psicosomático a la escena psicoanalítica: de frente al cuerpo del fenómeno psicosomático surge inconmensurable el terreno de lo biológico, cuyo determinismo el psicoanálisis no pone en duda. "De ninguna manera el orden psicológico podría ser independiente del orden biológico" (Dejours, 1989:12), pero la forma como acontece la relación entre lo psíquico y lo somático sigue siendo un tema complejo y polémico, actualizado en su máxima expresión con la cuestión psicosomática. Precisamente, es la tensión propia de las fronteras que delimitan estos órdenes heterogéneos –lo psíquico y lo somático-, lo que hace evocar esa condición limítrofe como primera definición o acercamiento a la problemática psicosomática.

En esta apertura a la discusión de la cuestión psicosomática debemos ahora atravesar la siguiente pregunta: ¿Cómo definir y delimitar lo "psicosomático"? Estando la cuestión psicosomática en una especie de encrucijada donde convergen saberes, prácticas y disciplinas diversas, es preciso distinguir varios planos en el proceso de intentar establecer una definición. Uno está constituido por la realidad clínica: se trata de problemas de salud consistentes en lesiones orgánicas demostrables que no pueden atribuirse a una etiología médica convencional, o bien, cuya evolución y respuesta al tratamiento son incompatibles con la lógica médica. El otro plano es el de la comprensión teórica de los procesos que están en juego en estos problemas de salud; es en relación a este nivel que se postula "la hipótesis psicosomática", es decir, la apuesta a que se trata de factores "psicológicos", "emocionales" o "psíquicos" los que estarían incidiendo como elemento principal o coadyuvante en la afección orgánica. Finalmente, está el plano de la intervención terapéutica, que se enfoca desde preguntas y estrategias diferenciadas, dependientes del marco conceptual que sostiene cada práctica. "Psicosomático" es así, un término sostenido básicamente por interrogantes y apuestas teóricas, es más un puerto de despegue que un lugar cómodo para instalarse.

Desde el campo del psicoanálisis algunos autores han dicho claramente que el problema esencial contenido en la pregunta ¿a qué se designa con el término fenómeno psicosomático? no puede ser todavía resuelto (Jean Guir[8]); esta franca afirmación es una manera de decir que eso es lo que nos preguntamos y que los interrogantes siguen abiertos. Pero se entiende que tal muestra de prudencia intelectual está contenida en una paradoja, expresada en otra pregunta: ¿sería concebible que, después de más de un siglo de psicoanálisis, se pudiera pensar que la enfermedad somática concierne únicamente a la materia orgánica separada del "alma" que la anima? No me parece posible, pero claro que si apresuradamente afirmamos que todas las enfermedades son "psicosomáticas", entonces el término carece de sentido como elemento de diferenciación clínica y conceptual. En realidad el problema no es un asunto de términos sino de un debate teórico en el campo del psicoanálisis en lo relativo a lo que llamaríamos el enfermar del cuerpo o enfermar somático. El psicoanálisis, y sin duda desde Freud con el postulado de la pulsión de muerte, se ha visto en la necesidad de plantearse la pregunta: ¿por qué enfermamos? (y morimos). Es una pregunta muy difícil de responder si queremos ir más allá de una premisa teórica en el horizonte metapsicológico, pero sigue latente (y latiendo) en el campo del psicoanálisis, y muy particularmente en la investigación psicosomática. Algunos autores han arriesgado una postura muy definida al respecto; pienso en Groddeck, que fue pionero en el campo de la psicosomática psicoanalítica, pero por ahora quiero citar una reflexión que aborda esta cuestión y que remite al psicoanalista argentino Luis Chiozza, de larga trayectoria en la investigación psicoanalítica con personas afectadas por muy diversas enfermedades, incluyendo el cáncer[9]. Él sostiene que "el término <psicosomático> nos hace creer que hay enfermedades que son en sí mismas somáticas, otras psíquicas y otras psicosomáticas y es esto precisamente lo que rechazamos" (Chiozza, 2008:129). Este señalamiento es sin duda pertinente para la discusión en el campo psicoanalítico, porque en efecto, si bien el uso corriente de la denominación "psicosomático" refiere a afecciones diferenciadas tanto de lo estrictamente médico y o bien de un trastorno psíquico, las fronteras pueden ser imprecisas y lo que muestran es que las distintas modalidades del enfermar humano conciernen a una reflexión amplia – sin duda interdisciplinaria- que está abierta.

La medicina también se ve en la necesidad de revisar sus concepciones y criterios etiológicos. Justamente en el terreno de la experiencia clínica médica se han identificado ciertas afecciones que reúnen ese patrón

---

8 En diálogo con Nasio (1996a).

9 Luis Chiozza tiene precisamente una obra que se llama ¿Por qué enfermamos? La historia que se oculta en el cuerpo (Alianza, Buenos Aires, 1986), además de Cuerpo, afecto y lenguaje (Paidós, Buenos Aires, 1976), Una concepción psicoanalítica del cáncer (en O.C., T.VII, Libros del Zorzal, Buenos Aires, 2008), entre otros.

de emergencia y evolución reacio a la lógica médica al que nos hemos referido anteriormente, y que, en cambio, pueden mejorar con una atención "psicológica". Se trata de las "clásicas" enfermedades de la psicosomática como la psoriasis o la colitis ulcerosa, pero el término tambalea cuando la entusiasta investigación clínica agrega múltiples afecciones a la lista, referidas a casi cualquier órgano o sistema del cuerpo. No es menor tampoco observar que en el DSM-IV, la conocida referencia de la Asociación Psiquiátrica Americana, no aparece la expresión "enfermedad psicosomática" como categoría nosográfica; sin embargo sí se asienta el rubro de *factores psicológicos que afectan la condición médica*, que implica el reconocimiento del vínculo entre los planos psíquico y somático en la emergencia o evolución de padecimientos orgánicos.

En medicina el término psicosomático designa en un amplio acuerdo "la investigación científica de la relación entre los factores psicológicos y los factores fisiológicos en general, y de los mecanismos de la patogenia en particular"[10], además de referirse también a una perspectiva o filosofía integradora, de carácter "holística" o "bio-psico-social" desde la cual se aproxima a la persona enferma (y no sólo a la enfermedad según se haría desde un enfoque típicamente organicista). La medicina psicosomática cuenta como recursos centrales de explicación con *el modelo del estrés*[11], y más recientemente se apoya en los avances de las neurociencias, particularmente de la psico-neuro-inmuno-endocrinología (PNIE)[12]. Hay que subrayar el uso extendido, tanto en medicina psicosomática como en psicoanálisis, del término genérico "somatización", expresión que engloba distintos procesos que comprometen el cuerpo afectado por las vicisitudes del sujeto, afectación que puede ser desde un malestar físico pasajero, un síntoma de conversión o una crisis de angustia (afectaciones funcionales), hasta una lesión de órgano establecida.

Cabe distinguir dos miradas involucradas en esta problemática: por un lado la medicina psicosomática y por otro los estudios psicoanalíticos sobre la cuestión psicosomática, que constituyen modelos teóricos y de intervención clínica diferenciadas. Pero además, como disidencia del campo psicoanalítico, se ha desarrollado la Psicosomática, que pretende constituirse como una disciplina con derecho propio. También, desde luego, existe una diversidad de estudios y prácticas de intervención

---

10 Documentada por M. Uribe (2006), "Modelos conceptuales en medicina psicosomática", Revista Colombiana de Psiquiatría, Vol. 35 [en línea)]

11 Que discutiré ampliamente más adelante (en la sección "Las metáforas del estrés", cfr. *infra*)

12 La PNIE es una rama de la medicina que estudia las relaciones entre los cuatro sistemas regulatorios y de control del organismo humano: el psicológico, el neurológico, el inmunológico y el endocrinológico. La comunicación entre dichos sistemas es determinada por diferentes tipos de señalización molecular. El sistema psico-neurológico emplea neurotransmisores, el inmunológico lo hace por medio de las interleuquinas, y el endocrinológico con hormonas. Todos los órganos que forman el sistema PNIE poseen receptores específicos para las diferentes sustancias biológicas, que permiten la interrelación entre los subsistemas implicados.

terapéutica que se sustentan en una "mezcla" de saberes médicos, psicoanalíticos o en ciertos enfoques de la psicología clínica.

El término "psicosomático" es usado con reservas en el medio psicoanalítico; sin que sea una actitud generalizada, teóricos destacados han advertido que el término puede ser "engañoso" (Assoun), "impropio" (Zennoni) o "cuestionable" (Nasio). Dice Nasio (1996a:74) que "todos los autores, estén o no de acuerdo entre sí, concuerdan en decir que es una mala expresión". Habría que añadir que esta opinión aplicaría en su caso a los autores que están en el campo psicoanalítico, ya que los que han marcado distancia para plantearse a la psicosomática como una disciplina diferenciada del psicoanálisis, sin duda la suscriben plenamente. El tomar distancia con respecto al término psicosomático proviene de una mirada crítica hacia un uso indiscriminado de la denominación "psicosomática" en distintos ámbitos, y también hacia modelos intuitivos bio-psicológicos. Las reservas apuntan a la necesidad de esclarecer el horizonte de comprensión desde el cual se postula la articulación que sugiere lo psicosomático entre el plano psíquico y el plano somático. O, como plantea Assoun (1997), la exigencia estriba en problematizar -es decir, interrogar, pensar, fundamentar- la noción de "psicogénesis".

Esta posición crítica no significa que no haya acuerdo en que hay una problemática a interrogar (constituida por las lesiones orgánicas que no encajan en una etiología médica reconocible), que no sólo es relevante para el psicoanálisis como una temática más, sino que puede pensarse que ocupa un terreno privilegiado en la investigación psicoanalítica al dirigir una vez más la atención a la inquietante problemática de la corporeidad y su comprensión desde la teoría psicoanalítica, y esto en la medida en que interroga al "Otro metapsicológico" -como Assoun define al cuerpo- hasta los límites mismos de su comprensión. Además, también ocupa, dice Zennoni (2003:8), un lugar paradigmático "puesto que aísla de una forma aún más clara el carácter real de la causalidad pulsional". Con esta noción de "causalidad pulsional" el psicoanálisis supera la idea de una psicogénesis lineal y biologizante, moviéndose hacia una "interrogación radical sobre el psiquismo que Freud conduce hasta las fronteras de la biología y del ser" (Kristeva, 1998:18).

Entonces, hay que insistir en que el término "psicosomático" no es un concepto psicoanalítico sino una problemática que interroga la teoría y la clínica psicoanalítica. De una manera general y descriptiva, el término psicosomático designa un campo de investigación que se ocupa de estudiar las relaciones entre procesos psíquicos y procesos biológicos, y específicamente las incidencias psíquicas que derivan en consecuencias patógenas para la salud orgánica. De ahí que se designe como "psicosomático" a todo fenómeno que asocie un problema de salud expresado en lesiones orgánicas demostrables y una presuposición de causalidad psíquica. En un sentido más propiamente psicoanalítico, el fenómeno psicosomático designa "trastornos que son de la misma naturaleza que una lesión del organismo y que no deben nada a una etiología médica y por otro lado no apuntan tampoco a un mensaje o una cadena de representaciones inconscientes, como es el caso de los fenómenos llamados funcionales" (Zennoni, 2003:8).

La forma de concebir "lo psíquico" y el grado en que se explica de qué dinamismos o procesos depende la acción del registro psíquico sobre lo somático son puntos cruciales de diferenciación de miradas y de discusión teórica. La supuesta "causalidad psíquica" sigue siendo una noción vaga que puede sustentarse en referentes conceptuales diversos en el mejor de los casos, o simplemente funcionar como una intuición que describe la influencia de factores psicológicos sobre la salud, punto de vista en el que caben todo tipo de imprecisiones y confusiones. Por un lado, de una manera general, hoy se da por hecho –desde los saberes científicos hasta los niveles de comprensión del sentido común- que los factores emocionales y psíquicos tienen incidencia en el funcionamiento del organismo y viceversa, es decir que, por un lado, se identifica la vía propiamente "psicosomática" que va de la psique al cuerpo ("el poder de la mente sobre la salud" en reiterada expresión popular), también referida como "psicogenia", y por otro lado, la que reconoce las incidencias del funcionamiento bioquímico, neuronal, endócrino, etcétera, en la condición psicológica, vía que se conoce como "organogénesis". El ejemplo más evidente de esto último tiene que ver con los cambios que los psicofármacos y las drogas conocidas como "ilegales", logran en los estados anímicos. Pero es sin duda la idea de una "causalidad psíquica" la que ha funcionado como lugar indefinido en el que caben los factores más diversos: desde estilos de personalidad (por ejemplo, la caracterización de la personalidad "tipo A", ambiciosa y autoexigente, que correlaciona con la propensión al infarto según estudio norteamericano de los años 60 que llamó mucho la atención), hasta conductas de riesgo, duelos, o estrés crónico.

La psicosomática, habrá que insistir, ha reunido estrechamente a la medicina y al psicoanálisis y a la vez ha marcado su profunda diferencia de mirada y de intervención. Para empezar, es de competencia de la medicina el tratamiento de la lesión orgánica que presenta un paciente; es su función, es su enfoque, independientemente de que el médico llegue a considerar que en el surgimiento y evolución de la enfermedad tienen un papel importante factores que identificará como emocionales o psicológicos. Al asumir la hipótesis psicosomática, la medicina amplía la mirada circunscrita al funcionamiento del organismo, generando una perspectiva que integra el plano psíquico en su perspectiva de salud, lo que, como comenté anteriormente, resulta significativo en el contexto de la medicina científica moderna en la que ha dominado un enfoque organicista con tendencia a la hiperespecialización. No obstante, aunque el término "psicosomático" es relativamente reciente (usado a principios del siglo XIX en la psiquiatría alemana) la consideración conjunta de "el alma y el cuerpo" en su aproximación a la enfermedad ha sido una perspectiva que de distintas maneras ha estado presente a lo largo de toda la historia de la medicina occidental, desde Hipócrates[13], y en la historia de las concepciones de salud y enfermedad de otros pueblos y tradiciones. La presencia del psicoanálisis en el siglo XX, el progreso de la investigación de las neurociencias y el aumento de pacientes cardíacos, obesos, dermatológicos, oncológicos, entre otros, que parecen beneficiarse de una atención multidisciplinaria que incluye la atención psicológica, han tenido que ver con el surgimiento de la perspectiva de medicina psicosomática.

Mencioné ya que la categoría "enfermedad psicosomática" no está contemplada en el DSM-IV[14] (publicado en el año 1996, revisado en 2000); sólo se incluye el rubro de "factores psicológicos que afectan la condición médica", una manera general de apuntar a lo "psicosomático", término que se optó por no utilizar. Lo interesante es que en la primera edición del DSM (del año 1952) sí aparecía la denominación "trastornos psicosomáticos", luego en el DSM-II (1968) se modificó ese rubro y quedó el nombre de "trastornos psicofisiológicos vegetativos y viscerales", y fue a partir de la revisión en 1989 del DSM-III que ambas denominaciones fueron suprimidas, tras considerable debate[15]. En el DSM-IV aparece además la categoría "trastornos somatomorfos", que incluye la conversión, la hipocondría, trastorno de dolor, trastornos de somatización –múltiples signos físicos inexplicables o problemas funcionales (léase: "el cuerpo está bien pero funciona mal")- y las dismorfias –preocupación extrema por algún defecto o característica física, real o imaginaria-, que en conjunto se definen por consistir en manifestaciones corporales pero sin lesión orgánica. En la *International Classification of Diseases* de la OMS aparece la categoría "disfunciones fisiológicas derivadas de factores mentales", dividida en dos tipos: las que implican alteraciones funcionales sin lesión orgánica (por ejemplo, respiratorias como la tos psicógena y la hiperventilación, o dermatológicas como el prurito), y las que sí presentan lesión orgánica, que incluye padecimientos como el asma, dermatitis, eczema, colitis ulcerosa, etcétera.

Ahora bien, la mirada del psicoanálisis es otra, su competencia

---

13 Tomo la referencia del llamado "padre de la medicina" no sólo porque rastreando antecedentes de la psicosomática, varios autores aluden tanto a su idea del ser humano como unidad organizada a partir de *psyche* y susceptible de desorganizarse, de donde, plantea, surge la enfermedad, como también por el desarrollo de la doctrina de los cuatro humores, de donde surge las tipologías temperamentales y las modalidades del enfermar.

14 Diagnostic and Statistical Manual of Mental Disorders, de la Asociación Psiquiátrica Americana

15 Datos tomados de la tesis "Factores psicológicos desencadenantes de infarto de miocardio" de Jaime Baró Aylón, de la Universidad de Lleida, 1998 [en línea]. También documentado por Ruben Zukerfeld (2005)

es otra, su estrategia de intervención también es diferente.. El fenómeno psicosomático "no debe considerarse como el blanco de la operación analítica, en la medida en que ésta pueda ser concebida como interpretación. Al contrario, debe ser tratado médicamente, fuera del análisis, con el fin de que el campo de aplicación de la operación analítica pueda desplazarse sobre lo que es del orden significante, sobre la formación del inconsciente, sobre la historización" (Zennoni, 2003:7). Desde luego, el analista no sustituye al médico porque su estrategia de cura no se dirige a la lesión orgánica, es decir, la finalidad de la intervención psicoanalítica no es la salud del organismo. Su horizonte de comprensión es el inconsciente y desde ahí interroga el acontecer del sujeto. "En análisis –dice André Green (1994a:154) tenemos que vérnosla con el cuerpo, *siempre,* ¡incluso en caso de desorganización somática! ¿Acaso podríamos trabajar con el soma directamente? No me parece posible. [....] A su respecto nos encontramos en posición de observadores, tomamos en cuenta lo que ocurre pero sólo le hablamos a través de la voz del cuerpo"[16].

¿Es posible establecer cuáles son las "enfermedades" psicosomáticas? Por lo que venimos diciendo, no se puede catalogar de enfermedad psicosomática a ninguna patología orgánica en forma aislada. Su identificación pasa por procesos de diagnóstico y terapéuticos que tienen su especificidad según se trate de la intervención médica o bien de la escucha psicoanalítica que, como he planteado, parten de preguntas y finalidades distintas. En todo caso, siempre queda abierta la indagación clínica, las hipótesis alternativas y la observación minuciosa de los procesos. En el campo de la psicosomática se tendría que decir que "no hay enfermedades, hay enfermos", con la salvedad de que en la clínica psicoanalítica propiamente hablando tampoco hay enfermos, hay analizandos (y analistas). Ahora bien, reconocer un fenómeno como psicosomático resulta, eso sí, de enorme interés en un proceso analítico, en los diversos sentidos que éste implica: transferenciales, terapéuticos, de indagación, de pensamiento....

¿Cuáles son las preguntas que desde la clínica psicoanalítica se plantean como ejes rectores de la investigación de los fenómenos psicosomáticos? Una cascada de preguntas se han formulado; muchas experiencias se han documentado y distintos posicionamientos teóricos ensayan respuestas. Pero... la interrogación psicosomática está vigente. Será motivo de este capítulo explorar cómo emergió, qué se ha pensado y cómo se ha enfocado la cuestión psicosomática en el campo psicoanalítico, destacando las controversias a que ha dado lugar.

---

16 Subrayado del autor.

Investigación psicosomática: contexto histórico

Los caminos trazados por la investigación que aborda la problemática psicosomática han dejado huellas significativas en el campo del psicoanálisis. El interés en la temática derivó en diversas acciones concretas: conformación de grupos de investigación (algunos derivaron en la fundación de instituciones especializadas, otros han formado o forman parte de institutos de psicoanálisis), fundación de revistas especializadas en algunos casos o bien publicación de números monográficos sobre el tema en revistas de psicoanálisis que dan cuenta de diversas reflexiones clínicas y aportaciones teóricas al tema. Puede decirse que la cuestión psicosomática implica al campo del psicoanálisis en su conjunto, además de constituirse en un puente de diálogo potencial con aportaciones provenientes de otros campos también involucrados con la problemática psicosomática (muy específicamente la medicina y las neurociencias). Vale la aclaración de que en los inicios de la investigación psicosomática la medicina y el psicoanálisis caminaron juntos en buena medida, en parte debido a que los médicos que se implicaron en el trabajo clínico y en los primeros desarrollos teóricos alrededor de la psicosomática eran también personas formadas en psicoanálisis. Conocer los acontecimientos más significativos de esa historia de interrogación, búsqueda, convergencias y divergencias, resulta imprescindible para situar el propio trabajo en ese campo. Desde luego, sólo destacaré lo más significativo a manera de un horizonte general en el cual se distingan las aportaciones relevantes y los puntos polémicos.

Los precursores

Es una referencia común atribuir al psiquiatra alemán J.H. Heinroth, profesor en Leipzig, el haber introducido por primera vez (año 1818) el término *psico-somático*. Lo utilizó para expresar sus observaciones respecto a la relación entre dificultades emocionales y problemas de salud en algunos de sus pacientes, siendo su primer trabajo un artículo acerca de "la influencia de las pasiones" en la epilepsia y la tuberculosis. De hecho, el señalamiento de evidentes relaciones de la vida afectiva con la enfermedad era frecuente en el pensamiento médico europeo del siglo XIX; al respecto se ha mencionado, por ejemplo, a William Falconer[17], distinguido médico británico, quien planteó la idea de que la personalidad y las emociones pueden influenciar las funciones corporales y contribuir, por tanto, al surgimiento y evolución de las enfermedades. Volviendo al psiquiatra Heinroth, lo interesante es su inscripción en la corriente filosófica conocida como *vitalismo*, uno de cuyos mayores representantes es el médico francés Xavier Bichat. Esa tendencia filosófica surgió

---

17 Información documentada por Taylor (2010)

como un distanciamiento crítico del mecanicismo cartesiano así como de las explicaciones causales deterministas; comienza a expandirse en Europa a finales del siglo XVIII y se caracteriza por postular una fuerza específica, fuerza vital distinta de la energía que estudian la física y las ciencias naturales, sin la cual, se planteaba, la vida no podría concebirse, lo que separa radicalmente el fenómeno de la vida del mecanismo de las entidades inertes[18]. El vitalismo sustentó la crítica a la medicina típicamente organicista y experimental del siglo XIX, lo que derivó en una primera anticipación de una medicina que tomaría en consideración factores psíquicos en el origen de ciertas enfermedades.

Fue en el siglo XX cuando algunos médicos estudiosos del pensamiento psicoanalítico se ocuparon de reflexionar acerca de las enfermedades orgánicas desde esta perspectiva, iniciándose así la investigación psicosomática propiamente dicha. Los indiscutibles pioneros de la psicosomática moderna fueron Groddeck, Ferenczi y Deutsch, todos ellos vinculados a Freud y entre sí. También merece incluirse en este pequeño listado a Donald Winnicott, médico y psicoanalista inglés cuyo pensamiento sigue inspirando rutas de reflexión psicosomática en la actualidad.

Georg Groddeck (1866-1934), practicante de una medicina nada convencional en su sanatorio de Baden-Baden, heterodoxo y audaz en sus concepciones y comportamiento, tiene un papel especial en la historia de la psicosomática, término que por cierto casi no empleaba en sus propios escritos. En 1912 Groddeck había publicado un artículo muy crítico hacia el psicoanálisis pero tiempo después escribió a Freud para disculparse, iniciándose una activa correspondencia entre los dos y generándose en Freud un especial aprecio por Groddeck, para luego conocerse personalmente en 1920 en el Congreso de Psicoanálisis en La Haya, en el que Groddeck se presentó, provocadoramente, como "psicoanalista salvaje" y se burló de "los funcionarios del psicoanálisis". Desde la primera carta a Freud, Groddeck le había hablado de su tesis, de una fuerza desconocida que controlaba al sujeto, idea que fue desarrollando en varios escritos, pero fue en 1923 cuando publicó *Das es (El libro del Ello)* en la forma de cartas a una amiga imaginaria que lo interrogaba sobre el psicoanálisis[19].La idea central de Groddeck implica que la frase "yo vivo" debe ser reemplazada por "yo soy vivido por el *Ello*". Para él, la enfermedad no era simplemente un mal funcionamiento mecánico sino que tenía un sentido, una intencionalidad que provenía del *Ello*, "una fuerza por la cual somos vividos mientras creemos que somos nosotros quienes vivimos". Para asentar su argumentación, hace un

---

18 En un sentido amplio, Henri Bergson, uno de los filósofos más importantes del siglo XX, se identifica con esa corriente.

19 Cfr. "El psicoanalista salvaje" de Angel Cagigas (introducción a la compilación de escritos de Groddeck, 1917-28).

extenso autoanálisis de sus propios problemas de salud desde la niñez y juventud –que fueron muchos e importantes- y el sentido que les atribuye, reflexiones recogidas en el texto de 1917, titulado: *Determinación psíquica y tratamiento psicoanalítico de las afecciones orgánicas.*.

Según su interpretación, cualquier afección orgánica (cualquiera literalmente, incluyendo una infección de muelas, una miopía o una fractura), no era sino una manifestación del *Ello*. El Ello, poder inconsciente del que depende la enfermedad y también las fuerzas de curación, simboliza sus intenciones en el teatro mismo del cuerpo: quiere expresar algo con la enfermedad. Así, dice Groddeck en su escrito *El sentido de la enfermedad* (1917-28, p.70)[20]: "El ser humano tiene las piernas para andar. Así que éste es el sentido de una fractura de la pierna, de cualquier enfermedad de las extremidades interiores: el Ello considera mejor no andar por ahora". En consecuencia, ante un hombre que se ha roto una pierna, lo atendía con medidas terapéuticas físicas pero... "cada tanto le pregunto: ¿por qué se rompió la pierna, usted mismo?" En sus ejemplos, va mostrando sentidos posibles de la enfermedad: "deseo de ser pequeño, de recibir ayuda", "deseo de castigo", "advertencia de no seguir viviendo como hasta ahora", "anhelo de muerte y de amor"..., pero es el enfermo, dice, el que tiene que dar pistas para la interpretación. En última instancia, "cada acción del Ello tiene un doble sentido, sentido y contrasentido; quizá incluso pueda contener miles de sentidos" (Groddeck, *ibid*). Escribía Ferenczi en1917[21]:

> El Dr. Groddeck es el primero que ha tenido el coraje de aplicar los resultados de los descubrimientos de Freud a la medicina orgánica...él comunica que en un gran número de enfermedades puramente orgánicas [...] ha tenido éxito en demostrar que esas enfermedades se habían desarrollado como una defensa contra "sensibilidades" inconscientes... ha tenido éxito incluso con el trabajo psicoanalítico... progresando, incluso curando muy severos trastornos orgánicos...a través de [crear] condiciones más favorables 'para el Ello [inconsciente] desde el cual uno es vivido'.

Un año más tarde Ferenczi atemperó estos elogios y dudó que Groddeck estuviese utilizando el psicoanálisis en sus tratamientos. No obstante, con el tiempo se estrechó el vínculo entre ambos e incluso Ferenczi se sometió a un tratamiento en Baden-Baden y llegó a considerar a Groddeck como su sanador.

Sandor Ferenczi (1873-1933), pensador original de origen húngaro que formó parte de la primera generación de psicoanalistas, puso el

---

20 Publicado originalmente en 1925

21 Material recogido en las obras completas de Ferenczi. Datos tomados de la página de Sandor Ferenczi realizada por el Instituto de Desarrollo Psicológico Indepsi: http://www.indepsi.cl/ferenczi/

acento en las repercusiones psíquicas de las enfermedades orgánicas, proceso que llamó "patoneurosis", que es literalmente una "neurosis de (o por) la enfermedad", es decir, neurosis consecutiva a una enfermedad o una herida, alteración que incluso puede acercarse a la psicosis, como podría ser el caso, por ejemplo, de un delirio de persecución precipitado por una afección orgánica o una intervención quirúrgica. Freud mismo había llamado la atención al movimiento libidinal que genera el dolor y el malestar físico, observación que se ha considerado muy significativa en la reflexión freudiana sobre el cuerpo; Serge Leclaire[22], por ejemplo, ha dicho que esta veta del pensamiento de Freud es una "magnífica introducción a la temática psicosomática". Volviendo a Ferenczi, en lo relativo a los orígenes psíquicos de condiciones somáticas él se enfocó básicamente en la histeria, en el efecto "plástico" sobre el cuerpo de una acción inconsciente que describió como "materialización histérica", además de ocuparse de los trastornos funcionales cercanos a la misma (estreñimiento, taquicardia, alimentación compulsiva, hipersalivación, etcétera), que son alteraciones viscerales que se manifiestan como desórdenes funcionales sin lesión, mismas que Ferenczi llamó "neurosis de órgano".

Con Felix Deutsch (1884-1964), discípulo y también médico personal de Freud, se estableció claramente el uso de la denominación "medicina psicosomática", al usarla él extensamente en sus escritos a mediados de la década de los años 20. En 1939, ya en Estados Unidos, adonde emigró, fundó la revista *Psychosomatic Medicin.*Deutsch (1950) insistió en la necesidad de diferenciar las aportaciones médicas al tema psicosomático de las contribuciones psicoanalíticas en el terreno de la medicina psicosomática, considerando que estas últimas involucraban siempre el análisis de las vicisitudes de la imagen del cuerpo.

Entre los pioneros de la psicosomática en psicoanálisis ocupa un lugar especial Donald W. Winnicott (1896-1991), quien en 1949 escribió el trabajo llamado "La mente y su relación con la psique-soma", y en adelante siguió involucrado en la temática psicosomática, reiterando y ampliando su tesis básica asentada en los procesos de maduración infantil. Ésta postula que la enfermedad psicosomática consiste en una disociación del yo del sujeto -o bien de múltiples disociaciones-, que ponen de manifiesto una organización defensiva sostenida por fuerzas que. Winnicot (1966) caracterizó como "tremendamente poderosas".

Recordando la tesis freudiana del yo como un yo corporal, Winnicott habla de la integración psique-soma como una fuente de goce: el disfrute del funcionamiento del cuerpo promueve, dice, el desarrollo del yo, y correlativamente, el desarrollo del yo favorece el funcionamiento del cuerpo (el tono muscular, la coordinación, etcétera). Las fallas en el proceso de maternaje resultan en la dificultad de "habitar el cuerpo", y

---

22 En Lacan (1975b), cfr. bibliografía general

predisponen a las fracturas que conducen a la enfermedad[23]. Winnicott alertó respecto a los equívocos a que conducen las "clasificaciones" de las enfermedades psicosomáticas. También llamaba la atención en cuanto a distinguir entre "el auténtico caso psicosomático", y la condición - prácticamente universal- de involucramiento corporal funcional en los procesos emocionales y conflictos psíquicos.

Líneas de pensamiento pioneras

El campo de la psicosomática ha tenido algunos polos de desarrollo que son referentes históricamente importantes, tanto por la amplia y activa producción de estudios clínicos y publicaciones, como por las teorías que emergieron y que fueron adquiriendo el estatuto de "escuelas". Me refiero en particular al trabajo de Franz Alexander, con la Escuela de Chicago, pionero de la psicosomática americana, cuya obra más conocida: *Medicina psicosomática,* se publicó en el año 1950, y al de Pierre Marty y colegas asociados, que fundan el Instituto de Psicosomática de París en 1972. Sus aportaciones se inscriben en el contexto de contar ambos con una inspiración psicoanalítica inicial, si bien el pensamiento psicosomático que han impulsado ha sido blanco de críticas y polémica. En todo caso, las ideas de Marty siguen muy vigentes en la discusión y el análisis de la temática; en cambio, a la postura de Alexander se le ubica básicamente como un antecedente en el campo que tuvo peso e influencia en las décadas de mediados del siglo pasado y que sigue teniendo eco en algunas aproximaciones de medicina psicosomática y de psicología clínica, pero que actualmente, en general, se considera que no es sólida como argumentación psicoanalítica. No obstante, cada tanto, se hace patente su marca fundante de la problemática psicosomática; en ese sentido, dice Assoun (1997:20): "aunque haya corrido mucha agua bajo los puentes de la psicosomática, sin duda ésta recibió su bautismo de lo que puede llamarse <el problema de Alexander>, y su problemática sigue marcada por éste".

Algunos estudiosos de la temática psicosomática desde el campo psicoanalítico han agrupado las líneas de pensamiento psicosomático en tres grandes grupos, que son las dos ya mencionadas: la norteamericana (la Escuela de Chicago, y planeamientos afines en ese contexto geográfico, particularmente el de Dunbar) y la francesa (el trabajo alrededor del Instituto de Psicosomática de Paris), a las que se sumaría la llamada escuela argentina de psicosomática (destacando el trabajo de Ángel Garma, Fidias Cesio, Luis Chiozza y David Liberman). A grandes rasgos, la escuela norteamericana se caracteriza por correlacionar perfiles psicológicos -o conflictos emocionales característicos- con cada variedad de trastorno psicosomático. La escuela francesa considera al paciente psicosomático como un tipo particular de sujetos, bien adaptados, que

---

23 En el siguiente capítulo retomo y discuto algunas tesis de Winnicott.

no pueden asimilarse a una estructura neurótica o psicótica, pero que se caracterizan por una insuficiente "mentalización" que dificulta la tramitación psíquica de los conflictos. Para Luis Chiozza, ilustrando uno de los enfoques de la escuela argentina, el padecimiento orgánico es una especie de lenguaje cuyo significado se puede rastrear en la historia del sujeto. Veamos un poco más de cerca estas líneas que han marcado la historia de la investigación psicosomática.

Escuela de Chicago

Franz Alexander, quien conoció personalmente a Freud y se formó en el Instituto Psicoanalítico de Berlín, fue invitado a Chicago en 1930 y fue ahí, en los Estados Unidos, donde emprendió las primeras investigaciones sistemáticas en medicina psicosomática realizando una trayectoria impresionante de estudios acerca de trastornos de diverso tipo: Su aportación principal fue destacar la importancia de los "factores emocionales" en la etiología de los padecimientos orgánicos y su entusiasta convicción de que la aproximación psicosomática representaba una nueva era para la medicina. Su propuesta teórica consiste en asociar un trasfondo emocional específico a cada modalidad de enfermedad psicosomática, ocupándose de caracterizar la "constelación dinámica" del conflicto en diferentes patologías: gastrointestinales, respiratorias, cardiovasculares, dermatológicas, endocrino-metabólicas y osteo-articulares. Advirtió que, para producir una afección orgánica, al conflicto emocional debía sumarse una situación de vida desencadenante y una vulnerabilidad del sistema, órgano o tejido involucrado.

Dos ejemplos muy comentados de su interpretación clínica son, por un lado, la colitis ulcerosa, la cual, según su descripción, surgía por la tensión generada en un sujeto que se impone ser activo pero cuyos deseos (reprimidos) son de pasividad y dependencia; otro es la hipertensión esencial, cuyo conflicto de base era una situación de competencia junto a emociones de ira y agresividad reprimidas. En el campo psicosomático se volvió clásica la identificación de siete enfermedades psicosomáticas, nombradas como "las siete de Chicago": ulcera péptica, colitis ulcerosa, neurodermatitis, artritis reumatoide, tirotoxicosis, asma bronquial, hipertensión esencial.

En la idea de "constelaciones dinámicas" resuena un aire psicoanalítico, pero en realidad su modelo es decididamente psicofisiológico centrado en el cuerpo "visceral", y se apoya en el funcionamiento del sistema nervioso autónomo con sus dos modalidades de funcionamiento (simpático y parasimpático) y el principio de homeostasis fisiológica propuesto por el biólogo Walter Cannon. "La idea de clasificar las enfermedades somáticas en función de los desequilibrios entre actividad simpática y actividad parasimpática, concordaba con el análisis de los conflictos entre actividad y pasividad, y entre deseo de libertad y deseo de dependencia" (Dejours, 2008:2). Alexander contrasta la histeria con las enfermedades psicosomáticas (comparación que ya venía de Ferenczi y especialmente de Deutsch y que dio pie a una discusión que ha sido estructurante del campo psicosomático) planteando que mientras la expresión somática de la histeria impacta sobre la musculatura voluntaria y la sensibilidad, los trastornos psicosomáticos estarían implicados con el nivel neurovegetativo del organismo del que dependen las funciones vitales. Plantea que en la histeria el conflicto se manifiesta simbólicamente y, en cambio, en los fenómenos psicosomáticos hay una respuesta visceral crónica que podrá llevar al daño orgánico.

Otra personalidad en el ámbito americano que realizó un amplio trabajo de investigación psicosomática es Helen Flanders Dunbar (1902-1959), nacida en Estados Unidos y con antecedentes de formación analítica con Deutsch en Viena y con Jung en Zürich, fundadora de la *American Psychosomatic Society* y autora de numerosas obras consideradas "clásicas", entre ellas: *Psychosomatic Diagnosis* (1943). Su proyecto de trabajo consistió en buscar "perfiles de personalidad" –definidos en forma "psicodinámica"- vinculados a afecciones psicosomáticas características. Partía de la idea de que los sucesos vitales, especialmente de la temprana infancia, son definitorios para el desarrollo de la personalidad, y por tanto para la forma de enfrentar la vida, estructura que también predispone a ciertas modalidades del enfermar. Se ha señalado (Dejours, 2008) que Dunbar anticipó algunas ideas originales que hoy se estudian con interés en el campo de la psicosomática, entre ellas la de que la enfermedad somática podría comprenderse como un último recurso para detener una descompensación psicótica.

La Escuela Psicosomática de París y sus críticos

El Instituto de Psicosomática de Paris fue fundado en 1972 por algunos psicoanalistas de la Sociedad Psicoanalítica de París, quedando bajo la dirección científica de Pierre Marty. La línea de pensamiento psicosomática de Marty y colaboradores está sustentada en una amplia experiencia de investigación clínica en muy diversos tipos de enfermedades somáticas en niños, adolescentes y adultos, tanto de aquellos procesos de somatización que producen enfermedades funcionales "a crisis" como las cefalalgias, hasta las enfermedades lesionales de gravedad como los cánceres. Las aportaciones de Marty y colegas como Michel de M'Uzan, Christian David, Léon Kreisler y Michel Fain constituyen una corriente de pensamiento que ha marcado hondamente el campo de la psicosomática dadas las ideas que ha generado y su sistematización en una serie de hipótesis que han tenido significativa resonancia, convirtiéndose en un punto de referencia obligado en el abordaje de la temática. Al mismo tiempo, ha generado fuertes reacciones críticas; de ahí que no hay duda de su mérito tanto por sus aportaciones como por el papel que ha jugado como inspiradora del debate y la discusión en el campo.

La manera como se ha posicionado esta línea de pensamiento es reivindicándose como un campo autónomo de conocimiento. Dice Pierre Marty (1990:11): "Distinta de la medicina, distinta también del psicoanálisis del que procede y cuyo campo de interés amplía, la psicosomática constituye hoy una disciplina por sí misma". Marty afirma que en su enfoque psicosomático combina tanto una perspectiva evolucionista de tipo darwiniano como la teoría freudiana del funcionamiento mental. Hay en efecto en las teorizaciones de Marty un fuerte componente evolutivo y adaptativo junto a la utilización de algunos conceptos psicoanalíticos, en general reformulados de acuerdo a su teorización particular y sin apegarse a una argumentación metapsicológica. Un pilar freudiano al que adhiere sin reservas es la concepción de la histeria de conversión, modelo de funcionamiento neurótico que contrastará con el de las afecciones somáticas (comparación que ha sido clásica en la historia del campo psicosomático). Plantea que el desorden psicosomático, por oposición al síntoma neurótico, no tiene sentido; el origen de la enfermedad somática no es un profundo conflicto psíquico sino justamente su ausencia: lo que debió haber sido "mental" perdió esa cualidad al no poder ser tramitado simbólicamente, apareciendo entonces un daño orgánico, exento en sí mismo de significación.

Para la escuela psicosomática de Marty el paciente psicosomático es un tipo particular de enfermo caracterizado por una "insuficiencia de mentalización", déficit evolutivo que impide la realización psíquica de los conflictos, quedando fuera de juego las defensas (represión, sublimación, negación, elaboración, etcétera); los conflictos toman entonces un camino regresivo, drenándose en el cuerpo no como expresión sino como producto del déficit mismo. Del carácter deficitario de estas defensas mentales da testimonio la pobreza de los sueños, asociaciones, fantasías, etc., e incluso de síntomas, fenómenos que remitirían a un "retorno de lo reprimido", todo ello como evidencia de que el conflicto psíquico no logró constituirse como tal.

En su concepción de economía psicosomática, Marty habla tanto de "instintos" como de "pulsiones", ubicando al preconsciente como el punto central de esta economía. Su hipótesis es que "cuanto menos rico en representaciones sea el preconsciente de un individuo y cuanto menos rico sea en las relaciones y permanencia de las representaciones existentes, más correrá el riesgo la patología eventual de situarse en el plano somático" (Marty, 1990:58). El punto de partida para su perspectiva psicosomática es la consideración del desarrollo del individuo como una forma de organización progresiva que va de lo físico, lo somático, hasta lo mental, y un movimiento en sentido inverso de desorganización que va en sentido contrario: de lo mental hacia lo físico. Concibe un "aparato somático" de esencia arcaica, y un "aparato mental" establecido más recientemente. Afirma que un adecuado aparato mental detiene y atempera los movimientos de desorganización antes de que alcancen el terreno somático. La desorganización somática sería consecuencia de la incapacidad de elaborar mentalmente las emociones y los afectos, en otras palabras, ocurre un rebasamiento de las posibilidades de adaptación y de los recursos del aparato mental, proceso que en su concepción equivale a la noción de traumatismo.

Los procesos de somatización estarían ligados a desorganizaciones que pueden ser progresivas, es decir, que no pueden ser frenadas y a menudo culminan en enfermedades graves, desenlace que puede describirse como la destrucción de la organización libidinal de un individuo, o bien, puede tratarse de patologías somáticas que constituyen desorganizaciones limitadas en el tiempo, que además, con un buen potencial libidinal reorganizador y sistemas defensivos de regresión a fijaciones somáticas (es decir, a modalidades de funcionamiento que forman parte de la organización psico-afectiva individual), son reversibles. El orden psicosomático y los movimientos de vida y de muerte dependen, en síntesis, de los fenómenos de organizaciones, fijaciones, regresiones, desorganizaciones y reorganizaciones. Sostiene que cuando en la organización psíquica prevalece el *yo-ideal* esta condición estorba toda regresión somática defensiva y puede conducir a enfermedades progresivas graves. El yo-ideal es el aspecto conservado o recuperado del narcisismo primario que obstaculiza la organización del individuo según el principio de realidad; representa la *desmesura* (Marty), la omnipotencia que no deja sitio para las negociaciones internas, y por tanto "resulta eminentemente mortífero".

Todas las premisas anteriores enmarcan la hipótesis central de la psicosomática francesa, que sugiere un funcionamiento deficitario del aparato psíquico de los enfermos somáticos, que sería diferente de los neuróticos, tanto en la construcción como en el funcionamiento del aparato psíquico (Marty, 1990). Junto a la descripción de la *desorganización progresiva*, dos conceptos más son fundamentales en la descripción del paciente psicosomático: *pensamiento operatorio* y *depresión esencial*. La idea de pensamiento operatorio se inscribe en el contexto de la premisa teórica que considera a las actividades oníricas y fantasmáticas como recursos fundamentales para integrar las tensiones pulsionales y proteger así la salud física del individuo. El pensamiento operatorio (noción que luego amplió Marty a la de "vida operatoria" para incluir el nivel del comportamiento) es una modalidad de funcionamiento psíquico que se caracteriza por la orientación a la acción, a lo real sin conexión con el mundo interno, que evidencia una pobreza de actividad representacional, un empobrecimiento generalizado de la vida imaginaria y una escasa investidura libidinal de objetos, lo que da lugar a una modalidad de "relaciones blancas", o sea sin calidad transferencial. La noción puede sintetizarse como sigue: se trata de una reducción del campo psíquico, es decir, de todo el mundo interior, acompañada de una sobreinvestidura de lo fálico y de lo real (Green, 1994a).

El pensamiento operatorio va de la mano con lo que Michel M'Uzan, -colaborador de Marty en el Instituto de Psicosomática de París-, describió como una tendencia en los pacientes psicosomáticos de ver en los otros lo que uno cree de sí mismo, fenómeno que llamó "reduplicación proyectiva". Consiste en una falla en los mecanismos de identificación/ diferenciación, una especie de alteridad no lograda que hace a estos pacientes particularmente sensibles a los estereotipos culturales y a las ideas convencionales, mostrando un comportamiento hiper-adaptado o "anormalmente normal". Esto alude a "una suerte de empobrecimiento psíquico y de conformismo en el individuo que sigue un modelo social en uso, pero cuyo deseo propio y singular no es reconocible a través de su vida fantasmática" (Green, 1994a:129). En este contexto Marty incorpora a la descripción del paciente psicosomático la noción de "alexitimia", originalmente propuesta por P. Sifneos y J. Nemiah en 1970, que se refiere a la dificultad que tiene un sujeto para reconocer y dar nombre a sus estados afectivos, así como para diferenciar sensaciones corporales de afectos, descripción que ha sido de gran utilidad en el plano clínico y significativa en el debate teórico.

Los procesos de desorganización siempre van acompañados de depresión, que en buena medida desencadena, mantiene y agrava las somatizaciones. La *depresión esencial* da cuenta de una modalidad de depresión sin la contrapartida libidinal de las depresiones neuróticas o psicóticas, sin procesos de duelo o introyecciones; la depresión en el paciente psicosomático se manifiesta "sin objeto, ni autoacusación, ni siquiera culpabilidad consciente, donde el sentimiento de desvalorización personal y de herida narcisista se orienta electivamente hacia la esfera somática" (Marty, 1990:39). La depresión esencial se ilustra con la metáfora de la hemorragia, como si el sujeto que se encuentra en ese estado psico-afectivo fuera perdiendo recursos libidinales: así como la hemorragia produce una pérdida de sangre al organismo, el sujeto sufre una "hemorragia" en su capacidad vital de disfrutar lo que hace, de los demás y de sí mismo. La depresión esencial es "silenciosa", es decir, cursa con reducidas manifestaciones de sufrimiento psíquico; en contrapartida, es el cuerpo el que se impone como fuente dolorosa. De ahí que la depresión esencial intensa y prolongada es un riesgo importante de desorganización psíquica y somática, es decir, de enfermedad. La depresión esencial daría cuenta de la "condición psicosomática" por excelencia.

En el campo psicoanalítico, y sin dejar de reconocer sus aportaciones como pionero, han surgido numerosas críticas al pensamiento de Marty. Me parece que resulta sumamente interesante dar cuenta de algunas de ellas, no sólo para profundizar en los alcances clínicos y teóricos de la Psicosomática, sino porque va a permitir acercarnos a algunos de los puntos nodales que atañen a la problematización psicosomática y de esta manera discriminar con más claridad las interrogaciones que están en juego. Tal vez la revisión crítica más lúcida, respetuosa e inteligente que se ha hecho recientemente de las aportaciones de Pierre Marty desde el horizonte psicoanalítico la ha hecho André Green (2005), quien observa que para hacer una crítica de la obra de Marty hay que diferenciar sus *descubrimientos clínicos,* la *explicación teórica* que ofrece de tales fenómenos clínicos, y la *concepción en conjunto* que tiene del psiquismo. Veamos primero algunas valoraciones provenientes de distintos posicionamientos en el universo psicoanalítico, para luego centrarnos en los señalamientos de Green.

La descripción del paciente psicosomático como aportación central de la Escuela de Psicosomática de Paris ha encontrado resonancias en la clínica que en ocasiones parecerían confirmar las descripciones clásicas, pero que también levantan serias dudas en cuanto a la pertinencia de plantear un funcionamiento psíquico unívoco para todo paciente psicosomático. En ese sentido, la psicoanalista española Araceli Fuentes (2002) afirma que la caracterización del paciente psicosomático "entra en flagrante contradicción con el hecho constatado en la clínica de que no hay un 'enfermo psicosomático' sino un fenómeno que está presente en las distintas estructuras clínicas: neurosis, psicosis y perversión" (*ibid*, p.1). Al respecto, Lucien Israël (1974), con su característica ironía, declara quedarse "estupefacto" ante la afirmación de la Psicosomática de que lo que caracteriza a la persona con manifestaciones psicosomáticas es "la ausencia de fantasmas", señalando que "sólo con haber visto a esos enfermos, sólo con haber hablado con ellos el tiempo suficiente, habremos descubierto que los fantasmas que gruñen en ellos estallan en nuestros oídos a condición de que los tengamos mínimamente destapados" (*ibid,* p.28).

Sami-Alí, psicoanalista de origen egipcio y residencia parisina, quien ha llamado la atención por el desarrollo de una postura original respecto al cuerpo y a lo psicosomático, considera que sus diferencias con la escuela psicosomática de París son radicales, tanto "como el día y la noche: donde ellos ven fallas por todos lados, yo veo la fuerza terrible de la represión" (Sami-Alí, 1987:2). Aludiendo a las características que dicha escuela propone para el paciente psicosomático, opina que ninguna de tales descripciones se asocia significativamente a la patología orgánica, aunque a veces parece corresponder a una realidad clínica. Señala, en cambio, que hay muchos "operatorios", "deprimidos esenciales" y "alexitímicos" "que no presentan ninguna enfermedad orgánica porque corresponde simplemente a una normalidad adaptativa" (Sami-Alí, *ibid*, p. 17), comentario sin duda pertinente en la medida en que, según algunos analistas (v.gr. Kristeva, 1995), en el mundo neoliberal de hoy acontecen procesos de subjetivación que favorecen ese vaciamiento interior y la mimetización con los valores del mercado.

Para Sami-Alí la problemática psicosomática es consecuencia de una represión de lo imaginario, dimensión que en su esquema teórico está definida por la dimensión del sueño y los equivalentes oníricos en el estado de vigilia: juegos, fantasías, creencias, etcétera. Sus desarrollos teóricos toman como eje conductor la correlación entre proceso imaginario (que insiste en distinguir de otras nociones de lo imaginario como son la de Lacan y la que se refiere al imaginario colectivo) y el papel de la proyección. También considera al afecto como perteneciente a lo imaginario, planteando que "a través de la proyección se despliega un imaginario corporal que forma una unidad con la lengua materna...y fuera de la cual las palabras pierden todo su valor afectivo" (Sami-Alí, *ibid*, p. 19).

Su propuesta teórica, centrada en el funcionamiento imaginario, ofrece algunos aportes interesantes. No obstante, aunque evoca continuamente al psicoanálisis, resulta problemático para el diálogo psicoanalítico su distanciamiento con respecto a postulados cruciales del pensamiento freudiano como son la pulsión de muerte, el papel de la sexualidad infantil en las psiconeurosis, la interpretación de los sueños como realización de deseo, y en conjunto cuestionando los fundamentos epistemológicos del aparato psíquico (¡nada menos!); su postura también recibe críticas por usar nociones aparentemente psicoanalíticas (como es el caso del concepto de represión) pero con una interpretación propia que no es la freudiana. "En lo que parece ser el intento de demarcar un campo original de reflexión, muchas veces presenta cierta ambigüedad conceptual que abre con frecuencia interrogantes acerca de aquello que se pretende nombrar con su modo de formular conceptos o nociones" (Fernández, 2002:137). Roberto Fernández, en su bien documentado libro *El psicoanálisis y lo psicosomático,* en el que expone las líneas de pensamiento vigentes en el campo de lo psicosomático, no duda en colocar a Sami-Alí en el mismo capítulo que Pierre Marty, con base en el criterio de revisar aportaciones a la psicosomática que si bien tienen raíces psicoanalíticas buscan construir un campo específico.

Retomando las observaciones críticas que se han hecho a la Escuela Psicosomática de Paris, voy a referirme muy brevemente, a manera de resumen, a las reflexiones que al respecto ha hecho A. Green (1994a). Para ello, sigo los tres planos epistemológicos involucrados que él sugiere y a los que me referí anteriormente.

Primero, el plano de los hallazgos clínicos. Green considera indiscutible el valor de las observaciones de Marty sistematizadas en las nociones de "pensamiento operatorio", "depresión esencial" y "desorganizaciones progresivas". También le parece notable la descripción de la "reduplicación proyectiva", aunque aclara que Marty no le dio demasiado espacio a este fenómeno. Donde encuentra el punto de discusión es en el cómo encararlos en la explicación teórica. Adicionalmente, ofrece a la discusión su propia experiencia clínica, que resume en dos "tesis": con la primera sostiene que puede existir una mentalización importante en pacientes que padecen desórdenes psicosomáticos; con la segunda afirma que puede haber una ausencia de somatizaciones en pacientes en los que observando su funcionamiento (el que Marty describe), se podría esperar que existiera alguna.

Como segundo punto, está el plano de las explicaciones teóricas. Al concebir el funcionamiento psíquico según una organización evolutiva, el pensamiento de Marty pone en evidencia que "le falta una teoría general de la representación a la que sin embargo no deja de referirse. En las relaciones entre mentalización y somatización, no puede uno contentarse con la referencia cuantitativa: ¡bien mentalizado, medianamente mentalizado, mal mentalizado!" (Green, 1994a: 135). Dice Green que quisiera saber cómo se dan los procesos, no si es demasiado, o mucho o poco. Cuando Marty quiere dar cuenta de los fenómenos psíquicos en términos de exceso, de insuficiencia, de no integración, de desorganización, sin inscribirlos en los ejes mayores de la teoría psicoanalítica, puede pensarse que razona según un modelo de funciones biológicas. En todo caso, en su argumentación teórica no se ven aparecer los referentes centrales de la teoría psicoanalítica. Por otro lado, Marty habla del paciente psicosomático con el modelo de la neurosis como único término clínico de comparación, con un "lamentable descuido de los modelos a que dio lugar el estudio de los casos límite y de las formas emparentadas de la psicosis" (Green, ibid, p. 125).

Finalmente, hay que preguntarse cuál es la perspectiva de conjunto que Marty tiene respecto al psiquismo y en la cual se ubica su teorización psicosomática. Su propuesta es claramente una "formulación biologizante" con un énfasis evolucionista. Como he mencionado, Marty toma la noción de instinto junto a la de pulsión; aquí cabe evocar un criterio epistemológico que Green (ibid, p. 124) expresa de esta manera: "El lenguaje teórico revela toda la ideología que se halla detrás de la teoría, confesada o no". Al buscar unir un razonamiento biológico a la comprensión del funcionamiento psíquico desaparece la lógica metapsicológica: Marty habla del soma (organización biológica) pero no del cuerpo (pulsional). Paul-Laurent Assoun (1997) lo expresa claramente cuando dice que la Psicosomática definió la temática corporal en términos del dualismo mente/cuerpo –para él, sin duda un enfoque pre-freudiano-, y dejó de lado la perspectiva metapsicológica de la clínica del cuerpo.

Línea argentina

De entrada hay que aclarar que no se puede hablar de una "escuela argentina" si por ello entendemos un enfoque o postura homogénea. En cambio, lo que sí hay que destacar es que en el contexto argentino se dieron las condiciones para constituirse en un polo de desarrollo de investigación clínica psicoanalítica de los trastornos psicosomáticos. En específico, la Asociación Psicoanalítica Argentina, fundada por Ángel Garma junto a otros colegas en 1942, fue pionera en este campo (y a la fecha cuenta un Departamento de Psicosomática, creado en 1985). Una buena parte de los psicoanalistas formados en la APA en sus inicios, abordaron temáticas psicosomáticas y dejaron una abundante producción escrita, entre ellas destacan las de Arnaldo Rascosvsky y el mismo Ángel Garma, y más adelante sobresalieron las investigaciones de Fidias Cesio, Luis Chiozza y David Liberman[24]. En 1962 se crea el Centro de Investigación en Medicina Psicosomática encabezado por Fidias Cesio, el cual se originó a partir de un grupo de investigación psicoanalítico con pacientes con una enfermedad autoinmune llamada *lupus eritomatoso sistémico*. En el seno de estas investigaciones, Luis Chiozza va dando cuerpo a sus propias ideas (Fernández, 2002).

Luis A. Chiozza, de manera ininterrumpida desde la década de los 60, ha publicado estudios psicoanalíticos alrededor de cuadros de trastornos óseos, cardiovasculares, cáncer, herpes ocular, esclerosis, leucemia linfoblástica aguda y cefaleas, entre otros padecimientos. Su tesis central, en contraste con las posturas actuales predominantes, se sustenta en la premisa de que la enfermedad orgánica oculta una historia y que es producto de la represión de un estado afectivo insoportable para el sujeto. La enfermedad del cuerpo contiene, dice Chiozza (2008:130), "el libreto o el guión específico del drama o la historia que oculta, libreto que, a la manera de un mosaico, se configura con la particular combinatoria de las fantasías inconscientes que la constituyen". Su postura ha recibido encendidas críticas de algunos colegas psicoanalistas de su medio, quienes sostienen el carácter asimbólico de los trastornos psicosomáticos. Otros van más allá de esta objeción y reconocen no sólo su trayectoria clínica sino su proyecto teórico de desmontaje del dualismo que con frecuencia sigue permeando la reflexión psicosomática[25].

Vemos así, en un breve recorrido por la investigación pionera, no sólo ideas que la sucesiva investigación fue superando, sino el despliegue de

---

24 La tesis doctoral de D. Liberman, titulada "Semiología psicosomática", fue la primera tesis doctoral que se aprobó en la Facultad de Medicina de la UBA sobre el tema (datos tomados de la página de la A.P.A., en línea).

25 Como ejemplo de sus críticos implacables, tenemos a A. Marani (2009), psicoanalista argentino, a quien las interpretaciones de Chiozza le parecen "delirantes", sosteniendo que: "La carne, en el caso del trastorno psicosomático, no es significante, ni símbolo ni nada de eso. Hay, precisamente un déficit en el montaje pulsional. Por lo tanto, no se pueden conjeturar eslabonamientos causales que contengan una significación reprimida". No obstante, Chiozza también despierta entusiastas adhesiones (v.gr el Dr.. Enrique Obstfeld, quien se ha ocupado de sistematizar sus aportaciones) y ha recibido múltiples reconocimientos nacionales e internacionales.

aspectos controversiales que siguen vigentes. Cierro este apartado con una reflexión de Zuckerfeld[26] (2002:1): "El campo de la psicosomática probablemente haya sido el campo donde por primera vez se pisó la noción de frontera o de límite del quehacer psicoanalítico. Empezó como una imposibilidad, como un tope a la formación profesional, y se convirtió en un desafío".

El cuerpo gozante (Jacques Lacan)

La reflexión sobre el horizonte que abre el pensamiento de Lacan ante los fenómenos psicosomáticos la desarrollo a continuación en una sucesión de dos momentos. En el primero me propongo responder a la pregunta por su noción de cuerpo y el papel que le atribuye en su aparato conceptual. Además de subrayar las virtudes del nudo categorial real-imaginario-simbólico para desentrañar los procesos que constituyen el cuerpo subjetivo, destaco (como el título de esta sección lo anticipa) la inflexión lacaniana que fue ganando terreno en su trabajo de los últimos años y que parece particularmente fructífero para pensar la problemática psicosomática. En un segundo tiempo, intento desentrañar las "hipótesis psicosomáticas" que se desprenden de la ruta trazada por sus reflexiones en ciertos seminarios, tal como lo han hecho visible los estudiosos de su obra.

Si el pensamiento freudiano nos lleva a concebir una representación psíquica libidinal del cuerpo a partir de un apuntalamiento en las funciones fisiológicas, la lectura lacaniana habla del cuerpo a partir del *goce.* Dice Lacan:"un cuerpo es algo que está hecho para gozar, gozar de sí mismo"[27]. En su perspectiva, entonces, hablar de cuerpo es hablar de goce (*jouissance* en francés), goce como dimensión que guarda una relación paradójica de relación y oposición con respecto a dos ejes psicoanalíticos centrales: el deseo y el placer. El placer, como principio fundamental del funcionamiento psíquico, se inscribe en el plano de la experiencia, como sensación agradable, figura consciente o preconsciente de la energía, y es resultado de una tensión que disminuye. El placer es distinto del apaciguamiento de la necesidad orgánica; el placer, en el sentido en que se entiende en psicoanálisis, implica ya una subversión del orden orgánico; de ahí que el placer es sexual, resultado de la erogenización del cuerpo (Leclaire, 1968), de un cuerpo que no es el organismo en la medida en que ha sido marcado por lo simbólico. Con su incorporación en lo simbólico se constituye el cuerpo erógeno, cuerpo sexuado, pero ello implica que sobreviene una pérdida: lo real –lo infinitamente pleno- queda afectado por una falta. Pero, en cualquier caso, el placer es derivado de una baja de tensión; de ahí que el placer,

---

26 Miembro titular de la Asociación Psicoanalítica Argentina.

27 Intervención de Lacan durante una mesa redonda en el Collège de Médicine en la Salpêtrière, el 16 de febrero de 1966, con el título "Psicoanálisis y medicina".

que se produce al atemperarse la tensión, es, según lo describe Lacan, "una barrera al goce". Esta misma función de constituir una limitación al goce, la cumplen el deseo y las distintas modalidades de satisfacción limitadas y sustitutivas, lo que apunta a la caracterización del deseo como profundamente insatisfecho, siendo que jamás se realiza plenamente: sólo parcialmente con fantasmas y a través de síntomas. La economía del deseo se juega en esa dialéctica entre placer y goce.

> Pues lo que yo llamo goce en el sentido en que el cuerpo se experimenta, es siempre del orden de la tensión, del forzamiento, del gasto, incluso de la hazaña. Indiscutiblemente hay goce en el nivel en que comienza a aparecer el dolor, y sabemos que solamente a ese nivel del dolor puede experimentarse toda una dimensión del organismo que de otro modo aparece velada (Lacan, "Psicoanálisis y medicina", 1966b:3).

El goce es figura inconsciente, es máxima tensión, a nivel incluso *que comienza a aparecer el dolor* (como leemos en Lacan), es un *más allá del placer,* un más allá de la palabra y el pensamiento: cuando domina el goce "el sujeto es solamente cuerpo" (Nasio, 1992:53), es el cuerpo llevado al "paroxismo de su esfuerzo", sólo comprensible desde la tesis freudiana de que *más allá del principio del placer* está la repetición y la pulsión de muerte. Dice Leclaire (1968:156): "El goce del que aquí se trata es la inmediatez del acceso a la <pura diferencia> que lo erótico busca en su extremo límite con la muerte y aun, a veces, en la anulación de ese límite; el placer es la representación de ese acceso, goce temperado por la seguridad de una reversibilidad en la economía oscilante y cíclica del deseo propiamente dicho".

Lacan recuerda que el primer sentido que le da Freud al inconsciente en *La interpretación de los sueños* permite situar al deseo, mientras que, en un segundo tiempo, el de *Más allá del principio del placer,* nos conduce a una función esencial a tomar en cuenta: la repetición, afirmando que "lo que precisa la repetición es el goce, término que le corresponde [a Freud] en propiedad". Y afirma:

> En la medida que hay búsqueda de goce en tanto repetición, se produce lo que está en juego en ese paso, ese salto freudiano – lo que nos interesa como repetición y que se inscribe por una dialéctica del goce, es propiamente lo que va contra la vida(Lacan, *El Seminario 17: El reverso del Psicoanálisis,* 1991:48).

El goce desborda los límites impuestos bajo el término del placer, de esa menor tensión o tensión mínima que se necesita para sostener la vida; por el contrario, se trata de un estado energético propio de circunstancias límites y se funda con la repetición, misma que se introduce bajo el orden de la pérdida: "Y la función del objeto perdido, lo que yo llamo el objeto a, surge en el lugar de esta pérdida que introduce la repetición" (Lacan, *ibid*, p.51). El goce es el trabajo del inconsciente: "el inconsciente trabaja y al trabajar, es decir, al asegurar la repetición, el inconsciente goza" (Nasio, 1992:57)[28].

> ¿No es esto lo que supone propiamente la experiencia psicoanalítica?: la sustancia del cuerpo, a condición de que se defina sólo por lo que se goza. Propiedad del cuerpo viviente sin duda, pero no sabemos qué es ser vivo a no ser por esto, que un cuerpo es algo que se goza (Lacan, *El Seminario 20: Aun*, 1981:32).

La noción de goce adquirió una relevancia inusitada a partir de los últimos veinte años de la enseñanza de Lacan, multiplicándose las implicaciones teóricas y los matices que fue necesario introducir para situar esa noción compleja hasta ocupar el lugar de piedra fundamental del psicoanálisis desde la perspectiva lacaniana. Ciertamente, el par *goce* y *objeto a* desplazó el lugar predominante que antes ocupaban el *significante* y el *deseo*, pero sin duda tanto goce como deseo son claves en la reflexión psicoanalítica. Por otro lado, el "más allá" del significante que atañe a lo real, al goce, al acto y a la pérdida de objeto, así como al fantasma[29], también tiene un efecto decisivo en el enfoque de la clínica psicoanalítica, que ya no puede entonces pensarse exclusivamente en el registro de lo simbólico, es decir que, sin abandonar la clínica fundada principalmente en el significante, se da paso al acto, a lo real, y esto con la teorización del objeto a.

La teoría del goce en Lacan es compleja en la medida en que contiene varias instancias o modalidades de goce, articuladas a su vez con nociones claves de su perspectiva. Hay una dimensión mítica del goce: el *goce-Otro*, suposición de la satisfacción absoluta del deseo; es el horizonte inalcanzable. Por otro lado, existe un goce parcial, limitado, que tiene que ver con el significante y lo simbólico: Lacan lo llamó *goce fálico* (en tanto que se concibe al *falo*[30] marcando el límite que abre y

---

28 Dice Nasio (1992:54): " Si hay un concepto freudiano cercano al goce concebido como la fuerza que asegura la repetición, es sin duda el de la compulsión a la repetición, entendido como la tendencia irreductible en el humano a vivir, sin duda, hacia adelante, pero tratando de completar los actos esbozados en el pasado. Toda la fuerza de la vida está allí".

29 El fantasma, dice Lacan, constituye el único acceso posible a lo "real" (Kaufmann, 1993).

30 El falo es, en la perspectiva lacaniana, una noción compleja en la medida en que cumple varias funciones: una imaginaria, como falo imaginario, objeto deseado por la madre con el cual se identifica (significante del deseo); otra simbólica, falo simbólico, significante de la ley, que opera el corte que separa el vínculo imaginario y narcisista entre la madre y el niño, es decir, que rompe la ilusión de identificarse con una omnipotencia imaginaria. "Nos encontramos, entonces, ante una singular paradoja: el mismo falo es, en tanto imaginario, el *objeto* al cual apunta la castración y, en tanto simbólico, el *corte* que opera la castración (Nasio, 1988:51).

cierra el acceso a la descarga), categoría que corresponde a la energía disipada, a la descarga parcial que produce un alivio incompleto de la tensión inconsciente. Una tercera modalidad de goce, que se sustrae a lo simbólico, está constituida por la dimensión real del goce, ese campo que excede al significante –en tanto que éste, aunque señale su territorio, no puede significarlo-, ese *plus-de-goce* que mantiene sin cesar un alto nivel de tensión interna: plus como exceso, como energía residual inasimilable. Y ese "plus" tiene que ver con el objeto *a*,definido, ya decíamos, por el orden de la pérdida, es decir, evidencia de la falta en tanto pérdida.

El objeto *a* no sólo es el "agujero" en la estructura del inconsciente (elemento heterogéneo al conjunto de significantes según la concepción lacaniana), sino que también constituye el núcleo del fantasma en función de la identificación del sujeto con el objeto *a*: "desde el punto de vista psicoanalítico, somos, en el fantasma, lo que perdemos" (Nasio, 1992:57). El "objeto *a*" designa una imposibilidad, "una ausencia de respuesta a una pregunta que insiste sin cesar" (*ibid,* p.114); se trata de la pregunta por "el otro". El objeto *a* es definido como "causa del deseo que se sustrae al sujeto", al punto de convertirse en "un resto" no simbolizable. "En otras palabras, la verdad del deseo sigue oculta a la conciencia, porque su objeto es una *falta en ser"* (Roudinesco y Plon, 1997:760). Vale una precisión: el objeto *a* de Lacan no es exactamente el objeto de deseo. "Estrictamente, es el agujero, el goce enigmático e innombrable que Lacan denomina plus-de-goce", (Nasio, 1992:142).

Lacan muestra que el psicoanálisis se aproxima al cuerpo, no desde la concepción cartesiana de "sustancia extensa" opuesta a la "sustancia pensante", sino reconociéndolo como "sustancia gozante", es decir, interrogando al cuerpo en tanto lugar de goce, y tal es la especificidad analítica desde su perspectiva. El marco conceptual que engloba el estatuto del cuerpo en Lacan es el que se desprende de tomar en cuenta los registros de lo real, lo simbólico y lo imaginario, y que permite entonces hablar de un anudamiento de tres cuerpos: el cuerpo real y gozante, el cuerpo lenguaje y el cuerpo imaginario.

Tomemos primero la perspectiva simbólica. Dice Lacan (1975b):"Es en el encuentro entre las palabras y el cuerpo donde algo se esboza. [...] Ahí se ubica el sentido". El cuerpo está habitado por el lenguaje, hablado y afectado por el lenguaje, y esta inscripción simbólica que refiere a la palabra y a los seres vivientes sexuados que somos, hace del organismo un cuerpo, aquél del que se ocupa el psicoanálisis. El organismo deviene cuerpo por la "incorporación" simbólica, pero el orden simbólico no puede capturar todo el cuerpo real viviente, algo queda "fuera del lenguaje"; de ahí que el cuerpo "mortificado" por el significante implica una pérdida de goce.

La dimensión imaginaria del cuerpo es también un punto culminante de la teorización lacaniana: la formación del yo vinculada a la emergencia de la imagen del cuerpo y el juego identificatorio que organiza el "estadio del espejo"[31], lleva a concebir el cuerpo como una unidad ilusoria construida en la dialéctica imaginaria del yo, el objeto y la imagen, referente fundamental para la "conciencia de sí", lo que constituye el aporte lacaniano a la noción de narcisismo.

> El sujeto localiza y reconoce originariamente el deseo por intermedio no sólo de su propia imagen, sino del cuerpo de su semejante. Exactamente en ese momento, se aísla en el ser humano la conciencia en tanto que conciencia de sí. Porque reconoce su deseo en el cuerpo del otro el intercambio se efectúa. Es porque su deseo ha pasado del otro lado que él se asimila al cuerpo del otro, y se reconoce como cuerpo. [...] Nos reconocemos como cuerpo en la medida en que esos otros, indispensables para reconocer nuestro deseo, también tienen un cuerpo, o más exactamente, que nosotros al igual que ellos lo tenemos (Lacan, *Los escritos técnicos de Freud 1,* 1975b:223).

Lacan describe el estadio del espejo como el lugar de un drama en el que el niño prematuro –cuyo mundo es el de sensaciones fragmentadas- anticipa la forma global de su cuerpo y se identifica con la imagen unificada de sí mismo en el espejo y con la *imago* del semejante[32]. Esto no tiene mucho que ver con un verdadero espejo; lo que Lacan describe es una operación psíquica vista desde la perspectiva del inconsciente mediante la cual se constituye el sujeto en una identificación con su semejante, un "drama" que se desarrolla entre un cuerpo prematuro y una imagen que el infante revestirá libidinalmente y la aprehenderá. Joël Dor (1985a) destaca que el estadio del espejo se ordena sobre una experiencia de identificación que deriva en la conquista por parte del niño de la imagen de su propio cuerpo. "La *identificación primordial* del niño con esta imagen va a promover la estructuración del yo (Je), poniendo término a esa vivencia psíquica singular que Lacan denomina *vivencia del cuerpo fragmentado*" (*ibid,* p. 91)[33].

La conquista de la imagen del cuerpo es progresiva, según tres tiempos fundamentales: la percepción de su imagen como la de un ser real al que intenta atrapar, luego viene el momento decisivo para el funcionamiento imaginario: descubre que el otro en el espejo no es

---

31 Proceso descrito por Lacan por primera vez en 1936 en una conferencia en la Societé Psychanalytique de Paris, posteriormente en el Congreso del mismo año de la IPA en Marienbad, y finalmente en su intervención en el Congreso Internacional de Psicoanálisis en Zürich en el año 1949 con el título "El estadio del espejo como formador de la función del yo [*je*] tal como se nos revela en la experiencia psicoanalítica" (trabajo que fue luego incorporado a los *Escritos).*

32 El antecedente que retoma Lacan es la descripción por parte de Henri Wallon de una experiencia que llamó "prueba del espejo" en 1931, mediante la cual el niño logra progresivamente reconocer su propio cuerpo reflejado en un espejo.

33 Los subrayados son del autor.

real sino una *imagen,* es decir, se re-conoce en algo virtual, y finalmente reconoce que la imagen es suya. Dice Dor (1985a:92): "la dimensión de lo imaginario subyace, del principio a fin, en esta conquista de la identidad", y esta dimensión prefigura "el carácter de su alienación imaginaria de donde se perfila el <desconocimiento crónico> que no dejará de mantener consigo mismo".

En el marco de ese proceso identificatorio propio de los momento que atraviesa el niño en el estadio del espejo Lacan explica los fenómenos de transitivismo propios del comportamiento infantil –que toma de psicólogos como Henri Wallon: él niño pega y dice que el otro le ha pegado, o bien, se cae y otro llora, como un espejo inestable, una especie de "movimiento de báscula", de intercambio con el otro.

> El tiempo especular [es] el momento en que el sujeto ha integrado la forma del yo. Pero sólo pudo integrarla después de un primer juego de báscula, por el cual, precisamente, cambió su yo por ese deseo que ve en el otro. A partir de entonces, el deseo del otro [...] entra en la mediatización del lenguaje. [...] Entra en la relación simbólica del yo (je) y el tú, en una relación de reconocimiento recíproco y de trascendencia, en el orden de una ley ya preparada para incluir la historia de cada individuo (Lacan, *Los escritos técnicos de Freud, 1975*:263).

Lacan advierte que su conocida fórmula expresada como: *el deseo del hombre es el deseo del otro* sólo es válida en el plano de la captación imaginaria. El estadio del espejo, más que pensarlo como un momento del desarrollo, indica el proceso de organización de la estructura del sujeto, que remite "al desconocimiento fundamental en el cual se mantiene este último con relación a lo que lo constituye –en otras palabras, esta hiancia imaginaria en el seno de la cuestión del ser-reclama en adelante otro modo de expresión: el mismo que Lacan llama lo simbólico..."(Kaufmann, 1993:168). En efecto, lo simbólico queda demarcado en ese significativo gesto ante el espejo, por el cual el niño se vuelve hacia el adulto como para buscar de algún modo su asentimiento. Establecerse en una identificación con la mirada del otro puesta en uno ("ese cuerpo adquiere su peso por la vía de la mirada" dice Lacan en Ginebra en 1975), resume –en la versión lacaniana de la teoría del narcisismo que es el estadio del espejo- la evolución favorable o desfavorable de la problemática de la identificación narcisista, la que se ha considerado juega un papel central en los trastornos psicosomáticos.

> El hombre está capturado por la imagen de su cuerpo. Este punto explica muchas cosas y, en primer término, el privilegio que tiene dicha imagen para él. Su mundo, si es que esta palabra tiene algún sentido, su *Umwelt*, lo que lo rodea, él lo corpo-reifica, lo hace

cosa a imagen de su cuerpo. No tiene ciertamente la menor idea
de qué sucede en ese cuerpo. ¿Cómo sobrevive un cuerpo? No
sé si esto les llama la atención... [...] si se hacen un rasguño,
eso se arregla [...] Es tan sorprendente.... (Lacan, "Conferencia
en Ginebra", 1975).

Cuerpo real, cuerpo imaginario, cuerpo simbólico: tres cuerpos
que emergen desde su especificidad, pero también en un anudamiento
dialéctico. Desde ahí nos preguntaremos por las líneas de reflexión que
ofrece Lacan para teorizar sobre la problemática psicosomática.

Hipótesis psicosomáticas desde la perspectiva lacaniana

Jacques Lacan abordó el tema de los trastornos psicosomáticos en unas
cuantas ocasiones a lo largo de treinta años de seminario (básicamente
las recogidas en los *Seminarios 2, 3, 5* y *11*), usualmente como respuesta a
preguntas que se le hicieron en esos espacios, y en la "Conferencia sobre
el síntoma en Ginebra" (año 1975). A pesar de que sus señalamientos
fueron breves y puntuales –nunca temática central en sus seminarios- han
generado una amplia producción del pensamiento psicosomático desde
esta perspectiva o dialogando con ella. ¿Cuáles fueron sus comentarios
al respecto de las afecciones psicosomáticas? Consistente con su
esquema teórico, los comentarios de Lacan fueron incidiendo en los tres
registros de lo real, lo imaginario y lo simbólico. Si en el eje del cuerpo
imaginario hay que ubicar en primer plano la temática narcisista, en el eje
simbólico Lacan va a hablar de forclusión. En el plano de lo real, Lacan
planteó en 1955 (Seminario 2) que "Las reacciones psicosomáticas están
a nivel de lo real". Situar las afecciones psicosomáticas (en ese momento
nombradas "reacciones") a nivel de lo real, trae como consecuencia que
se les considere fuera del registro de las construcciones neuróticas, es
decir, que no corresponden a formaciones del inconsciente.Veinte años
después (Conferencia en Ginebra, 1975), con el énfasis de su teoría
puesta en el goce, sugirió que era el cuerpo real, a la manera de un
desborde de goce, de *un goce específico*, el queirrumpía masivamente
en la carne, lesionándola.El fenómeno psicosomático revela con el goce
específico algo congelado, una especie de fijación.

> La cuestión debería juzgarse a nivel de ¿cuál es la suerte de goce
> que se encuentra en el psicosomático? [....] Es por ese sesgo,
> por la revelación del goce específico que hay en su fijación, como
> siempre debe tenderse a abordar al psicosomático. En todo esto
> podemos esperar que el inconsciente, la invención del inconsciente
> puede servir para algo. Lo que esperamos es darle el sentido de

aquello que lo se trata. Lo psicosomático es algo que, de todos modos, está en su fundamento profundamente arraigado en lo imaginario. (Lacan,"Conferencia en Ginebra", 1975).

Se trata de un goce específico, pero también, dice Lacan, compromete lo imaginario. La lectura que hace Nasio (1996a) del eje imaginario en el fenómeno psicosomático a partir de Lacan, es pensarlo desde el apego narcisista como fijación de la relación del yo con su imagen, evidenciando un estancamiento de la libido. Pero además, hay que considerar el papel del objeto (de la pulsión): el retorno de la libido hacia el yo -para Freud el narcisismo secundario- acontece en el fenómeno psicosomático como una satisfacción autoerótica, en la medida en que el objeto con el cual la pulsión se satisface es la propia fuente de la pulsión. La lesión de órgano sería una variante de ese estancamiento formal en la relación el yo con su imagen, un estancamiento de la libido. Sugiere además que estaría en juego una identificación fantasmática, "en la que el sujeto acoge al objeto transformándose en él o llevando el deseo más lejos todavía de su límite contra el goce" (Nasio, 1996a:139); así, en vez de satisfacerse con significantes –es decir, generando un síntoma o fantasías- el objeto reaparece en lo real, como lesión de órgano. Esta apuesta conceptual tiene como antecedente las hipótesis freudianas acerca de la intensificación erógena de un órgano al punto de volverse "tóxica", así como la del estancamiento de la libido, equivalentes al cuerpo real del goce confiscando un órgano y lesionando sus tejidos.

Para David Nasio –quien desarrolla sus ideas a partir de una perspectiva lacaniana- el fenómeno psicosomático (que él prefiere llamar la "lesión de órgano") está contenido en una problemática más general, misma que propone considerar bajo el concepto de *formaciones del objeto a* -en complemento con la teoría del objeto a-, y que concierne a ciertas formaciones psíquicas como el pasaje al acto, la alucinación o la afección psicosomática, caracterizadas por que "el goce domina y parece haber roto el dique de la represión o, en otro vocabulario, parece haber traspuesto la barrera del falo" (Nasio, 1992:187).

Lacan observa que en la afección psicosomática algo parece escrito en el cuerpo, a la manera de un trazo. No está en el registro del lenguaje en que cada significante tiene valor y significación por su relación con los demás significantes; no tiene posibilidades de significación y por tanto no corresponde al terreno de la interpretación, pero algo se muestra en el cuerpo, en la "juntura" entre cuerpo real y cuerpo imaginario.

Tendría que decirse algo que introdujese la noción de escrito. Todo sucede como si algo estuviese escrito en el cuerpo, algo que nos es dado como enigma.

Alrededor del rasgo unario[34] gira toda la cuestión de lo escrito.

Lo psicosomático es algo que, de todos modos, está en su fundamento profundamente arraigado en lo imaginario.

(Lacan, 1975, "Conferencia en Ginebra").

En el *Seminario 3* (Las psicosis) Lacan introduce la noción de *holofrase*, definida tanto por la falta de intervalo entre los significantes S1 y S2, como por la falta de lugar para el sujeto[35].

Cuando no hay intervalo entre S1 y S2, cuando el primer par de significantes se solidifica, se holofrasea, obtenemos el modelo de una serie de casos –si bien hay que advertir que el sujeto no ocupa el mismo lugar en cada caso (Lacan, *Seminario 3)*.

Al borrarse el intervalo entre ambos significantes, éstos quedan "pegados", se solidifican, y no queda espacio para que emerja el sujeto: aparece algo así como un significante monolítico que ha perdido la condición dual del símbolo y por tanto que no es dialectizable con el resto de la cadena significante. "Holofrase es un término que Lacan toma de la lingüística; se utiliza para designar una palabra que adquiere el lugar de una frase, por ejemplo: socorro, fuego, auxilio... Con una palabra como ésa no hace falta preguntar nada más, sólo cabe responder, salir corriendo, llamar a los bomberos..." (Alberro, 2012:2). Cuando la demanda del Otro funciona como una holofrase, es decir, como signo y no como significante, quedan fuera de juego las formaciones del inconsciente; entonces, al interferir con una función biológica o un órgano puede dislocar su funcionamiento o provocar una lesión.

Considerada característica de las manifestaciones psicóticas, Lacan vinculará la holofrase con los fenómenos psicosomáticos en el *Seminario 11* (Los cuatro conceptos fundamentales del psicoanálisis, 1964)). Los comentarios acerca de lo psicosomático en este seminario se dan en el contexto de su reflexión sobre la "el sujeto y el otro: la afánisis", en una argumentación que refiere a la alienación fundante y la consiguiente separación o división en la que el sujeto "si por una parte aparece como sentido producido por el significante, se manifiesta por la otra como afánisis" (Kaufmann, 1993:46).

Es Ernest Jones quien introduce el término afánisis (del gr.: invisibilidad, desaparición) en psicoanálisis, para describir el miedo primario a la desaparición del deseo sexual. Lacan toma el término

---

34 Rasgo significante elemental que sirve de soporte identificatorio.

35 Como se sabe, para Lacan existe un primer par de significantes, S1 y S2, que en su aparición instituyen la división y la alienación del sujeto. Entonces, S2 corresponde a los significantes del Otro y S1 al significante propio. El primer significante es el del rasgo unario y representa el sujeto ante el segundo, lo que produce la afánisis del sujeto.

pero critica la concepción de Jones al considerar que éste desestima la primacía de la castración; propone, en cambio, una noción radical de afánisis, el de un movimiento de *fading,* de eclipse del sujeto, y vincula el término a la relación del sujeto con los significantes. La afánisis, definida por Lacan como la desaparición del sujeto bajo los significantes que lo representan, es un efecto de la alienación significante, es decir, efecto de su inscripción al registro simbólico. La supresión del intervalo entre los significantes corresponde a una forclusión, y específicamente a la *forclusión del Nombre del Padre*[36], falla simbólica que Lacan vincula a la psicosis, y que más tarde se ubicará como referente conceptual importante para la comprensión del fenómeno psicosomático[37].

La noción de forclusión, desde sus primeros esbozos hasta su elaboración conceptual por parte de Lacan (quien fue definiendo su posición teórica al respecto en distintos textos y épocas), se inscribe en un trayecto de distinciones terminológicas, conceptuales y de traducción que parte de la obra de Freud, y que va a involucrar términos tales como negación, denegación, renegación, repudio, rechazo y desmentida, entre los más usados, además de que puede citarse como antecedente de la reflexión freudiana la noción de "alucinación negativa" que Freud tomó de H. Bernheim en forma temprana, aunque luego dejó de emplearla[38]. *Verneinung, Verleugnung* y *Verwerfung* son tres términos que Freud introduce y que tienen ciertas afinidades entre sí, pero al mismo tiempo cada uno apunta a procesos específicos. Los traductores e intérpretes de la obra freudiana han batallado para decidir sobre las palabras que den cuenta de la mejor manera del sentido plasmado en el texto original, con la advertencia de que Freud mismo tuvo algunas oscilaciones en su uso.

La palabra *Verneinung,* designa un mecanismo mediante el cual un contenido reprimido es formulado verbalmente pero el sujeto niega que el deseo, idea o sentimiento expresado le pertenezca, que se tradujo al francés y al español como "negación" y que Freud desarrolla ampliamente en su famoso ensayo de 1925 *Die Verneinung* ("La negación"). La traducción del término suscitó una amplia polémica. Según Laplanche y Pontalis (1968), hay que distinguir una doble utilización del término: en sentido lógico, que sería la negación, y en el sentido psicológico por el que, en un enunciado, lo reprimido aparece en forma denegativa. Ateniéndonos al sentido que Freud pone de manifiesto, se trata entonces de una denegación, la traducción que tiene más amplio acuerdo.

---

36 *Nombre del Padre* designa toda expresión simbólica que represente la instancia paterna (padre simbólico), la instancia de la ley de prohibición del incesto. De ahí que la noción de forclusión desde la perspectiva lacaniana tiene que ver justamente con una falla de inscripción en el inconsciente de la experiencia normativa de la castración. "El Nombre-del-Padre es por definición el significante ex sistente a la ley simbólica, el que la ordena; él 'provoca' la inscripción del sujeto en la ley simbólica, pero él mismo le es exterior" (Kaufmann, 1993:333).

37 Si bien, según advertirán más adelante distintos teóricos (v.gr. Nasio, 1992), en el caso de la afección psicosomática este mecanismo ocurre a nivel local sin involucrar el funcionamiento global del sujeto.

38 La alucinación negativa que utilizaba Hippolyte Bernheim en 1895, designa la falta de percepción de un objeto presente en el campo del sujeto después de la hipnosis (Roudinesco y Plon, 1997).

Freud habló también de *Verleugnung*, que ha sido traducido como renegación o desmentida en castellano (en francés *déni –de la réalité,disavowal* en inglés)[39]. Si la denegación tiene que ver con la represión y su levantamiento parcial, la renegación apunta a otra cosa en la medida en que está en juego una cierta relación con la realidad. Se caracteriza por ser un modo de defensa por el cual un sujeto rehúsa reconocer la realidad de una percepción traumatizante, principalmente la ausencia de pene en la mujer (Laplanche y Pontalis, 1968), concepto que Freud aclara basándose en el ejemplo del fetichismo[40], en el que muestra cómo en el mecanismo perverso coexisten dos posiciones incompatibles: el rechazo y al mismo tiempo el reconocimiento de la castración femenina, que llevará a Freud a colocarlo en la perspectiva de la noción de *escisión del yo*[41].

La *renegación* no surge de un conflicto del yo con el ello –propio de la defensa neurótica- sino de una modalidad defensiva que consiste en desmentir una realidad exterior; de ahí que se considere que la *Verleugnung* estaría emparentada con la psicosis[42]. Es importante observar que la renegación propiamente dicha (en el sentido de rechazo o desmentida de la realidad) se complementa con la afirmación o reconocimiento de la misma. "La desautorización es complementada en todos los casos por un reconocimiento; se establecen siempre dos posturas opuestas, independientes entre sí, que arrojan por resultado la situación de una escisión del yo" (Freud, 1940:205). Puede entonces suponerse que el rechazo a secas supondría estar ante un mecanismo psicótico. Freud apuntó a este último proceso con la palabra *Verwerfung*, término que usó con cierta ambigüedad y ha sido motivo frecuente de confusión[43]; en cuanto a la traducción al español, la propuesta que hacen Laplanche y Pontalis es esclarecedora, y correspondería a repudio, y en francés a *forclusion*[44] (y por acuerdo tácito, también se usa corrientemente forclusión en español, aunque es interesante advertir que don Tomás Segovia, traductor de los *Escritos* de Lacan para Siglo XXI, lo traduce como "preclusión").

---

39 En la traducción de la obra freudiana publicada en Biblioteca Nueva aparece con diferentes palabras: desde "negación" o "rechazo", hasta renegación y repudiación, que se dan como sinónimos (García de la Hoz, 1995).

40 Freud (1927), "Fetichismo", AE:21

41 Freud (1940[1938]), "La escisión del yo en el proceso defensivo", AE:23

42 Esta línea de pensamiento ha resultado de gran importancia en la discusión contemporánea acerca de las afecciones psicosomáticas. Me referiré a ello en la segunda parte de esta tesis.

43 Ambigüedad terminológica que se ha difundido en algunas interpretaciones, especialmente en lo concerniente a su diferenciación con la *Verleugnung*.

44 Aclarando que Etcheverry, el traductor de la obra de Freud al castellano para Amorrortu, utiliza sistemáticamente el término desestimación (o desestimar para las formas verbales), mientras que López-Ballesteros (traductor para Biblioteca Nueva) oscila traduciendo a veces como "repulsa", otras como "rechazo", "exclusión" u otros sinónimos, siguiendo a Freud en cierta imprecisión (García de la Hoz, 1995).

Extraigamos de varios textos de Freud un término que está en ellos lo bastante articulado como para hacerlos injustificables si ese término no designa allí una función del inconsciente distinta de lo reprimido. [....], este término se refiere a la implicación más necesaria de su pensamiento cuando se mide en el fenómeno de la psicosis: es el término *Verwerfung*. [...] La *Verwerfung* será pues considerada por nosotros como preclusión del significante (Lacan, 1966, "De una cuestión preliminar a todo tratamiento posible de la psicosis", en *Escritos 2*, 1966:539).

En efecto, a lo largo de la obra de Freud puede encontrarse el intento de definir un mecanismo de defensa específico de la psicosis y se acercó a ello con el concepto de *Verwerfung* (repudio), afirmando su distinción con respecto a la *Verdrängung* (represión), característica de la neurosis. La diferencia es radical, en cuanto a que si se rechaza en la conciencia algún contenido pulsional, quedará reprimido y sujeto a un retorno en forma de síntoma; en cambio, si algún elemento simbólico estructurante de la constitución subjetiva es repudiado, es decir, no se inscribe como realidad psíquica, entonces retornará, dirá Lacan, desde lo real. Lo que Freud de alguna manera anticipó, Lacan lo elabora como mecanismo específico de la psicosis y lo llamará *forclusión,* descrito como el mecanismo que puede hacer fracasar la represión originaria. "Esta tesis -dice Dor (1985a:111)- constituye, básicamente, el aporte original que introduce Lacan en las reflexiones freudianas sobre la discriminación metapsicológica de las neurosis y las psicosis". La forclusión se extenderá a la comprensión de otros procesos como la debilidad mental y el fenómeno psicosomático, pero Lacan aclara que el sujeto no ocupa el mismo lugar en cada uno de los casos.

La *forclusión del Nombre del Padre*, como hipótesis lacaniana que da cuenta del fenómeno psicosomático, debe ser comprendida –dice Nasio (1996a:168)- como forclusión local, "esto es, sin excluir otras realidades del sujeto". Así limitada, como falta local, ha sido considerada desde la perspectiva lacaniana como mecanismo que ocurre en las afecciones psicosomáticas, sin que esto implique que se considere psicótica a una persona que presenta una lesión de órgano.

Lacan afirma que en el fenómeno psicosomático no se produciría la función afánisis del sujeto. Se entiende aquí que el Otro no puede ser interrogado por el sujeto porque aparece sin falta, es decir, que en tiempos constitutivos del sujeto no se dio una hiancia en el deseo del Otro; se plantea entonces que, en el fenómeno psicosomático el sujeto no dispone de una función que le permitiría interrogar la demanda del Otro; de ahí que sus demandas se tornen "holofrásicas". Los significantes holofraseados inducen una equivalencia entre ellos y el cuerpo, es decir, funcionan como signos, no como significantes. En esta perspectiva, la especificidad del fenómeno psicosomático apunta al fracaso de la interrogación del Otro, es decir, el deseo del Otro deja de ser enigmático y no puede ser respondido fantasmáticamente; entonces lo real del cuerpo vehiculiza el llamado holofrásico y puede haber una lesión orgánica.

> Sólo en la medida en que una necesidad llegue a estar involucrada en la función del deseo podrá concebirse lo psicosomático como algo distinto a la monserga que consiste en decir que todo lo que sucede en lo somático tiene una réplica psíquica. [...] Hablamos de psicosomático en la medida en que allí ha de intervenir el deseo, en la medida en que allí se conserva el eslabón del deseo, aunque ya no podamos tomar en cuenta la función de afánisis del sujeto (Lacan, *Seminario 11*, 1973:235).

Ha llamado la atención que en el contexto de su argumentación sobre la afánisis y el sujeto del *Seminario 11* al que nos estamos refiriendo, Lacan relacione la afección psicosomática con la experiencia de Pavlov y los reflejos condicionados. Veamos cómo lo plantea:

> Quisiera hacerles palpable, ya que en ese terreno [lo psicosomático] estamos, de qué se trata en el reflejo condicionado. En lo que respecta a la experiencia pavloviana no se ha subrayado como se debe que ella sólo es posible en la medida en que el ejercicio de una función biológica, es decir, de aquello que podemos relacionar con la función unificadora, totalizante, de la necesidad, se puede desarmar. Una vez que se ha hecho salivar a un perro ante un pedazo de carne... lo que interesa es mostrar que la secreción puede articularse con algo que funciona como significante, puesto que está hecho por el experimentador. Dicho de otro modo, el Otro está presente (Lacan, *ibid*, p.236).

Al señalar que las funciones biológicas son desarmables, Lacan da cuenta de que pueden ser modificadas o interferidas por el "Otro": con el sonido de la campana Pavlov rompe la secuencia natural de la organización de la necesidad para su satisfacción e introduce un artificio asociado al estímulo natural (la comida). Cuando éste se elimina, la función digestiva se comporta de una manera que no tiene nada que ver con la digestión. El ejemplo del perro de Pavlov en el que la intervención del experimentador altera la función biológica, es equivalente al signo holofrásico (típicamente "cosas vistas u oídas" referidas a la presencia del Otro que no puede ser interrogada), que deja fuera de juego su tramitación vía las formaciones del inconsciente. Es así como Lacan sugiere cómo la demanda del Otro, funcionando como holofrase, puede alterar la función biológica, y eventualmente llevar a una lesión orgánica.

En esa misma tesitura vale la pena mencionar que en el *Seminario 10* sobre la angustia, Lacan destaca como condición de posibilidad de una lesión la idea de "perplejidad orgánica", resultado de estar el organismo ante una situación demandante contradictoria imposible de resolver. David Nasio (1992) subraya la idea de que no puede haber acción forclusiva sin la condición de "un llamado" que la desencadene, llamado que cumpliría una función traumática y que regresaría bajo la forma de una lesión; afirma que se trataría de un llamado fantasmático que se caracteriza por ser "macizo" (bajo la forma de imágenes), fascinante y por sobrepasar la capacidad de acogimiento del sujeto. "Esto quiere decir que el impacto del llamado provoca pavor orgánico" (*ibid.*, p.153). Para provocar una lesión se requieren, según Nasio, dos elementos: un llamado traumático que provoca el pavor y una condición ocasional que actualizaría el trauma. Por su parte, Zennoni (2003) interpreta este efecto de "perplejidad orgánica" en la afección psicosomática como un "cortocircuito del ciframiento": "Cuando la toma de posición subjetiva [...] queda cortocircuitada, el encuentro con el capricho del Otro o con el enigma del Otro, sin la posibilidad de una respuesta en el registro significante, produce un fenómeno psicosomático" (*ibid.*, p.10). El tema de la perplejidad orgánica lo retomará Lacan en un artículo sobre la hipertensión arterial que presentó en colaboración con otros dos autores para *L'Évolution Psychiatrique*, revista que dedicó en 1953 un número especial a la medicina psicosomática[45], en el que Lacan relaciona su propia mirada con teorías de "otras áreas culturales", específicamente cuando define la demanda que agota la función como *estrés* (Peusner, 1995).

Cerraré este breve recorrido por la noción de cuerpo en Lacan y las "pistas" que ofreció en los esporádicos comentarios sobre la temática psicosomática que cada tanto hizo en sus seminarios y en otras intervenciones, evocando una afirmación que hace en su *Conferencia en Ginebra sobre el síntoma* y que sugiere la dirección de la cura ante un fenómeno que, según su perspectiva teórica, no es del orden del síntoma, es decir de las formaciones del inconsciente, sino que involucraría el modelo de la forclusión, una marca en lo real que no es un mensaje a descifrar; se trataría, en cambio, de una fijación, de un *goce específico....*

> En esto [de lo psicosomático] podemos esperar que el inconsciente, la invención del inconsciente pueda servir para algo. Lo que esperamos es darle el sentido de aquello de lo que se trata (Lacan, "Conferencia en Ginebra",1975).

---

45 "Considérations psychosomatiques sur l'hypertension" (en colaboración con R. Levy y H. Danon-Boileau), dato tomado de Peusner (1995). En este trabajo, Lacan y colaboradores plantean que en la hipertensión arterial hay inhibición de la agresión a la cual sustituye la lesión arterial "acercándose a la posición clásica de los analistas de esa época entre los cuales se encuentra Alexander" (Nasio, 1992:151).

Las metáforas del estrés

El *estrés* es un término que ha impregnado el lenguaje cotidiano en amplios sectores de nuestra sociedad contemporánea, mismo que tuvo su marca de origen en los trabajos de Hans Seyle, médico y fisiólogo canadiense de origen austrohúngaro, dados a conocer en diversas publicaciones a partir del año 1936, destacándose, como momento culminante de su teorización, la obra *El estrés de la vida* (1956). El síndrome general de adaptación, su gran aporte conceptual, descrito en las tres etapas conocidas como la reacción de alarma, luego la fase de adaptación y finalmente la de agotamiento -que ocurre si el "estresor" tiene cierta intensidad y se prolonga en el tiempo-, no sólo ha sustentado un criterio médico "psicosomático" y alentado el notable desarrollo contemporáneo de la PNIE (Psico-Neuro-Inmuno-Endocrinología), sino que ha atravesado los marcos conceptuales especializados para funcionar como una forma de describir y darle sentido a nuestra experiencia en la vida cotidiana del mundo de hoy.

Así, en el pleno sentido con que George Lakoff y Marc Johnson (1980) describen a las metáforas a través de las cuales vivimos -en su obra *Methapors We Live By*[46]-, el estrés no sólo es una palabra a la que recurrimos con frecuencia para tipificar sensaciones o emociones –de tensión, cansancio, irritabilidad, baja de ánimo, ansiedad...- sino que forma parte de mecanismos metafóricos de los que nos valemos habitualmente para referir las formas de vernos a nosotros mismos ante las circunstancias de la vida, al trasladar la noción –mal o bien comprendida- hacia campos de la experiencia que nos conciernen: la salud, nuestro cuerpo, las demandas que se nos plantean, la calidad de nuestro entorno, etc.: *el estrés es una bomba de tiempo; mi trabajo es muy estresante; hay que hacer un curso para aprender a manejar el estrés, me enfermé "de" (sic) estrés...*

Sí, sin duda, de las ideas que circulan sobre el estrés, lo que ha capturado nuestra imaginación es el *distrés,* el llamado estrés "malo", reacción de alarma que no se modifica y se vuelve crónica, denota sufrimiento y va en camino de agotar las reservas del organismo, para distinguirlo del *eustrés*[47], que designa el estrés "bueno", como forma general de describir el conjunto de reacciones fisiológicas que preparan al organismo para la acción adaptativa. En inglés la palabra *stress* quiere decir "énfasis" o "presión", en tanto que la etimología del término remite al latín *stringere:* apretar, ceñir, ejercer presión, del que se desprenden muchas palabras en idiomas como el inglés y el castellano. Se ha documentado que, para la teorización del término, Selye se habría inspirado en las conversaciones con compañeros estudiantes de

---

46 Título traducido como: *Metáforas de la vida cotidiana* (cfr. bibliografía general).

47 En su uso en castellano, algunos prefieren usar diestrés y eueustrés

ingeniería que hablaban de *strain*, la fatiga que sufren los materiales con el tiempo. Y habría que decir que los sujetos modernos, especialmente los habitantes de las ciudades sufrimos en relación a ciertas dimensiones del tiempo: la urgencia, la premura, las demandas sin pausa, lo vertiginoso de los cambios tecnológicos, y en resumen mucha exigencia –externa, interna- ante tiempos que se viven estrechos, insuficientes...

En el contexto médico se encuentran claramente concepciones que vinculan el estrés con la enfermedad; observemos por ejemplo esta definición de estrés de un diccionario académico[48]: "Tensión provocada por situaciones agobiantes que originan reacciones psicosomáticas o trastornos psicológicos a veces graves". Si nos ubicamos en contextos laborales, se hablará del *burnout* (el llamado "síndrome de agotamiento profesional" o estrés laboral crónico), que literalmente significa estar "quemado", "fundido", término que se usó inicialmente justamente como metáfora de la situación observada en un estudio con oficiales de policía (H.B.Bradley, 1969), y que luego el psicólogo Herbert Freudenberger conceptualizaría en: *Burn Out: The High Cost of High Achievement"* (1980) para referirse, en el vínculo con una actividad, a un "deterioro y cansancio excesivo unido a una reducción drástica de energía, así como pérdida de motivación...", y que se popularizó para designar los peligros del estrés laboral, dando lugar a numerosos estudios que dan cuenta de las formas de vida "estresante" que experimenta desde una telefonista que atiende llamadas de urgencia hasta un cuidador de enfermos, pasando por todas las imaginables condiciones laborales en fábricas u oficinas. Y si nos seguimos, habría que mencionar el uso del término en el nombre del trastorno de ansiedad conocido como *síndrome de estrés post-traumático*, entre otras denominaciones de uso frecuente. También la noción da para calificar a las sociedades contemporáneas como "sociedades del estrés", en una metáfora de las condiciones de apremio, inseguridad y agobio que sufren sus habitantes.

El estudio del estrés en el campo científico ha tenido efectos llamativos: no sólo ha generado muchos miles de artículos publicados en revistas especializadas y docenas de libros destacados –una buena parte de ellos dedicados a reportar sus hallazgos respecto a la relación entre el estrés y la enfermedad-, sino que se ha constituido en una especie de puente o articulación entre diversas disciplinas, derivando en la constatación de que el ser humano es una unidad psicosomática compleja y que habría que superar de una vez por todas "el error de Descartes" (éste por cierto, título de uno de los libros de Antonio Damasio, uno de los más prestigiosos neurofisiólogos contemporáneos, de origen portugués[49]).

---

48 Términos médicos en el Diccionario de la Real Académica Española

49 *El error de Descartes: la razón de las emociones,* publicado originalmente en 1994, en inglés .Antonio Damasio obtuvo el Premio Príncipe de Asturias a la investigación en el año 2005.

Habría que recordar que esto mismo ya lo habían argumentado filósofos como Spinoza (desde ese reconocimiento, Damasio escribió también la interesante obra: *En busca de Spinoza).*

Lo que me interesa destacar es que la cuestión del estrés se ha constituido en un modelo médico psicosomático que ha propiciado múltiples colaboraciones interdisciplinarias; en ese contexto tendríamos que preguntarnos en qué medida dicho modelo involucra a la clínica psicoanalítica. Brevemente recordemos que la teoría del estrés de Seyle tiene como antecedente el trabajo de Walter Cannon (*La sabiduría del cuerpo,* 1932), fisiólogo de Harvard que en los años 30 del siglo XX utilizó la expresión *figth or flight* (luchar o huir) para describir lo que consideró una defensa innata de los organismos ante una situación de amenaza o peligro. Cannon observó –en experimentos con animales- que ante un estímulo nocivo había una alteración del organismo: secreción de adrenalina y otras hormonas –como el cortisol-, incremento del ritmo respiratorio y la frecuencia cardíaca, alerta de los sentidos y tensión muscular, etc.; con base en esos trabajos desarrolló la noción de *homeostasis,* definida como la capacidad del organismo de regular y compensar sus procesos fisiológicos para lograr un equilibrio[50]. Se trata de un equilibrio dinámico gracias a una red de sistemas que se retroalimentan, constituyendo los mecanismos de autorregulación de los seres vivos[51].

Cuando Hans Seyle concibe el *Síndrome General de Adaptación* (SAG) describe, desde una perspectiva fisiológica, cómo un organismo afronta una exigencia elevada o una amenaza, planteando que el estrés es una respuesta no específica, es decir, que no importa la naturaleza de la situación ya que siempre se desencadena la misma reacción defensiva. Seyle había encontrado en sus experimentos con ratas que el sostenimiento del agente nocivo podía desembocar en daño somático (úlceras gastrointestinales); de ahí teorizó que hay que reconocer tres fases del SAG: con la reacción de alarma se movilizan los sistemas defensivos del organismo (activación del Sistema Nervioso Simpático y secreción endócrina de las suprarrenales, las "hormonas del estrés": la adrenalina, la noradrenalina y el cortisol); en la fase de adaptación el organismo ha llevado a su máximo su capacidad de ajuste a la situación y, finalmente, si la situación estresante se prolonga, sobreviene la fase final de agotamiento total de las defensas, con enfermedad y colapso del organismo, lo que puede llevar a la muerte.

A partir de la comprensión de los mecanismos fisiológicos implicados en el afrontamiento del estrés, y apoyándose en el monto impresionante de información relevante proveniente de la PNIE, se ha ido consolidando

---

50 Tomando en cuenta que, ya en el siglo XIX el gran fisiólogo francés Claude Bernard había establecido la noción de "constancia del medio interior".

51 Temática que sería discutida y complejizada por la Teoría General de Sistemas (iniciada con Ludwig von Bertalanffy) y la Teoría del Caos

una perspectiva médica "psicosomática". Se ha reconocido que el ser humano tiene que entenderse desde la complejidad de los sistemas que lo constituyen: una red de circuitos neurales y bioquímicos que interactúan entre sí y con el entorno que lo rodea como un conjunto, a través de los cuatro sistemas reguladores y de control: psicológico, neurológico, endocrinológico e inmunológico.ahora se sabe que neurotransmisores, hormonas y citoquinas funcionan como moléculas mensajeras comunicando los distintos sistemas; se ha descubierto, por ejemplo, el mecanismo fisiológico a través del cual el cortisol daña el sistema inmunológico. La atención de los investigadores se ha centrado en el eje hipotalámico-hipófiso-adreno-cortical.desde esa perspectiva, la salud se define por la plasticidad y la capacidad de adaptación del organismo a un mundo en constante transformación: "la adaptación circadiana[52], endócrina, metabólica y psicológica a cambios permanentes"[53]

En muchas investigaciones, más que los estresores físicos y químicos de las investigaciones inaugurales de Seyle, se han enfocado los llamados "estresores psicológicos", reconociéndolos como elementos intervinientes en los procesos de enfermedad. González de Rivera (1994)[54] hace notar que en el ser humano la mayoría de las reacciones de estrés psicológico son desencadenadas por estímulos "simbólicos", es decir aquellos que son eficaces no por sí mismos sino en función de aquello que representan o a lo que se asocian. Algunos estudios que proponen articulaciones con o desde el psicoanálisis, han ubicado a la emoción como el elemento de conexión mente/cuerpo y también entre cuerpos (en el sentido intersubjetivo), siguiendo el camino abierto por la temática del estrés y su mirada hacia el campo psicosomático[55]. Por otro lado, al reconocerse las diferencias individuales de afrontamiento de la adversidad, el fracaso y la incertidumbre –o de cualquier otro "estresor psicológico"- la psicología ha aportado algunos enfoques de intervención clínica para modificar "las valoraciones cognitivas" de los factores de estrés.

¿Qué reflexiones pueden hacerse y que postura podría definirse desde el psicoanálisis frente a la teoría del estrés y el notable desarrollo de la PNIE? En primer lugar hay que decir que algunos de los más destacados

52 Se refiere a los ritmos biológicos.

53 En: Dra. Delia E. Ostera, bioquímica de Rosario, Argentina, del Magister en Psico-neuro-endócrino-inmunología, [en línea] www.colebioqsf2.org.ar/psiconeuroinmuno.htm

54 Doctor en medicina y psiquiatra con estudios en psicoanálisis, fue presidente de la Sociedad Española de Medicina Psicosomática

55 Por ejemplo, el trabajo de la psiquiatra y psicoanalista Regina Pally (1998): "Emotional Processing: The Mind-Body Connection", *International Journal of Psychoanalysis,* 79(2), 349-362. Es el caso también de los trabajos sobre la neurobiología de la emoción de A. Damasio (a quien mencioné anteriormente), que destaca la importancia de distinguir emociones de sentimientos: la emoción implica una reacción automática que empieza en el cerebro y luego se refleja en el cuerpo; en cambio, el conjunto constituido por la percepción de la alteración del organismo, la situación y las ideas asociadas, se llamaría, en su teoría, sentimiento ("El cerebro, teatro de las emociones", entrevista de Eduard Punset con Antonio Damasio, 2008 [en línea] www.eduardpunset.es/419/charlas.../

investigadores contemporáneos en el campo de la PNIE valoran la teoría psicoanalítica y la han estudiado. Han aparecido aportaciones relevantes que, desde las neurociencias, muestran compatibilidades importantes en sus hallazgos con conceptos freudianos (por ejemplo, la idea de circuitos cerebrales, formas de memoria y de procesamiento emocional inconscientes –en el sentido de no-conscientes, pero con eficacia en las expresiones y comportamiento del individuo). Desde esas inquietudes convergentes se ha fundado hace unos pocos años la revista *Neuro-Psychoanalysis: An Interdisciplinary Journal for Psychoanalysis and the Neurosciences,* que cuenta en su comité editorial con científicos reconocidos internacionalmente como Eric Kandel, Antonio Damasio, Vilanayur Ramachandra y Joseph LeDoux[56], entre otros.

Habría que distinguir dos posturas diferenciadas: una se propone articular el psicoanálisis con las neurociencias[57], la otra es básicamente una posición de apertura al diálogo y al intercambio interdisciplinario – particularmente significativo en el campo psicosomático, que resulta sin duda enriquecedora, especialmente si contribuye a profundizar la propia mirada y el específico nivel de competencia. Hay que advertir sin embargo que el estrés implica un modelo de funcionamiento fisiológico cuya unidad de referencia es el organismo. Es cierto que ha inspirado múltiples reflexiones en distintos campos, lo que ha generado un desborde significativo del ámbito de la biología, pero al no contar con una teoría de la subjetividad, la comprensión de los llamados "estresores psicológicos" es limitada y puede ser, en ocasiones, francamente reduccionista. Pensemos en el ejemplo de las afecciones psicosomáticas en cuidadores de familiares enfermos; se ha reconocido en muy diversos estudios (por ejemplo, Cabaritti, 2013) que ésa es típicamente una situación que genera sobrecarga, estrés y vulnerabilidad somática. Más allá de este hallazgo general, la mirada teórica definirá la forma de comprensión y, dado el caso, la modalidad de intervención clínica. El psicoanálisis teoriza procesos como duelo, incertidumbre, miedos, impotencia a la enfermedad, ambivalencia afectiva, vínculos del orden de las relaciones narcisistas, como son los lazos simbióticos, etc., es decir, en el ejemplo mencionado, se implicaría al sujeto historizado en su sufrimiento, en su elaboración. Mientras que la PNIE ha desentrañado la neurobiología de la emoción y sus enlaces psico-somáticos, para el psicoanálisis el cuerpo tiene invariablemente una dimensión de opacidad, de enigma.

Dice el psicoanalista Leonardo Peskin (2005) que puede compararse

---

56 Vilayanur Ramachandra, es un destacado neurólogo contemporáneo de origen hindú y residente en California (que ha sido llamado "el Marco Polo de la Neurociencia", autor de libros como *Fantasmas en el cerebro* y *Lo que el cerebro nos dice*. Joseph LeDoux es un neurocientífico norteamericano, autor de *El cerebro emocional*, entre otras obras.

57 Por ejemplo, Kandel, E. (1999), "Biology and the Future of Psuchoanalysis: A New Intellectual Framework for Psychiatry Revisited", *American Journal of Psychiatry*, 156 (4), 505-524. Erik Kandel, quien ha manifestado estar "fascinado" con el psicoanálisis, es un neurobiólogo estadounidense de origen austríaco que obtuvo el Premio Nobel de Medicina/Fisiología en el año 2000 por sus estudios acerca de la memoria.

la secuencia de las tres fases del síndrome general de adaptación de Seyle con sus equivalentes psíquicos: la reacción de alarma corporal sería equivalente a la *angustia señal*; la fase de adaptación a la defensa y al conflicto; finalmente, el agotamiento lo definiría como *perplejidad orgánica*: la instalación de la enfermedad psicosomática. En el marco conceptual freudiano, el problema de la cantidad –que se remonta al *Proyecto*- marcó la ruta hacia un punto de vista económico que es sustancial a la metapsicología. Antes de la teoría del estrés, Freud concibió una teoría de funcionamiento psíquico, algunas de cuyas nociones (trauma, angustia, descarga, defensa...) encuentran claramente puntos de comparación con el funcionamiento del estrés como propone Peskin, pero estrictamente hablando no son equiparables ya que se inscriben en marcos conceptuales diferenciados. Dice Assoun (1981), que la epistemología freudiana combina una problemática económica y una teoría del sentido, que, en términos de Ricoeur (1970), definen los puntos de vista heterogéneos del energetismo y la hermenéutica, un audaz proyecto teórico sobre el eje del cuerpo pulsional. No obstante, los psicoanalistas por supuesto que no somos ajenos a los imaginarios del estrés que han penetrado profundamente las vivencias contemporáneas del cuerpo, su vulnerabilidad, sus límites. Interrogar las metáforas del estrés será una tarea necesaria para hacer posible su elucidación crítica.

CAPÍTULO 4

EJES DEL PENSAMIENTO PSICOSOMÁTICO-PSICOANALÍTICO CONTEMPORÁNEO

Me consta en qué medida la enfermedad, ese factor de perturbación, hace presente, hasta el límite de la impertinencia, nuestra corporeidad, esa corporeidad que casi pasa inadvertida cuando no experimenta una perturbación.

Hans-Georg Gadamer, *El estado oculto de la salud.*

La cuestión psicosomática en psicoanálisis ha jugado un papel singular en el campo psicoanalítico: se ha constituido en un saludable y fructífero factor de interrogación que ha cimbrado la teoría y comprometido intensamente la investigación clínica. Las preguntas que propiciaron su surgimiento como temática relevante a abordar en el campo hoy tienen otro cariz. Se trata ahora de pensar cómo situarnos ante una problemática cuya discusión sigue abierta y activa, y que lleva al límite las preguntas por la vida/muerte, salud/enfermedad y por la condición dual de la existencia humana: *psique/soma*. Esto obliga a un posicionamiento, es decir, a definir el estado actual de nuestra comprensión y sus consecuencias en la clínica, tanto como a mantener abierta la interrogación psicosomática, en una clara vocación abierta a la investigación.

La elucidación de la problemática psicosomática nos lleva al corazón mismo de la metapsicología. De ahí que el hilo conductor que enlaza las coordenadas teóricas contemporáneas que propongo a continuación para situarnos en el pensamiento psicosomático que ofrece el psicoanálisis contemporáneo, constituyen la puesta a prueba de la noción de cuerpo pulsional en la escena clínica, como horizonte para dar cuenta de la articulación de las dimensiones psíquica y somática.

Con ese propósito, se discutirán estas grandes coordenadas temáticas: la cuestión del sentido de las afecciones psicosomáticas; lo no representable pero con eficacia psíquica; la hipótesis de la "tercera tópica"; los traumas tempranos en la relación con la madre que derivan en fallas de la organización narcisista; las modalidades y fragilidades en la construcción de la imagen del cuerpo, la cuestión de las identificaciones alienantes ante los fenómenos transgeneracionales y la acción de la pulsión de muerte.

Vicisitudes y fracturas del cuerpo-memoria

El cuerpo expone la fractura de sentido que la existencia constituye, sencilla y absolutamente.

Jean-Luc Nancy, *Corpus*

¿Cómo apelar, sin ese síntoma [en el cuerpo], en ese proceso indefinido, querella de la que el sujeto ha perdido la memoria, al mismo tiempo que la ejerce en y por sus dispositivos corporales?

Paul-Laurent Assoun, *Lecciones psicoanalíticas sobre cuerpo y síntoma.*

Tomo la metáfora del "cuerpo-memoria" para poner de relieve el papel esencial del cuerpo como lugar de inscripción "de un cuerpo sobre otro cuerpo" (Leclaire, 1968:169)constitutivo del proceso de erogenización, que es también el del surgimiento del sujeto y su historia singular desde el cual reconocer las vicisitudes del sentido, para desde ahí interrogar la pertinencia del psicoanálisis en la etiología y evolución de los trastornos psicosomáticos.

La pregunta por el sentido de los fenómenos psicosomáticos y, específicamente, para formularla en términos propios de la teoría psicoanalítica, si se reconoce o no la existencia de un sentido inconsciente en el desencadenamiento y evolución de los trastornos psicosomáticos, ha gravitado insistentemente en la investigación psicosomática a lo largo de su historia. El debate ha sido largo, manifestándose posiciones opuestas que van desde la idea de que a través de la lesión "el cuerpo habla", es decir, expresa simbólicamente una conflictiva inconsciente equiparándola con el síntoma histérico, hasta la clásica definición proveniente de la Psicosomática que afirma que la lesión somática es "tonta"[1], es decir, carente de sentido. Evidentemente, la reflexión en el campo psicoanalítico apuesta a que el fenómeno psicosomático tiene algún sentido en el marco de la economía psíquica, pues como bien dice Christopher Dejours (1989:33), "renunciar definitivamente a buscar una significación en la somatización sería equivalente a abandonar la interrogación del sujeto del inconsciente y, al mismo tiempo, a desertar del campo del psicoanálisis"; no obstante, la polémica ha sido álgida en lo

---

1 Expresión atribuida a Michel M'Uzan del Instituto de Psicosomática de París.

relativo a la explicación teórica que se propone. En el fondo, si bien está en juego la pertinencia de esta temática para el psicoanálisis, a lo que realmente compromete la pregunta por el sentido es a dar cuenta de la comprensión de la articulación entre lo psíquico y lo somático, la esencia misma de la interrogación psicosomática.

Para recorrer algunos de los puntos relevantes de la discusión tomaré la premisa de que el cuerpo es el tener-lugar del sentido, espaciamiento, tiempo. "El tiempo *es* el surgimiento y el ausentarse, el ir y venir a la presencia" (Nancy, 2000:82). La noción de representación freudiana da cuenta justamente del sentido como espaciamiento, como articulación: eso que se escribe es cuerpo (psique), es memoria, es (básicamente) inconsciente; en la representación se juega también la temporalidad[2], la historización. El cuerpo, lo psíquico, representación y sentido, son espaciamientos solidarios e implicados entre sí (*Psique es extensa, nada sabe de eso,*dice Freud[3]); éstos se abren paso en el trayecto subjetivo singular a partir de la inscripción de las huellas mnémicas y el despliegue de la dinámica pulsional.

La cuestión del sentido y la significación[4] -punto de interrogación en la investigación psicosomática- es sin duda una marca fundante del psicoanálisis a través del camino inaugurado por Freud cuando en el año 1900 se publica la obra *La interpretación de los sueños* en la que da cuenta de su gran descubrimiento: los sueños tienen sentido, aunque tal sentido, explica Freud, no esté integrado en una serie psíquica consciente. Es el caso también de ciertos actos de apariencia azarosa o errónea

---

2 Retomo las ideas de espacialidad y temporalidad ligadas a la noción de representación siguiendo la la reflexión de André Green (1995).

3 Nota del 22 de agosto de 1938, recogida en Conclusiones, ideas, problemas. *AE* 23. La nota completa dice: *La espacialidad acaso sea la proyección del carácter extenso del aparato psíquico. Ninguna otra derivación es verosímil. En lugar de las condiciones a priori de Kant, nuestro aparato psíquico. Psique es extensa, nada sabe de eso.*

4 Sentido y significación son categorías centrales en la reflexión de disciplinas como la lingüística, la filosofía analítica y la semiótica. Uno de los momentos fundamentales de esa reflexión es el trabajo de G. Frege, filósofo alemán que en 1892 distinguió formalmente entre sentido y referencia (en alemán *Sinn* y*Bedeutung),* término este último que algunos traducen como denotación o significado. Para Frege la referencia de una expresión es el objeto al cual refiere, mientras que el sentido es la manera por la cual se refiere a ese objeto. El famoso ejemplo de Frege es "la estrella matutina" y "la estrella vespertina", dos maneras de generar sentido desde el mismo referente (el planeta Venus); entre otras consecuencias teóricas, ahí se ilustra claramente el principio de contexto en la generación de sentido. Lacan en sus seminarios aludió a Frege e hizo sus propios desarrollos respecto a la temática del sentido y la significación, destacándose su inflexión acerca de "la verdad del sujeto": el sentido es la referencia a un real que Lacan identifica con la verdad (cfr. Luterau, 2010, "Sentido, verdad y nombre propio: Lacan con Frege", *PSIKEBA Revista de Psicoanálisis y Estudios Culturales,* no. 11 [en línea] http://psikeba.com.ar). A. Green discute temas convergentes en *La Metapsicología revisitada* (1995, cap. XI): las nociones de real y de verdad y el enunciado "verdad del deseo, deseo de verdad".

(los actos fallidos y otros fenómenos normales descritos por Freud en *Psicopatología de la vida cotidiana*(1901), a partir de los cuales muestra que un acto absurdo aparentemente sin sentido, "es un acto pleno de sentido dentro de otra serie psíquica que permanece inconsciente, porque obedece a otro propósito, distinto, que la conciencia rechaza" (Chiozza, 2001:76). Es el caso también de los síntomas neuróticos, cuya apariencia incoherente se puede descifrar cuando se les refiere a su sentido sexual, es decir, si se los lee como defensas ante un deseo inconsciente.

Al cuerpo histérico se le ha mirado típicamente como "saturado de significación": la interferencia de una función orgánica por efecto de una fantasía inconsciente; no obstante, abriendo la polémica sobre discusiones que a veces se dan por concluidas (en este caso, respecto al cuerpo de la histeria), dice Nancy (2000) que habría que saber si en lo más profundo no se trata de "un tenaz bloqueo de la transmisión del sentido", es decir si ante el cuerpo histérico, estamos ante un "discurso encarnado" o se trata de un "cuerpo bloqueante" (del sentido). Según mi lectura, Nancy apunta a una distinción entre significación y sentido, es decir, de un síntoma histérico se puede decir que su "significación" está en la fantasía inconsciente con la que se liga, pero el sentido de ese síntoma no se agota con señalar esa conexión sino que concierne al devenir subjetivo en un sentido amplio, que podrá, eventualmente irse poniendo en palabras (una deriva abierta de significaciones).

En el contexto de la discusión en el campo psicosomático, ha sido motivo de debate la continuidad o discontinuidad entre el plano biológico y la dimensión de la representación, así como el dominio o peso relativo de uno y otra, todo en el marco de la definición respecto a la existencia o no de un sentido inconsciente ante la aparición de una manifestación psicosomática. La mirada psicoanalítica ha tendido a privilegiar el postulado freudiano de una dualidad entre orden psíquico y orden orgánico, tanto como su necesaria e inevitable articulación; también a desestimar la pretensión de ubicar a la organicidad como un funcionamiento mecánico ajeno al devenir de la subjetividad, puesto que sería incompatible con una perspectiva psicoanalítica. En esa línea la trayectoria de la investigación psicosomática muestra en forma patente el desafío que enfrenta y su búsqueda a través de diferentes lecturas teóricas.

Las posturas que sostienen que hay un "lenguaje del cuerpo" interpretable en las manifestaciones psicosomáticas (por ejemplo, la vieja opinión de Groddeck y la más reciente de Chiozza) han sido severamente criticadas en amplios sectores de la comunidad psicoanalítica que sostienen justamente que es la insuficiencia del lenguaje, de la simbolización para capturar la vivencia, lo que opera en un trastorno psicosomático. De modo que sólo en forma metafórica –con el riesgo de que se entienda en literal- se podría plantear que hay un "hablar del cuerpo" en los fenómenos psicosomáticos: el cuerpo se mete, dice

Paul. Laurent Assoun (1997:239), "justamente porque *algo falla en el corazón de la lengua*"[5]; en otras palabras, "caer enfermo –físicamente- es lanzarse a cuerpo descubierto fuera del lenguaje" *(ibid,* p. 253). Entonces puede plantearse que "la emergencia del síntoma llamado 'psicosomático' –'físico'- puede describirse como el momento agudo, de una 'desimbolización reencarnante'" *(ibid,* p.235).

Pero tal vez el problema fundamental con las lecturas que pretenden adscribir una significación directa a una afección psicosomática es que frecuentemente aparecen formuladas con un cierto grado de determinismo lineal, concepciones que hoy, desde un marco epistemológico de complejidad, no se sostienen. La perspectiva de complejidad –que considero de gran importancia, en particular para la comprensión y abordaje de temas concernientes a la subjetividad y a lo social- desmonta cualquier pretensión de sostener argumentaciones simples y lineales tipo causa-efecto. Pero también hay que recordar que Freud mismo estableció claramente una concepción de salud/enfermedad que, en términos contemporáneos, sería descrita como "compleja" y enfocada a procesos en devenir: un desenlace que dependerá de la acción de fuerzas antagónicas, y nunca un logro definitivo sino sujeto al proceso inestable e inexorable de vida/muerte; así, por ejemplo, se entiende que la tramitación exitosa de un cierto conflicto pulsional puede fracasar ante una intensificación de las pulsiones.

> Es que la salud sólo se puede describir en términos metapsicológicos, por referencia a unas proporciones de fuerzas entre las instancias del aparato anímico por nosotros discernidas o, si se prefiere, inferidas, conjeturadas (Freud, *Análisis terminable e interminable*, 1937:228 –nota 11)

"El aparato psíquico, dice Green (1994a:159), es ante todo un aparato de transformación, lo que se llama: elaboración psíquica". Los recursos de elaboración psíquica refieren a las posibilidades de simbolización y transformación de las vivencias en un surgimiento simultáneo del cuerpo y de la síntesis imaginaria del yo que intenta hacer inteligible su mundo. Las significaciones proveen ese registro de inteligibilidad del mundo, son formulables en un pensar con imágenes, y son, por tanto, imaginarias; imaginarias en la doble connotación de ese pensar con imágenes como en que constituyen una cristalización de sentido propio del registro de la fantasía. La existencia psíquica corresponde a la dimensión del sentido; éste surge a través de la actividad de representación. De ahí que psiquismo es creación de sentido, forjada desde el pulsionar y el mundo simbólico, la dimensión que en psicoanálisis refiere a la inscripción del sujeto en el orden del lenguaje y la cultura.

---

5 Subrayado del autor

Pero el psicoanálisis ha señalado también el desfasaje radical entre la palabra y la vida, entre el sujeto que habla y lo real; es decir, reconoce que no todo el relieve y los matices de la experiencia pueden ser capturados por la palabra, siempre algo escapa, algo se sustrae a la posibilidad de imaginar y de simbolizar, algo no representable que, sin embargo, tiene existencia psíquica. En otras palabras, puede afirmarse que lo real, con el concurso de lo simbólico y lo imaginario, participa del sentido, que definiré como aquello que puede enunciarse de la verdad del sujeto, y que se expresará en significaciones según una deriva abierta[6]. No hay significación definitiva para el sujeto y esa imposibilidad de significación definitiva tiene que ver con el sentido.

Una hipótesis teórica del pensamiento psicoanalítico que aparece en la investigación psicosomática en la actualidad, está en la línea de vincular las afecciones psicosomáticas a dificultades en la función de trabajo psíquico y elaboración. Desde ese horizonte se señala que la condición-límite del trastorno psicosomático no permite ser explicado según el modelo de la neurosis: se trata de lesiones que aparecen cerradas sobre sí mismas y que no responden a una fantasía inconsciente. En analogía con la psicosis, se ha dicho que el cuerpo biológico "ha enloquecido"[7]; así, se sufre en el cuerpo al no poder subjetivar el sufrimiento: "Lo que no puede encontrar su lugar en el texto vuelve, en la forma *demónica*, en lo real del cuerpo" (Assoun, 1997:246[8]). Desde esta mirada, el fenómeno psicosomático no es una formación del inconsciente, por lo tanto no se trata del retorno de contenido psíquico reprimido, no es un síntoma en el sentido psicoanalítico, no sigue la lógica de lo simbólico, o sea algo a descifrar, a develar por asociación libre o a través de la lectura de manifestaciones inconscientes.

A partir de estos postulados teóricos, la reflexión sobre lo psicosomático ha enfocado las fronteras del psiquismo, las formas arcaicas de la representación, el trauma y lo no simbolizable que, sin embargo, opera sobre el soma; en conjunto, se discuten los destinos de la tramitación psíquica de las vivencias y las formas del cuerpo-memoria, que equivale a sostener que la representación tiene modalidades heterogéneas, siendo la memoria "la esencia misma de lo psíquico"[9].Si recordamos que para Freud la memoria es "la capacidad de una vivencia para seguir produciendo efectos[10]", la hipótesis de elementos irrepresentables estaría dependiendo de la consideración de formas heterogéneas de registro, o sea de "archivo", en modalidades de memoria distintas del inconsciente reprimido. Habría entonces que preguntarse si los residuos, marcas o

---

6 Y a que si se dan como significaciones cristalizadas (cerradas) ocurrió sin duda una captura imaginaria.
7 Expresión de André Green
8 Subrayado del autor.
9Jacques Derrida, en *Freud y la escena de la escritura*
10 Frase que se encuentra en: *Proyecto de Psicología*

trazos de vivencias que no forman parte de las tramas representacionales, es decir, que no se constituyen como memoria abierta, pulsante, podrían tener eficacia para producir efectos que comprometan la integridad del soma, es decir, del cuerpo físico. Lo irrepresentable sería entonces lo que estando apartado del intercambio asociativo conserva su eficacia para producir efectos[11]. Su característica es que no presenta una estructura representacional: "desde el punto de vista económico, hay fenómenos de carga y descarga, huellas que se activan y se descargan" (Zuckerfeld, 2002).

En otras palabras, en la literatura contemporánea sobre psicosomática psicoanalítica aparece cada vez más nítidamente la hipótesis de elementos no representables o irrepresentables que serían testimonio del fracaso de las posibilidades de representación (fracaso de *traducción* diría Laplanche), es decir, del desborde de la capacidad de ligazón y de trabajo elaborativo, elementos que tendrían la condición paradójica de ser no representables pero que sin embargo hacen trazo, inscriben marca, memoria al fin, y esto podría explicar situaciones que confronta la clínica psicoanalítica ante problemáticas no neuróticas, mismas que, como la amplia experiencia analítica lo ha mostrado, no pueden ser abordadas únicamente con la noción de represión como idea central del funcionamiento del inconsciente. Con el trabajo teórico y de investigación clínica de destacados psicoanalistas en las últimas décadas, estamos hoy ante la perspectiva de reconocer otra modalidad de funcionamiento del inconsciente en coexistencia con el inconsciente reprimido, de carácter universal. Constituye lo que se ha llamado inconsciente enclavado o escindido. En otras palabras, se trata de lo que estoy describiendo con la expresión "heterogenidad de la memoria" con la intención de remitir a la teoría freudiana acerca de la memoria, cuya riqueza para la reflexión contemporánea sigue vigente[12].

Estamos sin duda ante una ampliación teórica de enorme transcendencia en el campo psicoanalítico, la cual tendría su raíz en ideas freudianas que hoy se miran con renovado interés, particularmente la noción de escisión o clivaje del yo[13].Podemos recordar que en su trabajo tardío de 1938[14] –que quedó inconcluso- Freud reconoce la existencia de dos mecanismos en el mismo individuo: el neurótico de

---

11 Dice A. Green (1996:153): "El futuro tal vez llegue a enseñarnos algo más sobre las representaciones de lo que hoy llamamos lo irrepresentable".

12 Como testimonio de esta vigencia están por ejemplo los trabajos en donde Jacques Derrida homenajea ese legado teórico: "Freud y la escena de la escritura" y *Mal de archivo. Una impresión freudiana.*

13Otras ideas precursoras en Freud son por ejemplo el "núcleo actual" en toda psiconeurosis y el señalamiento de "obsesión de repetición que [...].reproduce sucesos del pasado que [...] no entran en la zona erótica reprimida" (citado por Zukerfeld, 2004).

14 "La escisión del yo en el proceso defensivo", *AE* 23

la represión y el perverso o psicótico de la desmentida (*Verleugnung*)[15]; ahora bien, lo que Freud describe para el caso de ciertos individuos (en el fetichismo), los teóricos contemporáneos que hoy desarrollan la idea de una "tercera tópica", consideran que, coexistiendo con el inconsciente reprimido, existe otra modalidad de funcionamiento del inconsciente de carácter universal, que refieren como "inconsciente enclavado" (Laplanche), "escindido" (Zuckerfeld, Kaës, etc.) o "amencial" (Dejours), junto a reflexiones fundamentales que confluyen en la temática, entre las que quiero destacar las reflexiones sobre el funcionamiento psíquico originario, el trabajo de lo negativo y los procesos terciarios de Green, el pictograma (Aulagnier), la memoria de lo semiótico (Kristeva), el teatro de lo imposible y la histeria arcaica (McDougall), así como contribuciones tempranas de Bion (elementos *beta*) y de Winnicott (la ansiedad psicótica frente a lo que no pudo simbolizarse), sin olvidar la difícil pero imprescindible noción de lo real en Lacan.

Los principios bajo los cuales se entendería el funcionamiento de una tercera tópica es un tema de discusión actual en diversos ámbitos del medio psicoanalítico. El modelo que presenta Laplanche me parece particularmente coherente y de un gran valor para la comprensión de las afecciones psicosomáticas –entre otros casos "límite"-, unificando el modelo freudiano neurótico-normal de funcionamiento psíquico al psicótico/borderline. Como Laplanche señala (2003:5): "un gran número de teóricos, que en su práctica se ven confrontados cada vez más con casos que se salen ampliamente de este modelo [...] han construido entonces, *al lado* del edificio freudiano, otros modelos [...] casi siempre desexualizados y apenas recurren a la noción de inconsciente". Laplanche logra, en cambio, preservar las grandes coordenadas teóricas freudianas planteando una visión unitaria del inconsciente reprimido y el inconsciente enclavado, refiriéndolos a una misma base común: la teoría de la seducción generalizada y la hipótesis traductiva.

La primera se refiere a la asimetría del *infans* ante los mensajes comprometidos con el inconsciente sexual del adulto[16]; la segunda al mundo humano del sentido y de comunicación ("la prioridad del otro" es la tesis de Laplanche y título de uno de sus libros) que le impone al pequeño ser el traducir, ligar, simbolizar los mensajes enigmáticos traumatizantes que recibe del adulto, como condición de su devenir humano[17]. ¿Cómo define en este contexto el inconsciente enclavado?

15 Cfr. en capítulo anterior (4), donde discuto los conceptos freudianos de represión, denegación y desmentida.

16 En la siguiente sección comento más ampliamente la teoría de la seducción generalizada de Laplanche.

17 Desde esta concepción del sentido, Laplanche va a ser crítico del calificativo de "amencial" de Christopher Dejours para el inconsciente escindido, por considerar que hace una indebida separación *psique/soma* con esa noción, crítica que suscribo. No obstante, estos autores comparten muchos de sus desarrollos relativos al inconsciente enclavado y se citan mutuamente.

Está constituido por mensajes no traducidos pero de diferentes calidades: algunos son resultado del fracaso radical de traducción –lo verdaderamente inasimilable, coextensivo a la parte psicótica del ser humano, conformada por inscripciones entrometidas reacias a toda traducción-, pero otros están en espera de traducción y otros son, quizá, mensajes "detraducidos" en espera de una nueva traducción. "Sería, pues, tanto una zona de estancamiento como una zona de pasaje, de tránsito" (Laplanche, 2003:6).

Tanto Laplanche como otros autores que teorizan acerca de la tercera tópica reconocen que el modelo genera muchas preguntas que tienen que seguirse trabajando. Una de las grandes inquietudes, de relevancia no sólo teórica sino fundamentalmente referida a la clínica, tiene que ver con la posibilidad de franquear el límite del clivaje, es decir, de que pudiera haber pasajes entre esas dos partes –lo inconsciente reprimido y lo inconsciente enclavado- que coexisten, por definición, ignorantes una de la otra. Laplanche (2003) piensa que sí, que esto sucede cuando se engrana un nuevo proceso de traducción, es decir, desde su punto de vista, la "esperanza" terapéutica estriba en la posibilidad de una nueva traducción de mensajes enclavados. Esto en el sentido de que la barra del clivaje se desplace ampliando los recursos preconscientes de trabajo elaborativo. También ha sido de enorme interés entender de qué depende la activación del inconsciente escindido -característicamente violento, psicótico, enfatiza Dejours (2001)-, la descompensación de la tópica del clivaje que daría lugar a problemáticas como el delirio, el pasaje al acto o la somatización.

La argumentación de la tercera tópica deriva en subrayar que todo sujeto tiene mensajes enclavados que pueden permanecer inertes o bien ser reactivados en algún momento, derivando en una descompensación (delirio, somatización). En la literatura psicoanalítica contemporánea, el término de "vulnerabilidad psicosomática" representa una manera de expresar la susceptibilidad (o "riesgo", como se expresa en términos de probabilidades) de enfermedad psicosomática, derivada de fragilidades de la propia constitución subjetiva, exposición a acontecimientos traumáticos y condiciones actuales, como articulación compleja que juega en la economía subjetiva para que aparezca una afectación orgánica. Una interpretación psicoanalítica más específica la hace Rubén Zuckerfeld (2005:286) de esta manera: "Vulnerabilidad somática es sinónimo de cristalización del modo escindido de funcionamiento", lectura que incorpora la tesis teórica del inconsciente escindido[18].

---

18 Una noción que actualmente se utiliza con frecuencia, proveniente del campo de la psicología de la salud, es la llamada "resiliencia", definida como "la capacidad humana de enfrentar, sobreponerse y ser fortalecido o transformado por experiencias de adversidad" (Zuckerfeld, 2005:292). Con relación a esa noción, este autor propone una lectura psicoanalítica que enfoca la condición de fluidez –en contraposición a la cristalización- en el funcionamiento psíquico, aunada al "potencial creador-heurístico" para capturar lo traumático –gracias a algún soporte vincular- creando condiciones psíquicas nuevas.

Dejours (2003) argumenta que con la hipótesis de la tercera tópica se acepta que no puede haber circulación directa entre los dos inconscientes, pero al mismo tiempo sostiene que hay algunas mediaciones que pueden alterar llevar a crisis y descompensaciones; para su teorización se apoya en lo que llama la "zona de sensibilidad del inconsciente" (fragilidad de la defensa de la desmentida que puede estar sometida a un levantamiento traumático en el encuentro con la realidad) y especialmente en los mecanismos de perlaboración por el sueño.

Sin duda, una postura genuinamente analítica implica reconocer que existe siempre un margen de incertidumbre en el devenir del sujeto, y consecuentemente, de impredecible en el funcionamiento psíquico; "felizmente", expresa Piera Aulagnier (1986a:365) "porque no debemos nunca olvidar el poder de metabolización, de renegociación, de transformación que la psique puede operar a partir de las experiencias que vive".

Enfocando el tema de la cura, Green arriesga un criterio de normalidad pensando en el doble juego de los procesos primarios y secundarios: es preciso que puedan ser puestos en relación, lograr su coexistencia en un "equilibrio inestable" que garantice tanto la estabilidad y como la movilidad libidinal. Estos procesos de relación los llama *procesos terciarios*[19]. "A fin de cuentas, la noción de *equilibrio inestable* da cuenta de estos procesos entre lo 'incesantemente movedizo' y lo 'definitivamente coagulado', entre la llamada incesante de lo que está en otra parte y la detención definitiva del aquí, entre el caos y el inmovilismo, ambos aunque en sentidos contrarios, igualmente mortíferos" (Green, 1995:187)[20].

Joyce McDougall, conocida autoridad en el campo psicosomático, expresa lo siguiente: "En las enfermedades psicosomáticas el cuerpo moviliza sus fuerzas en lo que parece una actividad incoherente que no satisface ningún propósito fisiológico conocido. No obstante en algún sitio debía tener sentido, y con esa convicción me sentí animada a llevar las tragedias corporales inconscientes [de los pacientes con esos mismos síntomas misteriosos del cuerpo y la mente] hasta los límites de lo analizable" (McDougall, 1982:109). Esta autora desarrolla una tesis acerca de la somatización que pone el acento en la función defensiva que cumple y cuya significación se deriva de la misma. Inicialmente, al examinar las diferencias entre síntoma histérico y trastorno psicosomático había llegado a la conclusión de que este último estaba desprovisto de un contenido de fantasía reprimido y por tanto carecía del significado simbólico característico de los síntomas neuróticos. No obstante, unos años más tarde la autora advertía: "He acabado por dudar de esta falta total de significado simbólico al ir descubriendo los intensos mecanismos

---

19 Cfr. "Notas sobre los procesos terciarios", en *La Metapsicología Revisitada,* Cfr. Green (1995) en bibliografía general.
20 Subrayados y marcas del autor.

de defensa que algunos pacientes utilizan para que su dolor psíquico sea inoperante y que incluyen la eliminación radical de cualquier representación de ideas intensamente cargadas de afecto" (*ibid*, p.107).

McDougall postula como eje de su teoría acerca de la "psicosomatosis" (que es el término utilizado por ella), la idea de que se trata de la acción de modalidades defensivas para sobrevivir psíquicamente ante angustias de tipo psicótico. "La angustia psicótica gira en torno al derecho a existir, así como a poseer una identidad separada, sin temor a que los demás les ataquen o les dañen" (*ibid*, p.163). Para mantener alejado el terror arcaico opera el repudio, que genera un vacío de representación, y la expulsión violenta del afecto, que se expresa en *alexitimia*, adaptación de *falso-self*[21]y el enfrentamiento al mundo a través de un "muro de pseudonormalidad". Desde esa perspectiva desarrolla la noción de *histeria arcaica*, que la autora define como una forma primitiva de histeria en la que el conflicto está centrado en "el derecho a ser y a existir", más que en la dinámica pulsional sexual. McDougall sostuvo en una entrevista realizada el año 2000[22], que con ese término afirmaba su tesis de un significado simbólico en el síntoma psicosomático.

McDougall (1982), toma al teatro como metáfora de la realidad psíquica, considerando que un "drama somático" está irremisiblemente vinculado a una trama de orden psíquico, es decir, un cuadro psicosomático es indicativo de una puesta en acto de un drama psíquico. Considera que la afección psicosomática representa "el drama más sombrío del teatro psíquico", en la medida en que hay una escenificación carente de palabras, dando cuenta de una trama conflictiva que altera profundamente el funcionamiento biológico del cuerpo[23]. Puede pensarse que Joyce McDougall oscila de alguna manera entre el modelo de las neurosis y una concepción alternativa del funcionamiento psíquico en la somatización más cercana al modo de funcionamiento psicótico. En cuanto a su trabajo clínico, éste ofrece vetas de intuición teórica que amplían el campo psicosomático. Me refiero en particular (sin menoscabo de muchos otros aspectos de gran interés en su obra) al papel del afecto como mediador privilegiado entre psique y soma, y los procesos de escisión que ocurren en la somatización, así como el señalamiento de un proceso temprano de alteridad fallida (diferenciación del cuerpo del niño

---

21 Noción que McDougall toma de D. Winnicott y que se refiere a "un intento desesperado por sobrevivir psíquicamente en el mundo de los otros, pero sin el suficiente entendimiento de los lazos emocionales, signos y símbolos que hacen que las relaciones humanas tengan sentido" (McDougall, 1985:146)

22Realizada en Buenos Aires, Argentina, por A. Aryan, D. Torres, Z. Forster e I. Vidal, publicada en *Psicoanálisis APdeBA*, Vol. XXII,No..3, 2000.

23A. Green (1996) considera, con referencia a la cuestión de la dramatización, que en las estructuras psicóticas y límites, en vez de una dramatización simbólica, se asiste a una actuación desimbolizante.

del cuerpo de la madre) como factor de vulnerabilidad psicosomática; aspectos que retomaré en las secciones siguientes.

El trabajo teórico alrededor de la temática de la representación vinculada tanto a la psicosis como a las condiciones que el psicoanálisis ha caracterizado como "límite", ha derivado en tesis originales de autores tales como André Green, Piera Aulagnier y Julia Kristeva, entre otros. De alguna manera estos autores comparten la perspectiva de darle a la representación un amplio despliegue conceptual que va desde interrogar los trazos de lo originario hasta indagar acerca de las tramas que dan cuenta de variadas expresiones clínicas.

De la producción teórica de Kristeva destacaría dos aspectos de interés para nuestra temática. La primera tiene que ver con la vocación de esta autora para colocar temáticas propias del funcionamiento psíquico en la perspectiva de una crítica de la cultura, que siempre resulta enriquecedora. Desde esa mirada observa que el mundo contemporáneo ha atestiguado el surgimiento de nuevas expresiones de la subjetividad que tienen como denominador común la dificultad para representar. La autora se pregunta dónde está la vida psíquica del hombre moderno y responde situándola entre los síntomas somáticos y la transferencia a imágenes de los deseos, es decir, entre la enfermedad (física) y el anegamiento en imágenes que funcionan "solas", es decir, cargando las angustias y deseos antes de que lleguen a formularse en palabras. Kristeva alude a los nuevos síntomas que se evocan en el medio psicoanalítico, sean "narcisismos", "falsas personalidades, "estados límites" o "psicosomáticos", y afirma que más allá de las diferencias sintomatológicas comparten una carencia de la representación psíquica. Esta carencia "dificulta la vida sensorial, sexual, intelectual y puede atentar contra el propio funcionamiento biológico" (Kristeva, 1993:17).

La otra aportación de Julia Kristeva a la que quiero referirme es su propuesta de modalidades de inscripción psíquica que son previas o que trascienden el lenguaje, que apunta a las inscripciones afectivas que va a llamar *semióticas*, por oposición a las "simbólicas".Plantea que antes y más allá de las representaciones palabra o cosa hay que pensar en "inscripciones arcaicas de los lazos entre nuestras zonas erógenas y las del otro, en tanto huellas sonoras, visuales, táctiles, olfativas, rítmicas", que generan en nuestra vida psíquica *vértigos* y *fantasmas* (Kristeva, 1985:45). En ese contexto introduce las observaciones clínicas de cómo en la vida de un sujeto se pueden reactivar descargas energéticas (mudas, sin palabra) que atacan los órganos. Propone el término "significancia", con el que pretende abrir la noción de significación a las tramas heterogéneas de inscripción, en un intento de distinguir los distintos tipos de representaciones en la dinámica psíquica, siguiendo la línea del pensamiento freudiano. Al precisar el status de las inscripciones afectivas que llama semióticas se reencuentra con el sentido etimológico del término griego *semeion* (huella, marca, particularidad) y se arma de un instrumento teórico que, en forma más tajante de lo que hizo Freud, da cuenta de la heterogeneidad de las representaciones.

Este interés surge a partir de la observación clínica en la cual el deseo, la angustia y el narcisismo conducen al sujeto al borramiento de la significación, sin desposeerlo por ello de un *sentido pulsional*que registra las *señales bioenergéticas*en *inscripciones* que ya son *intrapsíquicas,*inaprensibles pero duraderas (por ejemplo en las psicosis y las afecciones narcisistas) *(Kristeva, 1996)*[24].

Resulta de gran interés la precisión que hace Julia Kristeva entre sentido y significación, en la medida en que especifica que el *sentido*, en esta caracterización de lo semiótico por oposición a lo simbólico, tiene una cualidad pulsional y afectiva, que deriva de vectores sensoriales diferentes al lenguaje, como son el ritmo y la melodía en el caso del sonido, las texturas y patrones de lo táctil, los olores, etc., es decir, el "código" secreto en el que se despliega lo semiótico es el de las sensaciones. En cambio, el significado se realiza en el discurso bajo un ordenamiento lógico-sintáctico (reglas lógicas y gramaticales). En ese contexto, y en su reflexión permanente con la clínica psicoanalítica, Kristeva apuesta a que la sensación o el afecto informulables se llenen de sentido para el paciente, en una posibilidad de articularse, de elaborarse: "El nombrar analítico no es una definición: se contenta con cercenar el atrincheramiento (en esto hereda de la Verneinung) y –doble negación- abre lo simbólico como un *cuestionamiento indefinido"* (Kristeva, 1993:89)[25].

Piera Aulagnier (1986a)ha desarrollado también una perspectiva original para el problema de lo originario, sumando esta categoría de lo originario a las de lo primario y lo secundario. Como punto de partida destaca que la psique es en todos sus procesos una actividad de representación y describe la actividad de representación como "metabolización", como el equivalente psíquico del trabajo de metabolización propio de la actividad orgánica. Al usar este término (metabolización) en lugar de "transformación", quiso darle a la representación un sentido "más duro, más esencial de transformación". Su tesis original ha sido postular un proceso originario al que llamó "pictográfico", que opera junto a los procesos primario y secundario. Considera así tres modalidades de escritura, cada una con leyes sintácticas propias, correspondientes a los sistemas: pictográfico, fantasmático e ideico. Los tres procesos convergen en el engendramiento de la vida psíquica concebida como una "puesta en escena" y una "puesta en sentido", que suponen también la actividad

---

24 Subrayado de la autora.
25 Subrayado de la autora.

constante de investidura y desinvestidura, de fuerza de ligadura (*Eros*) y desligadura, rechazo y odio (*Tánatos*).

La escritura de lo originario es el *pictograma,* que se entiende como la figuración de un mundo-cuerpo a partir de sus efectos somáticos, proceso que persistirá a lo largo de la vida. El pictograma está ligado al cuerpo libidinal, en las raíces de la actividad psíquica. Lo primario posee el signo "relación", necesario para la realización fantasmática de fusión, de posesión, de dominio... Lo secundario lo constituye el proceso constante de apropiación de los enunciados identificatorios, en una relación de comunicación recíproca; es decir, todos los enunciados identificantes que el yo se formula se dan en términos relacionales, en función de una historia. Para Aulagnier, las representaciones pictográficas y fantasmáticas a las que podrá acceder el yo una vez que acceda a la palabra constituyen el fondo representacional, a la vez que forman parte de ese "memorizable afectivo" que el proceso analítico haría posible rescatar.

El trabajo de André Green es sin duda un referente conceptual de primera línea en la temática que discutimos, por sus aportaciones a la teoría de la representación y su "revisitación" metapsicológica, así como su insistente señalamiento de que la comprensión del funcionamiento psíquico en los pacientes que sufren de somatización no se encontrará en el modelo freudiano de las neurosis; encuentra, en cambio, puntos de referencia clínicos y teóricos en el funcionamiento psicótico, lo que le permite pensar diferentes manifestaciones clínicas "en los límites de lo analizable" mismas que va a definir como "estructuras no neuróticas". Contrariamente a la dramatización simbólica propia de la estructura psíquica normal, en las estructuras límites (así como en las psicóticas) se instala, afirma Green (1995), una actuación desimbolizante. Entenderíamos que no hay dramatización como teatro psíquico o puesta en escena de un conflicto, sino un acto "fuera de escena": no es "algo que quiere decir", sino un salto al vacío, un cortocircuito simbólico.

Dice Green (1986:129): "La representación no es para nada la producción de un mundo homogéneo [...]. Es la actividad fundamental del espíritu humano, jamás pasiva [...], más activa que reproductiva, construye la psique y el mundo juntos, sobre algo dado, y cumple su trabajo sobre la heterogeneidad de las categorías representativas". Partiendo del postulado de que la representación inconsciente es, más que un dato de partida, el producto de un trabajo -siendo la pulsión "el embrión del psiquismo"-, plantea que lo psíquico no debería entenderse como ligado directamente a la representación, sino que la representación sería más bien su consecuencia. "El psiquismo sería efecto de la relación de dos cuerpos en la que uno de ellos está ausente (1996:90)": he aquí un enunciado fuerte que condensa su importante trabajo teórico sobre la pulsión, que parte de insistir en la condición embrionaria de la misma bajo la noción de representante psíquico[26], así como de definir a la función "objetalizante", que se refiere al proceso por el cual "hacemos que aspectos del funcionamiento psíquico alcancen el rango de objetos"[27] (Green, 1995:291).

Su pensamiento se cataloga a veces como la perspectiva de "lo negativo" o pensamiento de lo negativo. Ese término de "negativo", en su uso como adjetivo, fue utilizado por Freud en distintos contextos (por ejemplo, para hablar de un tipo de alucinación, o referido a una modalidad de juicio en el proceso secundario —en su célebre trabajo "La negación" de 1925), pero como sustantivo, el término "lo negativo" es una categoría psicoanalítica de uso más reciente, que tiene que ver con el fracaso de representación y, según propone Green, con la acción de la pulsión de muerte. Lo "negativo" es visto bajo dos perspectivas: trófica, positiva, por un lado; por otro, destructiva y patológica, que reflejan la acción opuesta, invariablemente conflictiva, entre *Eros* y *Tánatos*. Lo negativo "normal" tiene que ver con la represión y con las defensas que contribuyen al sostén de la organización mental, en tanto que lo negativo destructivo muestra la acción de la pulsión de muerte con sus efectos en la desinvestidura, la desmentida y la forclusión.

Propongo la siguiente reflexión para cerrar esta sección: el sentido de un fenómeno psicosomático: tiene que ubicarse en el horizonte de la verdad del sujeto, no como discurso o fantasía encarnada, pero sí reveladora de la aventura psíquica de la persona, su trazado de vida, su historicidad. André Green, en el ensayo titulado "Entre realidad y verdad"[28], distingue la verdad histórica de la verdad material, afirmando que la cuestión de la verdad en psicoanálisis remite al inconsciente, a la batalla del sujeto inmerso en la conflictiva amor-odio y sus repercusiones en el diálogo del yo con la doble realidad —psíquica y exterior- que lo habita: "Si no se quiere ni abrir un abismo entre salud y enfermedad ni negar su diferencia —lo que corresponde al proyecto fundamental del psicoanálisis-, tenemos derecho a suponer que el conflicto amor-odio a la verdad es fundamental" (Green, 1995:346).

---

26 Que comenté en capítulo anterior.
27 La cual, dice Green, debe ser distinguida de la noción corriente de "relación de objeto", ya que esta última se limita a los vínculos que implican al objeto como tal.
28 En el libro *La metapsicología revisitada* -remito a la bibliografía general

Del cuerpo infantil al cuerpo del trauma

Lo que surge de este origen libidinal, es que "lo inconsciente de la vida psíquica es lo infantil" (Freud[29]). [...] rigurosa manera de traducir la frase del poeta: "El hijo es el padre del hombre".

Paul-Laurent Assoun, *Lecciones psicoanalíticas sobre cuerpo y síntoma*

Lo infantil como movimiento del desarrollo y del nacimiento del ser humano a sí mismo, lo infantil como móvil, como "momento" estructural permanente de la organización subjetiva, lo infantil como lugar indestructible del deseo: he aquí lo que va a forjarse como punto de referencia esencial en la teorización de los procesos psíquicos.

Jean Florence, *Las identificaciones*

Uno de los caminos que ha privilegiado la investigación psicosomática es la cuestión de las manifestaciones psicosomáticas en la infancia y la niñez, temática intrigante y extraordinariamente relevante tanto por sus implicaciones clínicas (los casos que demandan atención del psicoanalista) como por las rutas de reflexión propias del campo psicoanalítico que dirigen la atención a los procesos constitutivos del sujeto. Desde luego habría que advertir, como lo han hecho destacados estudiosos (v.gr. Winnicott, 1966, Green, 1995), que dicho foco de interés no se resuelve plenamente con la observación directa de niños y tampoco será suficiente el análisis de pequeños de dos y tres años; en realidad la investigación de los procesos psíquicos en la infancia temprana es un ir y venir entre elementos aportados por pediatras, psicólogos y psicoanalistas de niños, y el análisis de adultos, especialmente de aquéllos que se caracterizan por presentar condiciones límite. Pero más allá de los laberintos a recorrer en los procesos investigativos, preguntarse por los trastornos psicosomáticos en la infancia y la niñez es también confrontar, desde la perspectiva del "nacimiento de un cuerpo: origen de una historia" (Aulagnier, 1986a), los enigmas de la articulación entre lo somático y lo psíquico, es decir, lo que hemos llamado "la interrogación psicosomática".

Para los psicoanalistas de niños resulta evidente que la involucración somática en las manifestaciones afectivas y vinculares en los niños es "más natural y esperable, es decir, son más *psicosomáticos*" (Boschan, 1999)[30]; por su parte, Piera Aulagnier (1986a) considera que el niño no sólo es un "perverso polimorfo" según la conocida descripción freudiana, sino también un *psicosomatizante polimorfo*, observando que no hay niño

---

29 *Conferencias de introducción al psicoanálisis, AE* 15, p.193
30 Cursivas del autor.

que no presente "de manera esporádica, y bajo formas generalmente ligeras, alteraciones del comportamiento alimentario, del sueño, de la excreción, de la digestión... sin contar con que su aparición va a coincidir, lo más frecuentemente y de la manera más clara, con un conflicto familiar, los primeros problemas escolares, una separación de la madre o del padre, la llegada de un hermanito"(ibid, p.276); así, reconoce que es con efectos somáticos diversos como el infante da cuenta –desde un psiquismo embrionario- de un mundo que "abre brecha", en particular tratándose del "registro del sufrimiento". Recordemos a Freud (1914:82): "Hemos discernido a nuestro aparato anímico sobre todo como un medio que ha recibido el encargo de dominar excitaciones que en caso contrario provocarían sensaciones penosas o efectos patógenos". Evidentemente, los recursos psíquicos del bebé son precarios; inicialmente cuenta básicamente con lo que Freud denomina *alteración interna*[31], que representa el único medio de descarga mientras todavía no ha descubierto la *acción específica*[32]. De ahí que a veces se ha descrito al paciente psicosomático como utilizando "el código somático habitual de la infancia" (Aisemberg, 2001), aludiendo a una forma rudimentaria de descarga de las excitaciones que al no poder ser tramitadas por la palabra o el fantasma se derivan en el cuerpo físico.

> Freud hablaba de una "fuente somática" del afecto; yo sugeriría gustosa la expresión de "fuente somática de la representación psíquica del mundo" para subrayar que si todo lo que existe llega a ser tal para el proceso originario, es sólo por su poder de afectar la organización somática (desde luego, forman parte de este "todo" las propias producciones psíquicas) (Aulagnier, 1986a:157).

La primera forma de cualificar los estados pulsionales por parte del yo primitivo son los afectos. El malestar (al llamarlo así asentamos la premisa de que compromete un plano de funcionamiento que ya tiene una cualidad psíquica) puede manifestarse en el cuerpo infantil en forma muy temprana, por ejemplo con el cólico del lactante, que aparece en el primer trimestre de vida a partir de los diez o quince días de nacido. Se han documentado múltiples trastornos orgánicos en los niños, muchos de tipo funcional crónicos o recurrentes, otros eventualmente lesionales, para los que la pediatría encuentra que no pueden ser explicados por una

---

31 Manifiesta en el llanto y los gritos del recién nacido; también derivan de este recurso de alteración interna ciertas expresiones motrices que el bebé utiliza como modalidades autocalmantes.
32 *Proyecto de psicología* (1950 [1985]) *AE* I

causa orgánica. Un amplio abanico de formas y de gravedad[33], de las más serias a las más comunes -incluyendo las variaciones de la "normalidad"- ha sido descrito en diversos estudios, usualmente catalogados de acuerdo a su prevalencia en determinadas etapas del desarrollo, y que en conjunto conforman el campo de la psicosomática del niño[34]. Entre los más frecuentes están: los desórdenes del sueño (insomnio), trastornos gastrointestinales (cólico del lactante, estreñimiento funcional, síndrome de vómito cíclico, dolor abdominal, colitis, úlceras, mericismo[35], inapetencia o rechazo de la comida), respiratorios (espasmo del sollozo, asma), dermatológicos (eczema, psoriasis) y otros (por ej.: algias diversas –como cefalea-. o retraso del crecimiento). La clínica de la adolescencia también da cuenta de una florida diversidad de cuadros "psicosomáticos".

En realidad la temática de las manifestaciones psicosomáticas en bebés, niños y adolescentes, constituye un campo extraordinariamente amplio y complejo, el cual, abordado desde el horizonte del psicoanálisis, lleva a múltiples interrogantes y reflexiones. Evidentemente, no pretendo desarrollarla en el contexto de este trabajo; no obstante, constituye una perspectiva que al encuadrarse en la problematización psicoanalítica del cuerpo del infante y del niño, va a permitir visualizar algunas vertientes de reflexión que resultan significativas para confrontar las propias preguntas de investigación motivo de esta tesis. Voy a tomar como hilo conductor la elucidación de la idea de *escisión psique/soma*, construcción teórica que aparece en primera línea cuando se trata de dar cuenta de los procesos que juegan en la condición de vulnerabilidad somática o directamente en un trastorno psicosomático ya establecido, idea que lleva directamente a los procesos de constitución psíquica temprana, a comprender la función de maternaje más allá de sus versiones simplificadoras, y a reconocer las

---

33 La gravedad está relacionada con la intensidad de ciertos trastornos funcionales que entran en una modalidad de repetición peligrosa (vómitos cíclicos, mericismo, anorexia severa), o bien trastornos lesionales serios como por ejemplo un asma complicada por infección, recto-colitis ulcerosa o retraso del crecimiento "psicógeno" (J.L. Pedreira et al, "Los trastornos psicosomáticos en la infancia y la adolescencia" en *Rev. Psiquiatría y Psicología del. Niño y Adolescente,* 2001, 3 (1), 26-51. Para una discusión desde el campo psicoanalítico: cfr. Federico R. Urman, (2001) "Algunos hallazgos diagnósticos en los niños con potencialidado con enfermedad psicosomática instalada", *Psicoanálisis,* APA, V. 3, no. 3, pp. 713-741

34 Además de los escritos clásicos de los psicoanalistas que abrieron brecha en este campo como R. Spitz (*El primer año de vida del niño*) o D. Winnicott (*Realidad y juego, Clínica psicoanalítica infantil, La naturaleza humana,* etc.), está por ejemplo el libro *El niño y su cuerpo (Amorrortu)* del pediatra y psicosomatista León Kreisler en colaboración con M. Fain, especialista en Psicosomática, y M.Soulé, psicoanalista de niños. También de Kreisler: *El niño psicosomático* (Huemul). Adicionalmente, múltiples artículos con esta temática han sido publicadas en revistas especializadas.

35 Regurgitación y redeglución de los alimentos.

fallas tempranas en el proceso de narcisismo primario que se configuran como núcleos traumáticos o "vacíos psíquicos".

Dice André Green (1994a:126): "la escisión psique/soma –que es del orden de la experiencia normal- puede adoptar [en psicosomática] un giro sumamente patológico". ¿Cómo podría entenderse la idea de que la escisión psique/soma es del orden de la experiencia normal? Hay que partir de la idea comúnmente aceptada de la indiferenciación primitiva del sujeto embrionario que no es capaz de hacer ninguna distinción entre sí mismo y otro, entre el afuera y el adentro, etc. En ese contexto tiene una gran pertinencia el señalamiento de Green que otorga a la escisión (que viene del *Spaltung* freudiano[36]) su sentido positivo, ubicándola como una actividad fundamental, fundadora del psiquismo, en el sentido de que con ella –con la escisión, clivaje o separación- empieza justamente una diferenciación. El recién nacido va a recorrer el proceso de diferenciarse del universo materno (y no sólo del cuerpo materno sino del espacio psíquico de la madre) y va también a encontrarse en un cuerpo "propio", erogenizado desde el campo del otro y unificado en una imagen corporal sujeta a una dinámica psíquica permanente. Es decir, el complejo proceso pulsional y narcisístico propio de la actividad psíquica, construirá el cuerpo subjetivo (representacional), quedando el soma como esa dimensión de lo real -siempre en el horizonte- que exige elaboración, o sea, trabajo psíquico, recordando que las tres coordenadas de la realidad que para la psique son territorios de investidura/desinvestidura y de representación, (el soma o cuerpo real, el otro y el mundo[37]), inevitablemente conllevan una condición de otredad, de extrañeza o enigma, algo del orden de lo no simbolizable para la psique. De ahí que podemos afirmar, para centrarnos en el tema del cuerpo, que el soma –en su insondable complejidad y legalidad orgánica- es, desde el punto de vista del psicoanálisis, un "otro" para la psique.

Se trata de la condición dual que define la vida humana, que en la perspectiva freudiana lleva a la distinción entre orden somático y orden psíquico sujetos a una legalidad diferenciada. Ambos aspectos (somático y psíquico) implican una enorme sofisticación y se encuentran necesariamente vinculados entre sí en el fenómeno de la vida, cuya relación

---

36 La noción de *Spaltung* (clivaje o escisión) se usaba a fines del siglo XIX en referencia a cuestiones observadas por ejemplo en la hipnosis o las personalidades múltiples; también fue la base para que Eugene Bleuler hiciera de la *Spaltung* el fenómeno principal de la esquizofrenia. En el marco de la segunda tópica, Freud llevó la escisión "al corazón del yo": *Ichspaltung*, para designar –como en otros momentos señalamos- la coexistencia en el seno del yo de dos actitudes contradictorias: negación y aceptación de la realidad. Melanie Klein desplazó el clivaje hacia el yo: teoría de los objetos bueno y malo (Roudinesco y Plon, 1998).
37 Cfr. A. Green, 1994a.

tendría que entenderse desde la paradoja de ser cada uno autónomo -en cuanto a sus modalidades de organización y funcionamiento- y a la vez dependiente uno de otro[38].

Desde el psicoanálisis entendemos que la psique no tendría existencia sin el cerebro, pero al mismo tiempo afirmamos que no es un producto del cerebro.El sentido opuesto es tal vez menos evidente: ¿puede el organismo "depender" para su funcionamiento de la psique? La observación de las vicisitudes de la salud infantil, en particular de la manifestación de trastornos psicosomáticos desde la temprana infancia, ha dado lugar a que algunos notables psicoanalistas describan algunos fenómenos sorprendentes y también a poder concebir la noción de integración psico-somática que, como puede apreciarse, contrasta con la de escisión psique/soma.

Sin duda, el trabajo de investigación de René Spitz[39] se constituyó en un precedente de gran importancia para sustentar la naturaleza psico-somática del ser humano. Como se sabe, Spitz dio cuenta de los efectos catastróficos de la internación prolongada de niños muy pequeños en instituciones hospitalarias, creando en 1945 los términos de "depresión anaclítica" y de "hospitalismo" para designar un estado de alteración profunda, física y psíquica, que se instala progresivamente en bebés en el primer año de vida si son separados de sus madres y permanecen durante un lapso prolongado en una institución. El cuadro clínico de la depresión anaclítica consiste en pérdida de la expresión mímica (sonrisa), mutismo, anorexia, insomnio, pérdida de peso y retardo en el desarrollo psicomotor. Si la ausencia de la madre no es muy prolongada, la depresión anaclítica es reversible, incluso puede cesar rápidamente si se restablece el vínculo; no obstante, si la situación de ausencia de la madre se prolonga, el pequeño entra en la fase del síndrome de hospitalismo, que deriva en marasmo, detención del desarrollo y eventualmente la muerte del infante. Así, Spitz mostró que las instituciones de salud podían brindar una atención irreprochable en lo relativo al niño como sujeto físico, pero desconocían que el organismo del bebé sólo podía sostenerse desde el apuntalamiento que proporciona el vínculo materno.

En la misma línea podemos situar las preguntas por los trastornos psicosomáticos en los niños pequeños que, como hemos mencionado, pueden aparecer incluso en las primeras semanas de vida, lo que lleva a postular desde el psicoanálisis la noción de un *infans* que tiene una potencialidad psíquica desde el nacimiento destinada a realizar la tarea

---

38 En esta reflexión me inspiro, haciendo una analogía, en la noción de sujeto que establece Edgar Morin (1990) cuando lo define como autónomo (en tanto ser creador) y dependiente (de aquello que la da un sustento sin lo cual no existiría: el mundo simbólico-cultural).

39Médico y psicoanalista norteamericano (1887-1974) nacido en Viena en el seno de una familia húngara.

primordial de metabolizar las excitaciones –endógenas y sensoriales-, que realizará según las modalidades de lo originario, como lo han descrito autores como Green, Aulagnier y Kristeva, tarea que sólo puede desplegarse con el apoyo de la psique materna. De este soporte psíquico depende, insistimos, la integridad no sólo psíquica sino orgánica del niño pequeño. Es decir, la metabolización, "antes de convertirse en una actividad propia del niño, debe apoyarse en la condición previa de la metabolización materna, ya que es primeramente la madre la que da un sentido a las expresiones de placer y sufrimiento del niño" (Green, 1986b:195). El trabajo psíquico materno, que cumple la imprescindible función estructurante y anticipatoria del devenir del niño, que le lleva a interpretar como demanda las manifestaciones iniciales del recién nacido, ha sido catalogado como "violencia primaria" por parte de Piera Aulagnier. De manera semejante lo expresa W. R. Bion cuando dice que es la capacidad de ensoñación (*reverie*) de la madre la que transmite la cualidad psíquica de la experiencia. Green plantea que es precisamente la indiferenciación madre-hijo propia de los primeros tiempos de vida lo que le permite al bebé apropiarse de lo que nace de otro psiquismo. Las madres intuyen que su función no consiste únicamente en un esmerado cuidado de un cuerpo físico, sino de un ser que necesita del auxilio materno como contención psíquica. Se ha observado por ejemplo, que incluso algún sufrimiento de orden físico que padezca el niño puede hacerse tolerable si es acompañado de la intención amorosa y consoladora de la madre.

El maternaje, que consiste en realizar el papel de *espejo,* de *continente,* de *yo auxiliar* (Green, 1983); demandará de la madre la organización de su propio espacio psíquico para responder a la presencia del bebé, a la demanda implícita de protección que ella ve. Será el inconsciente de la madre –y ahí su propia historia infantil y el espacio psíquico que otorgue al padre del niño, tendrán un peso decisivo- el que definirá la calidad de su presencia y la relación con el lactante. Winnicott utilizó el término de "madre suficientemente buena", como aquella que es receptiva a la ilusión derivada de la omnipotencia infantil, que acompañará el proceso gradual de ilusión/desilusión; en otras palabras, que responderá a las necesidades del niño a partir de tres funciones: la acción de sostener al bebé (*holding),* que le da al bebé la vivencia integradora de su cuerpo; la manipulación o *handling,* que facilita la experiencia de coordinación corporal y la experiencia del *self* o sí mismo (propiciando la integración psique/soma); y la presentación objetal, que promueve en el niño la capacidad de relacionarse con objetos. La descripción que hace André Green me parece particularmente ilustrativa; él dice que para que una madre cumpla adecuadamente su papel es preciso que esté habitada por lo que llama "locura materna", usando esta expresión para aludir a la modificación psíquica que acompaña al embarazo y al primer período de la vida del hijo, y que se refiere –lejos de cualquier connotación patológica- a la pequeña locura de amor que es el investimiento masivo del bebé. Desde su perspectiva, nada podría ser más comprometedor para el devenir psíquico (libidinal, objetal y narcisista) que la experiencia de una "madre muerta", la cual se refiere a la *imago* que se imprime en la psique del hijo a consecuencia de una depresión materna: "una figura lejana, átona, cuasi inanimada" (Green, 1983:209), es lo que denomina relación "blanca", referida a una madre incapaz de investir al bebé.

La instancia que protege y gestiona la homeostasis psicosomática en el niño pequeño es la función materna, que está hecha de proyección de deseo y de investimiento. Se despliega en el contacto piel a piel, acunamiento, balanceo, modulación rítmica de la voz, canto, tono muscular al sostener al bebé; esto en el marco de una adecuada estabilidad y de coherencia de los cuidados maternales

El cuerpo naciente del niño que desde este momento inicial de dependencia total transitará de la necesidad al deseo y del proceso originario al primario y secundario, podrá verse desbordado en su capacidad de contención psíquica de las angustias primitivas derivadas del proceso de separación-individuación en gestación[40]. "Dado que el bebé psicológicamente no puede elaborar situaciones de tensión, de dolor mental o de una estimulación excesiva, las manifestaciones patológicas son, invariablemente, de naturaleza psicosomática, como en el insomnio infantil, el continuo regurgitar y volver a tragar el contenido estomacal conocido como mericismo, el vómito cíclico y las reacciones espasmódicas de diversa índole" (McDougall, 1982:110). La frecuencia de los trastornos funcionales en los primeros momentos de la vida, dan cuenta de modalidades de malestar que no disponen aún de vías de simbolización y se expresan con alteraciones funcionales ligadas a las pulsiones de autoconservación: de dormir, de alimentarse, de respirar.

McDougall (1989) recuerda que en el lactante existen dos tendencias fundamentales: a la fusión y a la diferenciación: "Los bebés intentan por todos los medios de los que disponen, especialmente en períodos de sufrimiento físico o psicológico, recrear la ilusión de la unicidad corporal y mental con el pecho-universo mágico pero, en otros momentos, lucharán con igual energía para diferenciar su cuerpo y su sí mismo naciente del cuerpo y del sí mismo de la madre" (*ibid*, p. 41). Winnicott, mostró que el bebé, a pesar de su aparato psíquico rudimentario, posee un importante recurso en la constitución del propio espacio interior y la emergencia del sí mismo, y particularmente para ir asimilando el proceso de separación de la madre en una etapa de la vida en que la madre ha sido todo su universo y junto con eso, las capacidades de simbolización no están constituidas. Este gran recurso que es la creación de espacios y objetos transicionales,

---

40 Según Margaret Mahler la individuación se pone en marcha al sexto mes, que coincide con lo que para Winnicott es la etapa de "dependencia relativa".

constituyendo una "zona intermedia de *experiencia* a la cual contribuyen la realidad interior y la vida exterior" (Winnicott, 1971:19), como en un niño mayor serán el juego y la elaboración imaginativa, y en el adulto lo será el arte. André Green (1996) considera que la noción de espacio intermediario, sede de los procesos transicionales que teorizó Winnicott, es una idea relevante para la comprensión y para el abordaje del proceso analítico de los pacientes psicosomáticos; la observación parece apuntar a la posibilidad de constituir un espacio potencial –transicional de reunión en estos pacientes en los que la separación psique/soma parece carecer de toda mediación.

Donald W. Winnicott desarrolló una idea de enorme interés para la temática psicosomática: la noción de *integración psique-soma*[41], que podemos entender como una tarea vital de subjetivación, siempre en proceso, es decir nunca concluida porque depende de la dinámica de investidura/desinvestidura. Winnicott la describe como el "alojamiento de la psique en el cuerpo", es decir, que considera un estado inicial de no integración entre *psique* y *soma* a partir del cual la integración será un logro. "Supongo que la idea explica –dice Green, 1986b:484- las diferentes disociaciones que pueden tener lugar afectando la unidad psique-soma".Dice Boschan (1999) que la idea de "disociación vs. integración psicosomática" define un posicionamiento teórico que trata de comprender el fenómeno psicosomático a partir de los distintos mecanismos disociadores de esta integridad[42]. Esta me parece una observación relevante; por un lado, subraya que hay que considerar que son varios los mecanismos disociadores que afectan la integridad psicosomática (es decir, se trata de diferentes disociaciones que pueden afectar la unidad psique-soma, según afirma Green), lo cual apunta a una complejidad alejada de cualquier intento de establecer linealidades etiológicas simples; pero también, sin duda es una idea eje (es decir, central, no accesoria) que compromete la comprensión de los planos en juego y de articulación: el corazón de la interrogación psicosomática.

Retomando el pensamiento de Winnicott, el autor plantea que la naturaleza humana no es cuestión de mente y cuerpo sino de psique y soma interrelacionados; la fractura de este nexo (psicosomático) produce diversos estados clínicos a los que dio el nombre de "despersonalización" que se refiere a vivencias de extrañeza y ajenidad del propio cuerpo. El proceso opuesto, que iría en la dirección de la integración psique/soma, tendría que ver con habitar el cuerpo: sentirlo propio, estable, confiable…,

---

41 Pedro Boschan, psicoanalista argentino fallecido en 2011, aclara que la noción de disociación psicosomática que desarrolló Winnicott, viene originalmente las ideas de Ferenczi (S. Ferenzci (1929), *El niño mal recibido y su instinto de muerte,* Espasa Calpe, Madrid).

42 Añade que, usualmente, los autores que proponen este tipo de teorización otorgan al concepto de trauma un lugar relevante en su edificio conceptual.

proceso siempre inacabado que requerirá de un terreno subjetivo y vincular sano que continúe dándole soporte.

Puede pensarse (formulo una hipótesis "psicosomática") que este "habitar el cuerpo" es condición de protección de la salud del cuerpo físico, entendiendo que el proceso concierne a los procesos narcisísticos en conjunto en la medida en que se trata del cuerpo como una atribución de lo "propio"; no obstante, habría que tomar en cuenta la distinción entre imagen del cuerpo y la realidad del cuerpo real/somático, ya que si bien ambas dimensiones se alimentan mutuamente, la primera es una construcción del orden de lo imaginario, en tanto que la segunda remite al vínculo con ese objeto único, especial y paradójico de la realidad que es nuestro organismo, condición patente de fragilidad, finitud y límites y, evocando a Freud "(el cuerpo propio [...] destinado a la ruina y la disolución"[43]), una de las fuentes principales de sufrimiento humano junto a los otras dos dimensiones de la realidad que son el otro y la Naturaleza. Pero también es el sustrato del sentimiento de existir; por ello "debe" ser investido. La relación con el cuerpo es compleja en la medida en que compromete los diversos registros de lo corporal[44], pero en conjunto se realiza al apropiarse de la capacidad de afectar y ser afectado, que no es otra cosa que un cuerpo abierto a la conexión con los otros y lo Otro –la energía de Eros en la expansión de tramas de Vida- a través de la elaboración permanente de su extrañeza, su temporalidad, su finitud. Implica el reconocimiento de las múltiples potencialidades que puede desplegar desde la calidad que imprime el afecto: dimensiones sensoriales, de expresión, de movimiento...; pasa también por el "cuidado de sí"[45]: por el acogimiento benévolo y responsable del propio cuerpo a la manera de la madre que cuida y protege el cuerpo del hijo, desde el deseo por la preservación de su vida. La acción de *Eros* en esta modalidad articuladora psique/soma tendría dominancia; eso sin olvidar que la fuerza de *Tánatos* (odio y violencia hacia el cuerpo) siempre está presente pugnando por la destrucción de nexos, a la espera de cualquier ocasión propiciatoria.

En ese contexto es relevante recordar las reflexiones sobre el afecto que hace Joyce McDougall (quien considera a los afectos como el vínculo privilegiado entre soma y psique), así como de ciertas patologías del afecto

---

43 En *El malestar en la cultura, AE,* 21
44 Observa André Green (2005) que las dimensiones fundamentales de la representación del cuerpo se despliegan según un campo que va desde las vivencias corporales más fundamentales hasta la de su apariencia, constituyendo un modo de representatividad "carnal" que es diferente de la representación del mundo y el otro. Afirma que el campo de la representación se extiende sobre espacios diferentes, heterogéneos: el cuerpo, el mundo y el otro, son las tres dimensiones fundamentales de la representación.
45 No podemos dejar de evocar la sugerente idea del filósofo Michel Foucault de la ética del cuidado de sí como una práctica de la libertad.

que se presentan con mucha frecuencia en pacientes psicosomáticos, como es el caso de la llamada alexitimia: la dificultad para nombrar y describir sus estados afectivos, y para distinguir un afecto de otro: "muchos de los pacientes alexitímicos y psicosomáticos hablan de su cuerpo como si fuera un objeto extraño, perteneciente al mundo externo o como si no poseyeran algunas de las zonas o funciones corporales, como si, de hecho, fueran vividas inconscientemente como algo que siguiera perteneciendo a la madre" (McDougall, 1982:159). El repudio de las vivencias afectivas y la utilización de otras modalidades de funcionamiento para descargar o dispersar la emoción que son comunes en pacientes psicosomáticos –y que en conjunto McDougall propone llamar "desafectación"- evidencia la escisión entre psique y soma, condición que también está ligada a formas de pensar pragmáticas y a la generación de una fachada de pseudonormalidad" para enfrentar al mundo[46], lo que David Liberman ha teorizado como "sobreadaptación"[47]: un privilegiar el acuerdo con las exigencias exteriores en detrimento de las propias necesidades.

McDougall postula que las defensas intensas contra los estados emocionales primarios han sido provocadas por "traumas psíquicos precoces". También otros autores que se han ocupado de los fenómenos psicosomáticos (v.gr. Green) han considerado relevante referirse a traumas tempranos, es decir, a aquellos que se sitúan en momentos anteriores a la fase edípica. La idea de trauma en los primeros años de la vida y su posible articulación con la vulnerabilidad psicosomática, remite a la temática del narcisismo. Si, como enuncia André Green (1983:186): "El fin último del narcisismo es borrar la huella del Otro en el Deseo de lo Uno", recordaremos que con la oposición entre "libido del yo" y "libido de objeto" se pone de relieve la tarea crucial –y siempre por rehacerse- de la dinámica subjetiva: dirimir el "deseo de lo Uno" dando espacio a la alteridad. Freud comprendió cabalmente que en el devenir de esa tarea inacabada se encuentra la construcción de la salud: "¿En razón de qué se ve compelida la vida anímica a traspasar los límites del narcisismo y poner (*setzen)* la libido sobre objetos? […]; al final uno tiene que empezar a amar para no caer enfermo, y por fuerza enfermará si a consecuencia de una frustración no puede amar"[48].

Existe un amplio acuerdo en el campo psicoanalítico en cuanto al papel relevante que juega la problemática narcisista en la patología psicosomática. "La dimensión narcisista es evidente en aquellos

---

46Características que McDougall ha encontrado, en concordancia con la Escuela Psicosomática de Paris y de hallazgos de investigadores como J. Nemiah y P. Sifneos que, como señalamos en otro momento, describían como "alexitímicos" a pacientes que no se mostraban capaces de hacer la lectura de sus propios sentimientos y emociones.
47 David Liberman et al (1993), *Del cuerpo al símbolo. Sobreadaptación y enfermedad psicosomática. Ananké, Buenos Aires.*
48 *Introducción del narcisismo (1914:82,) AE* 14

pacientes que reaccionan con hipersensibilidad a la intrusión en el espacio propio y, al mismo tiempo, conservan la nostalgia de la fusión y temen la separación" (Hornstein, 2000:30). Para la investigación en el campo psicosomático es un camino ineludible entender las experiencias de fusión primaria, de formación del yo y de aprehensión del objeto, lo que va a permitir interrogar lo que en una afección psicosomática evidencia puntos de fijación y oportunidades de regresión en los movimientos de desinvestidura propios de la pulsión de muerte. Sin duda, hay que partir de que los problemas narcisistas no se pueden pensar ni interpretar aislados sin tomar en cuenta las relaciones de objeto y la cuestión general de los nexos del yo con las pulsiones erótica y destructiva, concibiendo así los aspectos constructivos y tróficos del narcisismo, y su contraparte negativa (misma que André Green ha teorizado como "narcisismo de muerte"). La problemática narcisista se manifiesta de una manera plural en la clínica, destacando en primer plano las exigencias desmedidas del ideal del yo, el sentimiento de impotencia alternando con fantasías omnipotentes, la intolerancia a las diferencias, el empobrecimiento de las relaciones objetales así como el sentimiento de vacío y de futilidad...

Según ha sido descrito exhaustivamente en el campo psicoanalítico, el sentimiento de existir como entidad separada es el desenlace de un conjunto de procesos que del narcisismo primario absoluto lleva a la sexualización de las pulsiones del yo. El desenlace óptimo favorece la libidinización de la propia existencia, del propio cuerpo, de la creación del sentimiento de coherencia y de consistencia como base del placer de existir, en la difícil intersección con el principio de realidad y con las instancias ideales y superyoica. Todo como un desprendimiento-ofrenda del campo del otro en un reencontrarse el yo permanentemente en el investimiento objetal, junto a la tolerancia para estar solo. Desde luego, las condiciones ideales están lejos de ser logros perfectos o absolutos: todo sujeto tiene como herencia de la propia historia grandes o pequeñas heridas narcisísticas donde quedan alojadas decepciones, inseguridades, restos de alienación, autonomía relativa.... Pero nos ayuda a visualizar como contraste, la *retracción del sí mismo*, la retirada total del investimiento objetal, que "representa el hundimiento del yo tras la quiebra de los mecanismos de defensa, ordinarios o excepcionales, que intentan hacer frente a las angustias psicóticas: angustia traumática, producto de las energías no ligadas, puesto que la ligazón permite la solución de la angustia empleada como señal de alarma" (Green, 1983:58). Como hemos comentado en distintos momentos, se ha logrado una mejor comprensión de las afecciones psicosomáticas por referencia al modelo de la psicosis en lugar del modelo más conocido de las neurosis. "Habría, pues, algo más arcaico en los trastornos psicosomáticos que en los trastornos histéricos" dice Francoise Doltó (1984:286); se trataría, opina esta autora, de un sufrimiento "íntimo" en una época temprana, y referida a una "imagen del cuerpo arcaica". De ahí la importancia de preguntarse por los procesos que acontecen en la diada primitiva madre-*infans* y la aventura psíquica que supone.

El tiempo originario, afirma Laplanche (1992:105) "es aquel de una pasividad: la de la seducción". Esta frase resume la importante teoría de la seducción generalizada de Jean Laplanche, la cual tiene sus orígenes en la teoría de la seducción presente en la obra temprana de Freud, pero Laplanche la generaliza y define a la relación adulto-*infans*como "la situación antropológica fundamental", caracterizada por la asimetría entre un adulto que tiene un inconsciente sexual y un *infans* que aún no tiene constituido el inconsciente. De ahí que el mensaje del adulto siempre estará interferido y será para el niño enigmático; el mensaje quedará primero simplemente inscrito, implantado, a la espera de que sea, en un segundo tiempo, reavivado, integrado y dominado (el *après-coup* que menciona Freud). Este intento de traducción tendrá la importante función de fundar en el aparato psíquico, dice Laplanche (2003), el nivel preconsciente, el cual refiere básicamente al yo y "corresponde a la forma en que el sujeto se constituye, se representa su historia" (*ibid*, p. 4), tomando en cuenta que siempre habrá un fracaso parcial de la traducción por lo que estos contenidos serán reprimidos. Laplanche distingue dos tipos de mensajes: puede tratarse de mensajes implantados o entrometidos[49]. La implantación es el proceso normal, común, que permite que el sujeto pueda apropiarse del mensaje desde su doble faz traductivo-represora, mientras que la intromisión es su variante violenta y obstaculizará su metabolización, su historización.

El suceso que marca el nacimiento del yo es su (gradual) separación del objeto. En *Inhibición, síntoma y angustia* (1925) Freud califica de situación traumática a la vivencia de desamparo, que debe diferenciarse de la condición teórica, descriptiva que se hace del desvalimiento infantil. Así, uno de los modos de pensar el trauma en la obra freudiana es en términos de una ecuación entre la intensidad y magnitud de la excitación y la capacidad del aparato psíquico para ligarla, para simbolizarla. Freud se pregunta si en un niño de pecho la separación del objeto materno produce angustia, duelo o dolor, tomando como ejemplo al bebé que llora cuando aparece una persona extraña en el lugar de su madre, y encuentra que el peligro de pérdida del objeto materno le genera angustia y que también experimenta dolor. "El 'dolor' (*Schmerz),* ése es el 'grado cero' del afecto de separación: más borroso que el duelo [...], más elemental que la angustia..." (Assoun, 1997:176). El dolor psíquico es la experiencia de pérdida, rechazo o decepción que impone un objeto investido, provocado por "una decepción que se recibió en un

---

49 Laplanche desarrolla este tema en: "Implantación, intromisión", en *La prioridad del otro en psicoanálisis* (cfr. en bibliografía general), mismo que luego integra a su teorización del inconsciente enclavado.

estado de no preparación; esto lo acerca más a la neurosis traumática que a la frustración, a la privación" (Green, 1983:144). El apego y la separación del objeto materno compromete la tensión entre el afuera y el adentro, entre el yo y el otro[50], pero finalmente la pérdida del objeto es estructurante del psiquismo, instaurándose una relación nueva con la realidad, que incluye una posición depresiva[51]. La diferenciación del yo, al emerger de la indistinción con el objeto materno, da paso a las investiduras propias del yo, fundadoras de su narcisismo, que funciona también como compensación ante la pérdida del amor fusional.

En las vicisitudes del vínculo materno hay vivencias infantiles que puede constituirse como una condición traumática, lo que podría derivar en fracturas primarias en la constitución del yo. Típicamente se han descrito dos fallas en el logro de una madre "suficientemente buena" (según expresión de Winnicott): por carencia y por exceso. En el primer caso el bebé ha vivenciado un sentimiento de abandono, desvalimiento e impotencia; puede tratarse de la experiencia con una madre inestable e inconsistente (ante la cual el niño habrá hecho la difícil experiencia de depender de las variaciones del humor de la madre), pero la situación más grave sería una depresión infantil como consecuencia de la presencia de una madre absorta ella misma en un duelo. Es lo que André Green ha teorizado con el nombre de "complejo de la madre muerta", que lleva a la desinvestidura del objeto materno y a la identificación inconsciente con la madre muerta.

Pero también, el trabajo psíquico materno puede inscribirse como un exceso, manifestándose como una imposibilidad de reconocer al otro en su alteridad, "un imperativo materno arrasante de que nada cambie, anulando la capacidad de autonomía del hijo", que Piera Aulagnier (1986b), denomina "violencia secundaria", en referencia a lo que ella misma describe como violencia primaria que ejerce la madre en su imprescindible función estructurante y anticipatoria. Así, el proceso de individuación/separación se ve dificultado por las características intrusivas de la madre que actúa en la dirección de intentar prolongar la fusión ilusoria con el bebé como si fuera una prolongación narcisista de sí misma, imponiendo sus deseos y necesidades, fallando en la captación empática del niño. El niño ve interferido el proceso de reconocer sus propios estados afectivos, pero en un afán de mantener el amor materno puede adaptarse a las exigencias externas desarrollando un "falso self".

En el mismo sentido, Hebe Lenarduzzi (2005), pediatra y psicoanalista especialista en trastornos psicosomáticos de niños y adolescentes, hace la siguiente interpretación: "Muchos niños se someten; desmienten la realidad penosa así como sus propias iniciativas y sofocan la agresión, y

---

50 En ese contexto se puede apreciar la función del objeto transicional de Winnicott como forma de transitar esa doble fuente de tensiones.
51 Teorizada por Melanie Klein y también por Winnicott.

quedan así prisioneros de un vínculo poco discriminado para no perder el amor de sus padres. La consecuencia puede ser una perturbación de la alimentación..." (*ibid*, p. 27). Lo que generan estos traumas tempranos es incertidumbre sobre las fronteras del yo, vulnerabilidad ante la pérdida, ansiedad ante la intrusión y una tendencia a la utilización de defensas primitivas, particularmente la escisión, pero también la alucinación negativa (mantenimiento de ciertos sectores en estado de no existencia psíquica)[52], la identificación proyectiva y en general modos de descarga de tensión en los cuales la reacción predomina sobre la elaboración psíquica. "El psiquismo queda expuesto a diferentes formas de alteraciones como la exclusión somática, la expulsión por el acto, la escisión psique-soma y todos los niveles de desinvestiduras objetales y desmentidoras de la alteridad" (D'Alvia, 2005:100).

Los procesos que atañen a los primeros tiempos del psiquismo deben entenderse a nivel del funcionamiento de lo originario, cuyo modo de representación (pictograma según Aulagnier, semiótica para Kristeva, o simplemente pulsional en la interpretación de Green) está ligado al cuerpo libidinal, en las raíces de la actividad psíquica. La escisión psique/soma, como desenlace subjetivo anudado a las vicisitudes del narcisismo, es un interrogante permanente en la clínica psicosomática, sea que se trate de niños o de adultos. Para continuar nuestra indagación exploraremos a continuación las implicaciones del proceso de identificación en su relación con la imagen del cuerpo.

---

52 Denis Vasse (1983), en su libro *El peso de lo real, el sufrimiento*, describe el trabajo de lo negativo en su aspecto estructurante como el desenganche respecto a la positividad de la imagen y su negación mediante la palabra (v.gr. aquél en quien pienso no es la foto que veo), pero cuando este trabajo es imposible actúa el mecanismo de defensa más arcaico, que consiste "en un rechazo inconsciente previo a toda epresentación", tesis que ilustra con su observación de "algunos niños psicóticos que se manejan como si fueran ciegos y otros como sordos con la intención desesperada, ignorada, de no confiar su representación a ninguno de los sentidos" (ibid., p. 138). Aquí tenemos un ejemplo patente de escisión psique/soma extremo.

Cuerpo "entre-dos" pulsional y la transmisión transgeneracional

Lejos de ser una simple asimilación del significante o de esquemas simbólicos, [la identificación] toca a lo real y al cuerpo, en particular. El síntoma puede ser una identificación que se ha hecho carne [...]. Este tipo de identificación es el rechazo de la identidad: opta por el goce y deniega el corte, la distinción.

Julia Kristeva, *"Lo real de la identificación"*

Padre, madre, abuelos, hermanos y hermanas, sobre los cuales ya había hablado mucho. ¡Para no hablar de la cohorte de tíos, tías, primos y primas! [....]. Sin encontrar salida, realmente yo había descrito a estos personajes como exteriores a mí [.....]. Me faltaba en realidad encontrarlos ahí donde estaban efectivamente, actuando todavía, en mí mismo, me faltaba hundirme en una investigación en busca del tiempo perdido, búsqueda de estos momentos fantasmáticos de mis orígenes....

Alain de Mijolla, *Los visitadores del yo*[53].

Uno de los desenlaces deseables del proceso de subjetivación es la emergencia de una identidad psíquica relativamente autónoma, entendida la identidad no como mismidad sino como soporte de la diferencia: un espacio psíquico y un espacio corporal diferenciados, historizados, pero definidos también por su multiplicidad, no sólo en referencia a la pluralidad de instancias psíquicas que nos constituyen -lo que conlleva una tensión dinámica irreductible-, sino básicamente en el sentido de ser constituidos desde la otredad -simbólica e intersubjetiva. René Kaës (2007), por ejemplo, utiliza la elocuente expresión *"un singular plural"*, equiparando al sujeto con el efecto de grupo. Y de un Freud temprano que pensaba en la histeria, evocamos la frase: "Pluralidad de personas psíquicas: el hecho de la identificación autoriza un empleo literal de esta expresión"[54]. Pues precisamente, el psicoanálisis ha mostrado que el yo –junto a la función "sintetizadora" que le es inherente y que implica dirimir a la manera de compromiso las instancias y fuerzas a las que responde-, se modela en escenas dramáticas tramadas en "la otra escena"[55], es decir, se trata del juego inconsciente de las identificaciones.

Dice Julia Kristeva (1987:50) que, más allá de sus variantes, lo genérico de la identificación "supone la tendencia propia del ser hablante

---

53Original en francés (mi traducción).
54 Manuscrito L, anexo a carta a W. Fliess del 2 mayo 1897.
55 Expresión freudiana para la escena de los sueños, que Freud tomó de Fechner. Cfr. Octave Mannoni (1969), *La otra escena. Claves de lo imaginario,* Amorrotu, Bs.As., 1979.

a asimilarse *simbólica y realmente* una distinta entidad separada de él", y destaca la "intensidad" que implica un término que refiere, no a una simple asimilación de esquemas simbólicos, sino que "toca a lo real y al cuerpo en particular".en la larga meditación emprendida con motivo del presente trabajo alrededor de las afecciones psicosomáticas, he llegado cada vez más a comprender el carácter absolutamente central de la cuestión de las identificaciones en estos fenómenos, la que está, naturalmente, estrechamente vinculada a la temática del narcisismo y a la concepción de cuerpo pulsional como trasfondo del tejido de las hipótesis psicosomáticas en esa perspectiva conceptual. Ante la "enormidad"[56]de la temática de las identificaciones sólo bosquejaré lo que desde mi mirada parece abrir mejores cauces de exploración, tomando como eje de interrogación un hallazgo de investigación intrigante referido por muy diversos autores (y que también forma parte de mi propia experiencia clínica): se trata de ciertos fenómenos que podemos llamar "transgeneracionales"[57], y que aparecen vinculados a afecciones psicosomáticas en la forma de transmisiones o desplazamientos que atraviesan cuerpos, generaciones y tiempos. La multiplicación de tales hallazgos en la experiencia psicoanalítica no permite colocarlos simplemente en la categoría de "la excepción" y desoír la necesidad de abordarlos; ahora que, como dice el psicoanalista argentino Leonardo Peskin (2005), "lo difícil es explicarlos".

Esta inquietud conecta con una vertiente del pensamiento psicoanalítico que llevó a Freud por diversos derroteros en su obra y cuya pertinencia sostuvo invariablemente; me refiero a la idea de transmisión generacional. Están desde luego sus hipótesis filogenéticas, es decir, las ideas acerca de la transmisión de experiencias vividas por generaciones pasadas, las cuales, aun siendo polémicas, cumplen en el pensamiento freudiano una función de articulación teórica, es decir, constituyen un "mito científico" necesario; tal es, por ejemplo, la idea del asesinato del padre por los hermanos de la horda primitiva. Freud argumentó, alrededor de tal hipótesis, que "ninguna generación posee la capacidad de ocultar

---

56 Tomo este calificativo del psicoanalista Jean Florence (1987), destacado estudioso de esta temática, autor de *L'identification dans la théorie freudienne (1984)*. En el mismo sentido se expresa Piera Aulagnier (1986b:178), al señalar que "la complejidad de las preguntas que suscita el proceso identificatorio, la multiplicidad de mecanismos que le son propios y su papel rector en la economía psíquica, volvería absurda toda tentativa que quisiera proporcionar, en el espacio de un texto, un análisis exhaustivo".
57 Algunos autores contemporáneos que trabajan esta temática consideran útil distinguir entre lo "intergeneracional", que se refiere a la transmisión entre generaciones concurrentes en el vínculo intersubjetivo (típicamente entre padres a hijos) y lo "transgeneracional" (transmisión a través de varias generaciones). Anoto que tomo en cuenta el sentido de la distinción aludida, sin resultar necesario por el momento usar términos diferenciados.

a la siguiente hechos psíquicos de cierta importancia" *(Totem y tabú,* 1913), y sostuvo que esa modalidad de herencia debe tener otras vías de transmisión que no son ni las de una comunicación directa a través de la educación ni la socialización que impone la tradición.

También toma en cuenta lo que sería una especie de "co-producción" inconsciente de un acto por parte de miembros de un vínculo intersubjetivo, como lo describe por ejemplo en *Dostoievsky y el parricidio* (1928), analizando cómo el deseo de los hermanos (Dmitri, Ivan...) es ejecutado por otro (Pável). Así también, en *Introducción del narcisismo* (1914) Freud habla de la herencia psíquica que recibe el bebé a partir del narcisismo de los padres con la construcción de *His Majesty the Baby,* que juega la función de cumplir los sueños irrealizados de los padres. Y desde luego, hay que recordar esa premisa freudiana fundamental que establece que el sujeto está colocado en la encrucijada de ser tanto un fin para sí mismo como parte irrenunciable de un eslabón generacional: "el individuo lleva realmente una existencia doble, en cuanto es fin para sí mismo y eslabón dentro de una cadena de la cual es tributario contra su voluntad o, al menos, sin que medie esta"*(Introducción del narcisismo,* 1914:76). René Kaés (2007) plantea que con esta proposición Freud señala claramente que no sólo existe una *Spaltung* creada por el inconsciente, sino también esta otra división estructural consistente en llevar "una existencia doble" (*fin para sí mismo y eslabón dentro de una cadena)*, decisiva en el devenir subjetivo.

Para introducir la cuestión de la transmisión generacional siguiendo estos ejes freudianos, abordaré la imprescindible problemática de la identificación. La temática de la identificación, "anterior y transversal al Edipo" (Kristeva, 1987), nos lleva al yo-cuerpo del narcisismo, pero también al yo-eslabón de una cadena generacional. El cuerpo, en su estatuto inconsciente, no es una entidad individual, tiene fronteras lábiles, fantasmáticamente hay circulación, tal vez desplazamiento, incluso ocupación del cuerpo del otro, "el otro prehistórico inolvidable"[58], pero también cruce de fronteras corporales con los objetos que "reencontramos" en nuestra historia libidinal..."Personas y cosas aparentemente desaparecidas, borradas de los recuerdos a mi alcance consciente, pero en los cuales el análisis me revelaba su presencia al fondo de mí y la permanente resurrección por los medios más variados: repetición de tal comportamiento ajeno a mis hábitos, aparición de tal enfermedad «de familia»..."(De Mijolla, 2003[59]).

El interés en la identificación, pivote teórico fundamental de la metapsicología; "parece haberse renovado en estos últimos años", decía G. Michaud[60] en 1987. La cuestión de las estructuras "límite" o

---

58 Freud, en *Carta 52*
59 Original en francés (mi traducción).
60 En M.David-Ménard *et al* (1987), cfr. bibliografía general

"narcisistas", incluyendo lo referido a los límites entre neurosis y psicosis, la condición "límite" de los fenómenos psicosomáticos y la cuestión de la construcción de la alteridad, así como las reflexiones psicoanalíticas referidas a la subjetividad contemporánea -que ha sido descrita como "crisis del proceso de identificación"[61]-, entre otras temáticas acuciantes, tienen que ver con ese interés renovado. Como aconteció con otras nociones centrales, los matices que la definen y sus articulaciones con otras categorías conceptuales fueron desplegados en distintos momentos de la obra freudiana, abarcando una gran diversidad de fenómenos: desde la descripción de movimientos pulsionales primarios ("La identificación es conocida en el psicoanálisis como la manifestación más temprana de un enlace afectivo a otra persona"[62])hasta la comprensión de fenómenos colectivos, pasando por la conceptualización de diversas modalidades del proceso de subjetivación. Las nociones de *identificación primordial*, *identificación narcisista o primaria*, e *identificación histérica o secundaria*, son desde luego categorías fundamentales en la concepción del psiquismo y enmarcan los grandes modelos identificatorios trabajados por Freud[63], mismos que serían puestos en relación con otros términos importantes, como son: *incorporación, introyección, investidura* y *posición*[64], además de remitir también a la génesis del yo-ideal e ideal del yo, y a la constitución del núcleo del superyó vinculado al desenlace del complejo de Edipo.

Las identificaciones se tejen en una especie de oscilación entre el yo y el otro, movimiento en el que se juega un principio de "comunidad": no me "modelo" sobre el otro, me fundo con él. En el marco del análisis del sueño de "la bella carnicera", apunta Freud (1900:168): "Por tanto, la identificación no es simple imitación sino apropiación sobre la base de la misma reivindicación etiológica; expresa un <igual que> y se refiere a algo común que permanece en lo inconsciente"[65]. La identificación, considera Freud, es previa a toda investidura de objeto, planteamiento que sienta las bases para la comprensión del narcisismo primario. También dará cuenta del proceso que describe como "identificaciones regresivas" por las cuales una investidura de objeto es reemplazada por una identificación; es una regresión a un modo arcaico de identificación (narcisista) en el que el yo está en una relación de incorporación al objeto.

---

61 Cfr.C. Castoriadis (1996) "La crisis del proceso de identificación", en *El ascenso de la insignificancia* (cfr. bibliografía general)

62 Sigmund Freud en *Psicología de las masas y análisis del yo* (1920), *AE*, 20

63 Que Lacan retrabajará con los nombres de identificación simbólica, imaginaria (correspondiente al nacimiento del yo) y fantasmática (nacimiento del complejo psíquico llamado fantasma).

64 La categoría de posición *(Einstellung)* es en general menos invocada (Kaufmann, 1993), pero sin duda tiene un enorme relevancia.

65 *La interpretación de los sueños* (1900:168), *AE*, 4. El subrayado es del autor

En buena medida, dice Freud: "el carácter del yo es un residuo de las cargas de objeto abandonadas y contiene la historia de tales elecciones de objeto"[66].

Se trata del trabajo de duelo, el cual permite incorporar el objeto amado y perdido en la escena del yo, que, "metamorfoseado según el objeto abandonado, se ofrece al ello como objeto de sustitución" (Florence, 1987:167), según el camino del narcisismo secundario, transmutando una investidura de objeto ("tener") en una relación de ser. Con la identificación "el yo se convierte en ese objeto confundiéndose con él"(Green, 1983:22). La pérdida del objeto puede llevar a un trabajo de duelo "normal", un proceso de importante valor psíquico consistente en "la lucha que emprende un sujeto para retirar su libido del objeto perdido, para reinvestir al servicio del yo (*moi*) una energía libidinal que debe ser recuperada" (Aulagnier, 1986a:286); sin embargo, si los recursos elaborativos son insuficientes y toma preeminencia la ambivalencia hacia el objeto perdido[67] puede transformarse en alguna modalidad de duelo patológico, o bien derivar en la forma extrema de la melancolía[68]. Esta última se explica como una afección narcisista en la cual la identificación se muestra mortífera y destructora, como desenlace de la forma más arcaica de la ambivalencia: escinde al yo en una parte sádica y una parte perseguida (el odio contra el objeto deviene en odio al yo), dando lugar a una dinámica sadomasoquista delirante.

En la identificación se insinúa siempre "lo múltiple", testimonio de nuestro ser plural producto de una diversidad de vínculos heterogéneos, y "lo heredado", noción esta última de múltiples implicaciones y resonancias en la vida psíquica, más allá de sus significados corrientes. Pero empecemos por distinguir la identificación narcisista y la identificación histérica como dos grandes modalidades de funcionamiento psíquico, las que se expresan en una diversidad de variantes, tanto constructoras del yo como patológicas.

La identificación *histérica* sigue la lógica del sueño, en cuanto que expresa un deseo sexual reprimido; más específicamente, se ponen en juego mociones de deseo contradictorias, operando la condensación y la figuración en escenas dramáticas, en un juego ambivalente de posicionamientos. En la medida en que las identificaciones son procesos predominantementeinconscientes dependientes de procesos primarios, los referentes identificatorios no son personas como entidades psicológicas

---

66 *El yo y el ello (1923)*, AE 19.
67 Tomando en cuenta que la identificación, según Freud analiza en *Psicología de las masas y análisis del yo* (1920), es siempre ambivalente y puede oscilar entre ternura y deseo de eliminación.
68 *Duelo y melancolía (*1915 [1917]) *AE* 14

reales sino objetos en el sentido psicoanalítico y refieren comúnmente a un aspecto parcial del objeto, el rasgo único (*einziger Zug*) como lo denomina Freud: adoptar la tos del padre enfermo por parte de Dora, famoso caso de Freud, es un ejemplo conocido. El trabajo identificatorio, señala Florence (1987:148), "es responsable de la asombrosa plasticidad de las producciones identificatorias".

Las identificaciones primarias constituyen un modelo más básico de la identificación, en cuanto a que aluden a los procesos originarios de formación del yo y de la imagen del cuerpo. Las afecciones psicosomáticas -como en su momento las psicosis- han obligado a repensar estos procesos fundantes. En los primeros tiempos de la vida la *identificación primaria* se llama *narcisista*, por tratarse del momento fusional en que el yo primitivo está fusionado con un objeto, que es propiamente una emanación de él mismo más que una entidad diferenciada. Freud planteó que en la fase primitiva oral del individuo no es posible diferenciar la investidura de objeto de la identificación, de manera que, como fin sexual primitivo y como prototipo de la identificación, hablará de *incorporación* del objeto[69].

Este gesto inaugural de la identificación es canibalística, "expresión extrema de apropiación por destrucción y asimilación del objeto" (Assoun, 1997:123). Dice Assoun que la incorporación nos pone tras la pista de la somatizacion, como "puesta en acto física", que muestra así el fracaso de "una auténtica introyección". Porque en efecto, la introyección, como un destino posible de los procesos de identificación, implica apropiación, asimilación de una entidad ajena a través de un trabajo de elaboración, de procesos de simbolización y metaforización, es decir, de mecanismos propios del proceso secundario. En el plano del funcionamiento psíquico originario, donde lo que actúa son los mecanismos originarios de atracción y repulsión, Green (1986b) considera que habría que hablar de incorporación y excorporación (más que de introyección y proyección), ya que aluden más claramente a procesos ligados al cuerpo libidinal, en las raíces de la actividad psíquica, donde todavía no hay una toma de distancia sujeto/ objeto, pero sí una actividad psíquica que se despliega entre esos polos de atracción/repulsión correspondientes a las vivencias opuestas de cuerpo-placer y cuerpo-sufrimiento. Mientras que con la introyección el objeto pasa a formar parte del yo, constituyendo un proceso estructurante de carácter simbólico, en la incorporación actúan mecanismos de apropiación fantasmática, en cuyo caso el objeto no es metabolizado como parte del yo: no hay duelo elaborativo, función de la identificación, sino que actuará en formaciones imaginarias a nivel de la imagen del cuerpo.

---

69 *Tres ensayos de teoría sexual* (1905:180), *AE* 7

En las identificaciones primarias se da una actividad psíquica muy cercana a lo pulsional[70]; hay por tanto una dominancia de lo originario, de lo concerniente al cuerpo. Julia Kristeva (1993) destaca la importancia de tomar en cuenta las "precondiciones semióticas" del plano imaginario, entendiendo que en este plano juega toda la gama de las identificaciones que movilizan la imagen del cuerpo, y que si bien este plano se considera tributario de la fase del espejo, lo imaginario prolonga sus efectos hasta modalidades psíquicas anteriores. De ahí que le parece muy importante tomar en cuenta que el nivel imaginario está impregnado del sentido semiótico, mismo que es heterogéneo al registro del lenguaje y estaría referido a los representantes psíquicos de los afectos, según una dramaturgia ordenada de acuerdo a los procesos primarios. La identificación narcisista pone en juego invariablemente la tensión entre "el deseo de lo Uno y la huella del Otro" (Green, 1983), entre el recrearse en la imagen omnipotente de completud (el residuo fantasmático del narcisismo primario que es el yo-ideal) y la asunción de la separación y los límites. "Si ese modo de identificación narcisista persiste [....] ese modo de funcionamiento expone al yo a innumerables desilusiones" (*ibid*, p. :22).

La identificación primaria, señala Piera Aulagnier (1979:21), encuentra su esencia en lo que se imaginó para ese sujeto desde el deseo materno, en una anticipación y "violencia interpretativa" de las manifestaciones del niño: "La particularidad del Yo hace que él haya sido ante todo efectivamente la idea, el nombre, el pensamiento hablados por el discurso de otro: sombra hablada proyectada por el portavoz sobre una psiquis que la ignora y que también ignora sus exigencias y su loco objetivo". Aulagnier ha tenido particular interés en elucidar los procesos identificatorios que ocurren en la etapa inicial de vida que va del nacimiento a lo que Lacan nombró como el estadio del espejo -los fenómenos de captación identificatoria de la imagen del cuerpo propio-, etapa que ella describe como "el enfrentamiento del yo (*moi*) con su ego especular", a partir del cual el niño vierte su libido sobre la imagen que surge en el espejo –previamente investida por la madre- y se convierte en su yo-ideal, soporte del narcisismo, es decir, plantea que en la *identificación especular* hay una identidad del yo-ideal con el ego especular, mecanismo que considera fundamental para la relación imaginaria con el Otro y la emergencia del deseo.

La identificación, en su lógica, siempre es inestabilidad y movimiento, oscilación entre el "yo" y el "otro", y compromete múltiples dimensiones en tanto que es simbólica y real, cuerpo y sentido, y sin duda imaginaria en las distintas cristalizaciones de la identidad. Funciona a la manera de la

---

70 Representantes psíquicos de la pulsión y representantes del afecto, según las precisiones aportadas por Green (1996). Con una mirada crítica, A. Green hace la siguiente observación: "El inconsciente no está estructurado como un lenguaje (Lacan), está estructurado como un lenguaje afectivo o como una afectividad del lenguaje" (1996:248)

metáfora, el transporte de sentido de un lugar a otro. "La identificación, en el sentido de la metáfora y no de la comparación, debe entenderse en el sentido fuerte de un transporte [....] al lugar de otro" (Kristeva, 1993:53). ¿Pero de qué otro –otros- se trata?

Alain de Mijolla[71] (2003), evoca la frase desconcertante del poeta Arthur Rimbaud: *je est un autre* (yo es otro), impregnada de ambigüedad y de desafío a las certidumbres sobre la propia identidad, para interrogar la multiplicidad que constituye al yo. Con la noción de *fantasías de identificación*, da cuenta dela trama fantasmática que arma la transmisión generacional, por la cual "sobreviven muchos No – Muertos de nuestra prehistoria familiar". Tomar en cuenta la dimensión de la fantasía en la comprensión de los procesos identificatorios es fundamental ya que, más allá del referente de la realidad, hay una invención del otro -de los otros- que se incorporan como "visitantes del yo" (De Mijolla), tanto de los otros de la prehistoria personal que circulan en la mitología familiar o que se ocultan –y revelan- en los secretos de familia, como también de los otros que han formado parte de la propia experiencia de vida. Los otros no son personajes "reales", sino objetos como los he vivido en el vínculo, como los imagino y los idealizo: el juego de las identificaciones se inscribe necesariamente como dinámica pulsional.

En la identificación se trata, por un lado, de una *puesta en cuerpo* (Oury, 1987) como sugiere el modelo de la incorporación; por otro lado, puede funcionar esa modalidad de identificación narcisista conocida como *identificación transitiva,* fundada en el juego mimético con el doble. "Lo característico de una identificación narcisista es que conserva un vínculo donde el objeto y el yo son dobles el uno del otro" (Florence, 1978:158). No es equivalente a la imitación, que actúa en el plano de la representación preconsciente del cuerpo, sino que se trata de una identificación primaria por la cual se hace uno, mimetizándose, con el cuerpo del otro, una búsqueda insaciable con el doble que, como Freud señaló[72], es fuente del sentimiento de lo ominoso, de lo siniestro.

> No recuerdo quién llamó primero de las dos, sí, que una llamada, sucedió inmediatamente a la otra. "Llamo por mi hija, me está enloqueciendo" "Llamo por mi madre, me vuelve loca" [....] Mientras la mamá veía amenazada su ilusión de lleno completo y por fin... único objeto privilegiadopara otro, la hija padecía un vaciamiento subjetivo, sin lugar y sin tiempo, engolfada al espacio materno. (La hija, paciente afectada de psoriasis)[73].

---

71 Psiquiatra y psicoanalista francés conocido por sus aportes a la historia del psicoanálisis.

72 *Lo ominoso* (1919), *AE,* 17

73 Material clínico de María Rosa Wegier, psicoanalista de la Asociación Psicoanalítica del Sur (Argentina), en "Los ecos del silencio", capítulo del libro *Variaciones de la clínica psicoanalítica,* de próxima publicación en Letra Viva.

Otra modalidad relevante de identificación primaria, aludida frecuentemente en la literatura psicosomática, es la *identificación proyectiva* que, como se sabe, se trata de un concepto introducido por Melanie Klein para designar un mecanismo de naturaleza psicótica que es también mecanismo primario de la psique, que designa un *modo específico de proyección e identificación que consiste en introducir la propia persona en el objeto, para hacerle daño*[74]. La identificación proyectiva es una fusión entre proyecciones e identificaciones. Green (1995:302) lo describe como el colmo de la paradoja: "el yo es forzado a identificarse, a reapropiarse de aquello de lo que quiso desapropiarse; es a un tiempo la escisión y el fracaso de la escisión".con la identificación proyectiva el objeto que se quisiera extraño (acción proyectiva) ya no está neutralizado, ahora actúa desde adentro.

El término identificación abarca muchos procesos, originalmente inspirados en el análisis de la histeria y luego de la melancolía. Otro momento diferenciado muy significativo en la teorización freudiana fue la introducción de la idea de *identificación primordial*, descrita como la identificación con "*el padre de la prehistoria individual*"[75], que sin embargo, Freud no desarrolló ampliamente. ¿De qué "padre" se trata? De entrada, no se refiere al padre del conflicto en el complejo de Edipo, sino de una identificación originaria, inmediata, de la "prehistoria" personal, que más que "pre-edípica", está en otro registro. En el horizonte conceptual que la enmarca está la perspectiva filogenética; así, en el marco de *Totem y tabú,* donde describe la identificación con el padre de la horda primitiva, toma claramente la forma de un "*a priori* mítico, una alegoría fundamental de la forma en la cual se transmitiría de generación en generación [...] la libido inmortal" (Nasio, 1988:144).

Desde luego, habría que tomar en cuenta que para Freud lo "mitico" no tiene el estatuto de una fabulación, sino de una premisa teórica que le da coherencia a un aparato conceptual. Siguiendo esta línea, la identificación primordial se sitúa en la génesis del ideal del yo, estableciéndose el vínculo simbólico de filiación, en otras palabras, el motor de la identificación inaugural (primordial) es el principio de parentesco y de pertenencia a un conjunto. ¿Cómo entenderlo a nivel de la "prehistoria" individual, es decir, en el plano de la vida personal de cada sujeto? La discusión sigue abierta; Lacan lo discutirá en el marco de su construcción sobre "la metáfora paterna"; otros psicoanalistas han planteado la cuestión en el contexto de la primera sumisión del organismo vivo a *Ananké* (Necesidad), a la "servidumbre" corporal que implica la condición de ser sexuado y mortal[76].

---

74 Roudinesco y Plon (1997:506).
75 El mismo Freud (*El yo y el ello,* 1923:33), en nota a pié de página, señala: "Quizá sería más prudente decir <con los progenitores>, pues padre y madre no se valoran como diferentes antes de tener noticia cierta sobre la diferencia de los sexos...", *AE,* 19.
76 Ives Lugrin, en discusión de la presentación de Jean Florence (1987) "Las identificaciones"

En el capítulo "Freud y el amor: el malestar en la cura" de su conocida obra *Historias de amor,* Julia Kristeva (1983) hace un interesante análisis acerca del proceso que Freud nombró –sin darle gran desarrollo- como identificación con "el padre de la prehistoria individual", mostrando su extraordinaria importancia en la estructuración narcisista, identificación que constituye una primera modalidad de acceso a la función simbólica de la que depende toda *metaforicidad* y potencialidad amorosa, modalidad que define como la del "Padre Imaginario" (padre que equivale a los dos padres en tanto no hay todavía diferenciación sexual): "...ese Otro que tiene de hecho la grandiosidad de un Amo, es un polo de identificación porque no es un objeto de necesidad ni de deseo" (*ibid.,*p.31). Si, como es evidente, dice Kristeva, que el primer objeto amoroso del niño es la madre, ¿cómo entender ese "padre de la prehistoria individual"?

Así como André Green ha argumentado la importancia de superar la "abstracción" de la relación dual[77], en la medida en que siempre hay un "otro del objeto", Kristeva distingue la relación cuerpo a cuerpo entre madre e hijo -misma que seguirá los destinos de la progresiva separación y diferenciación-, del polo arcaico de identificación e idealización que remite a un esquema o modelo que va a constituir el Ideal del Yo: una identificación "inmediata" (según define Freud) y sin objeto, como transferencia directa al lugar del deseo materno. Se trata propiamente de un "no-objeto" u objeto *metafórico* que surge de la *Einfühlung* (la empatía propia de los estados amorosos, místicos o hipnóticos), instancia de idealización que distinguirá del objeto metonímico del deseo. Con la idea de *metaforicidad* (correlativa de esa "pequeña locura" que son los estados amorosos), Kristeva apunta a la dinámica compleja de la identificación, misma que involucra narcisismo e idealización: afirmación de "ser Uno en acto" como protección ante el *vacío* constitutivo del psiquismo, y como incertidumbre, transporte de sentido, movimiento. "*Ser como* no sólo es *ser* y *no ser,* sino también una aspiración al *des-ser* para afirmar como único <ser> posible no una ontología, es decir una exterioridad al discurso, sino como la obligación del propio discurso" (Kristeva, 1983:240). En ese contexto, Kristeva señala que los "estados límite" y los psicosomáticos, conducen directamente a interrogar el lugar de la identificación primordial, su rechazo o su sepultamiento: "Los somáticos no son individuos que no verbalizan, sino sujetos que dejan escapar o carecen de esta dinámica de la metáfora que constituye la idealización como proceso complejo" (Kristeva, *ibid,* p. 32).

Otra reflexión significativa en relación a la cuestión de la identificación primordial, es la que hace Jean Florence (1987), quien señala que la paternidad humana no es la reproducción sino la creación de un sujeto. Esto significa, en su perspectiva, lo que hace al sujeto viviente, deseante,

---

77 Que usualmente remite al dilema (que considera tiene serios inconvenientes conceptuales) "entre relaciones pregenitales (duales) y genitales (triangulares)" (Green, 1995:298).

para lo cual "tiene que haber un amor primero del padre" (*ibid.*, p.193), entendido como una suerte de fe primordial en estar vivo. La identificación primordial es, en su interpretación, la identificación con esa presencia de amor primordial, que es creación del sujeto en su condición de viviente, y que opone a la reproducción, la repetición, lo imaginario. Tiene que haber un amor primero del padre[78], insiste, que sostiene el narcisismo. Esta afirmación, aclara, no sólo forma parte de una reflexión teórica, sino que fundamenta un principio básico de acción en la clínica: "El trabajo analítico se articula sobre esta identificación primaria.Cuando este narcisismo es maltratado, mortificado, mortífero, se trata de sostenerlo" (*ibid,* p.193). Florence aborda también la relación de la identificación con las investiduras, entendiéndola como una dinámica que compromete el lugar del sujeto: "El narcisismo es del orden de una relación de autoafecto, de acción y de pasión; la identificación consiste en una relación que, por supuesto, se vuelve a jugar siempre. Por lo tanto, el sujeto cambia de lugar todo el tiempo; el deseo nos hace cambiar de lugar" (*ibid,* p.194).

En ese contexto Florence se pregunta qué es la *toma de cuerpo*, la incorporación, y afirma: el cuerpo es lo Otro, el cuerpo es algo que está habitado. Equipara sus reflexiones con lo que Francoise Doltó intenta plantear con su noción de *imagen inconsciente del cuerpo*, definida como ese narcisismo que hace que alguien pueda asumirse como ser viviente con sus pulsiones de vida y de muerte. Sin duda, Doltó (1984), al tomar como categoría conceptual privilegiada la de "imagen del cuerpo" desarrolló teorizaciones originales de gran valor, tanto para "la causa de los niños"[79] como para el trabajo analítico con niños y con adultos. Su propuesta teórica la ilustra en su obra con una gran diversidad de casos clínicos de trastornos de la imagen del cuerpo, incluyendo los trastornos psicosomáticos; en relación a estos últimos Doltó señala en su análisis que remiten a momentos arcaicos de la constitución narcisista.

A partir de la articulación entre cuerpo y sentido, Francoise Doltó describe lo que llama "el proceso de cohesión narcisista", mismo que se realiza a partir de las identificaciones –empezando por la primordial– y lo que considera como sucesivas castraciones (umbilical, destete, etc.) para cuyo desenlace exitoso se requiere que sean "simbolígenas". Esta trama narcisista consiste en la urdimbre dinámica de la *imagen del cuerpo* con el *esquema corporal*, que considera muy importante distinguir. Mientras que el esquema corporal es la vivencia del cuerpo

---

78 Al plantear esa idea de "un amor primero del padre" hace una referencia crítica a la hipótesis de André Green, quien utiliza la expresión "principio de parentesco", considerando que esta expresión es demasiado abstracta y formal.

79 Nombre de uno de los libros de Francoise Doltó (1908-1988) psicoanalista que fue militante de la idea de que el niño desde su nacimiento es una persona, digna de la palabra, no "un objeto de cuidados". El *infans* aunque no hable, no está fuera del sentido, éste lo va realizando, desde siempre, con su cuerpo.

según las coordenadas de la realidad, la imagen del cuerpo es sustrato del deseo, "memoria inconsciente de toda la vivencia relacional" (Doltó, 1984:21). El primer componente de la imagen del cuerpo para Doltó es la "imagen de base"[80], que está referida al narcisismo primordial y es caracterizada como la "intuición vivida del ser-en-el-mundo". Sostiene que el sentimiento de vivir de un ser humano, heredero simbólico del deseo de los padres, "amarra su cuerpo a su narcisismo" (*ibid., p.*43).A través del cuerpo, narcisizado, se accede al sentido.planteando el entrecruce permanente entre la imagen del cuerpo y el esquema corporal, muestra la acción de dos lógicas enlazadas: necesidad y deseo, las pulsiones y el mundo, consciente/preconsciente e inconsciente, cuya distinción y conjugación definen su mirada teórica sobre la imagen inconsciente del cuerpo[81]. Si nos alejamos del riesgo de cosificar (o positivizar) esta noción y se le ubica claramente en referencia al proceso narcisista, al yo-cuerpo, al espaciamiento psíquico y, especialmente, si se preserva su condición de enigma, de presencia/ausencia del cuerpo en la dinámica psíquica, la noción de imagen del cuerpo (que algunos psicoanalistas –como es el caso de Doltó- elevan como pilar de sus desarrollos teóricos y otros sólo la refieren en determinados contextos) tiene el valor de enfatizar el papel fundamental del cuerpo como sostén y como escenario del drama identificatorio.

André Green (1996) hace una apuesta teórica significativa al hablar de los fundamentos de las imágenes parentales. Según este autor, la identificación primordial con el padre evoca un *"principio de parentalidad"*, que es diferente a la identificación secundaria con el padre de la castración del complejo edípico. Ese principio estaría en el fundamento de toda vivencia de amor y autoridad efectivamente vividos con el o los padres y es un "término mayor, mantenido en la lejanía de la distancia, como referencia proyectiva del agrandamiento del sujeto, que convoca a éste a la dimensión del futuro de un modo tan oscuro como ineluctable" (*ibid*, p. 109). Green va a discutir esta interpretación del principio de parentalidad en paralelo con su hipótesis de la *alucinación negativa de la madre*, lo que en conjunto forman "las imágenes parentales". Lo que Green argumenta es que, cuando se produce la separación entre la madre y el hijo, se produce una "borradura" del objeto primario que, no obstante, no desaparece pues se transforma en un marco interno "susceptible de acoger en un espacio contenido las introyecciones y proyecciones ulteriores" (Green, 1986b:202). Esto constituye la alucinación negativa de la madre, una especie de continente no representable, no figurable, del funcionamiento hecho posible por el apoyo primitivo. Ese marco o

---

80 A la que le siguen, según Doltó, la "imagen dinámica" y la "imagen erógena".

81 Francoise Doltó tiene una interesante observación sobre el uso del diván: "En la técnica psicoanalítica, la neutralización del esquema corporal por la posición acostada del paciente es lo que justamente permite el despliegue de la imagen del cuerpo" (1984:22).

continente brinda la garantía de la presencia materna en su ausencia, y constituye un espacio que es receptáculo del yo, mismo que podrá ser ocupado por las investiduras en la forma de representaciones de objeto, es decir, desempeña un papel de continente del espacio representativo.

Ahora bien, ese marco interno puede no tener suficiente solidez por carencias o traumas tempranos (como el "duelo blanco"[82]) que hacen fracasar la experiencia de separación individuante; entonces ese continente en vez de funcionar como matriz primordial de las investiduras futuras se bosqueja como espacio conflictivo, con un yo "que se encarniza en retener el objeto primario y revive repetitivamente su pérdida, lo que trae consigo, en el nivel del yo primario confundido con el objeto, el sentimiento de un vaciamiento narcisista que fenomenológicamente se traduce en el sentimiento de vacío, tan característico de la depresión, que es siempre el resultado de una herida narcisista con disminución libidinal" (Green, 1983:233).

En la comprensión de las primeras identificaciones y de la llamada identificación primordial que venía comentando, las aportaciones anteriores arrojan mucha luz, pero adicionalmente haría falta, en mi opinión, tomar en cuenta la cuestión del dolor, para la cual las intuiciones de Paul-Laurent Assoun parecen fundamentales; "...esa 'cosa' del dolor, su 'causa moral', ¿qué es? Con seguridad, el Objeto-Madre por el que el sujeto está originariamente en duelo. Pero también 'el duelo por el padre primitivo' [...] En su extremo, el dolor moral, recapturado por lo inconsciente, hace pasar una vez más por el Duelo de una Madre perdida y un Padre muerto". (Assoun, 1997:193). Un "dolor primero", el de la separación, hace emerger al sujeto del dolor y al objeto "del" dolor, situación pulsional, nudo de la angustia primaria, fondo irreparable de lo real que falta, "el Otro prehistórico de la decepción inicial" (*ibid*, p.186): "el verdadero lugar de la *lesión* es que en lo sucesivo [el otro] pueda prescindir de mí..." (*ibid*, p.188). El dolor se revela como intermediario privilegiado entre lo físico y lo psíquico, por ello funciona como un "entredós": es una "cosa" entre el adentro y el afuera, entre el yo y el mundo. Una llaga narcisista en la que el sujeto experimenta sin cesar su "vaciamiento", y un Otro que "insiste" como causa de dolor hecha crónica. Si el dolor persiste en su estrategia narcisista, si "recae" sobre el cuerpo, dice Assoun, tendremos un síntoma "psicosomático". El paso a la enfermedad somática puede ser una estrategia de supervivencia, pero no será una "solución" porque el objeto "insiste" en faltar: el sujeto chocará sin cesar contra lo irreparable de la pérdida, en un imposible trabajo de duelo.

Toda la argumentación de Assoun sobre el dolor –que aquí simplemente bosquejo- deriva en mostrar su función metapsicológica, misma que define como "dolor moral", que no es otra cosa que el *dolor de*

---

82 La identificación con la "madre muerte" que postula Green, a la que ya nos referimos anteriormente.

ser, el *dolor de existir*. Lo que hay que reconocer aquí es la identificación "con un objeto perdido que le asigna el papel de testigo de *un agujero* en 'el Otro'" (*ibid*, p.193), "pues el dolor nace de esta 'conexión' de la falta adentro y el 'eclipse' del Otro afuera, eclipse de madre que se inscribe como augurio desastroso en el sujeto..." (*ibid* p.177) Detrás del dolor hay una escena arcaica que más tarde se verá reanimada –y modificada- con la angustia de castración; sin olvidar que la experiencia de dolor deja ver su sentido propiamente pasional con la acción de la pulsión de muerte y la dimensión del masoquismo originario. El "más allá del dolor", es decir, la capacidad de preservar el espacio del deseo a pesar del "dolor de existir" –sentimiento inevitable de ser separado, limitado, mortal- implicaría "lograr que el sujeto sobrevenga adonde estaba su dolor, para hacerlo re-encararse" (*ibid*, p.184).

A manera de un alto provisorio de lo hasta aquí revisado como sustento de nuestras hipótesis psicosomáticas, quiero resaltar ciertas ideas que al articularse entre sí dan cuenta, en mi opinión, de una gran potencia explicativa: *puesta en cuerpo, espaciamiento psíquico, puesta en vida, dolor de existir.*

Pero empecemos a dialogar con la clínica. La clínica psicoanalítica aporta continuamente elementos que van en la dirección de interrogar síntomas -y muy en particular fenómenos como son las afecciones psicosomáticas-, considerando la perspectiva de la transmisión generacional; se habla de secretos familiares y de duelos no resueltos; se trata en conjunto de experiencias traumáticas de otros tiempos y vividas por otros que parecen anudarse al sufrimiento actual de los pacientes e interfieren en el logro de su autonomía subjetiva. En relación a los fenómenos psicosomáticos se han documentado muchas experiencias. Veamos algunos ejemplos.

Peskin (2005) sostiene que si bien hay un acuerdo amplio en el campo de la clínica psicosomática respecto a que está en juego un fracaso de la operatoria inconsciente, es decir, una falla de los recursos psíquicos ante determinadas situaciones, lo que resulta -en similitud con las descripciones que hizo Freud de las neurosis actuales- en un pasar al cuerpo sin filtro afectando su homeostasis e integridad, persisten importantes enigmas, entre los que destacan precisamente los fenómenos psicosomáticos con marcas inter o trans-generacionales. Así, en el marco de un análisis riguroso, se hace muchas preguntas, por ejemplo: ¿Cómo alguien puede padecer de un mismo órgano y en una misma fecha que un padre o un hermano?, ¿cómo un matrimonio puede hacer simultáneamente una úlcera gastroduodenal evidenciada endoscópicamente? Estos casos –concluye Peskin- "los he podido comprobar en la clínica en varias oportunidades y cualquier psicoanalista clínico lo ha visto [...], lo difícil es explicarlo..." (*ibid*, p.266).

La psicoanalista argentina Mariana Howlin, en un trabajo en el que relaciona el fenómeno psicosomático con el acontecimiento traumático, habla de dos tiempos que se engarzan: uno correspondería a un suceso reciente, cuya coordenada psíquica estaría definida por algo del orden de la pérdida, sea de un ser querido, una posición social o un lugar simbólico, o bien, que corresponde a la asunción de nuevas responsabilidades. Por otro lado, algo transmitido de una generación a otra como "pedazos de temporalidad congelada". "Lo que he podido constatar –dice Howlin, 2012:1- por lo menos en algunos casos, en el trabajo clínico con estos pacientes [psicosomáticos] es que, además del suceso cercano en el tiempo anterior al desencadenamiento del fenómeno, es la existencia de un acontecimiento traumático (no sexual), acaecido una, dos o tres generaciones atrás, suceso que no fue elaborado, ni simbolizado, y se enquista en el entramado generacional, acallado pero eficaz en la producción de efectos".

Jean Guir[83], en alusión a la localización de los fenómenos psicosomáticos, dice que "en numerosos casos, las localizaciones anatómicas alcanzadas remiten, en un encadenamiento mimético aún no resuelto, al cuerpo de un miembro de la familia o al cónyuge. La zona corporal manejada por la lesión llama, invoca, a otro cuerpo que presenta en el mismo lugar una marca observable" (en diálogo con D. Nasio, 1996a:117). Es como si el sujeto afectado funcionara con un pedazo de cuerpo de otro, o como si trazara una nueva filiación con sus ascendientes. En muchos casos, según su experiencia, aparece una sorprendente vinculación de ciertos momentos específicos (típicamente aniversarios de algún evento o fechas determinadas) que desencadenan la afección y que remiten a un episodio particular de uno de los miembros de la familia, con múltiples ejemplos documentados, y advierte: "no es cábala", es la evidencia clínica. Se precipita una mimesis (variante primaria de la identificación) que actúa en el límite de lo imaginario con lo real, como una copia cuerpo a cuerpo.

Con la expresión "una peculiar patología del duelo", Aisemberg (2002) plantea que fallas en el procesamiento de duelo –generalmente de alguno de los padres- puede pasar a la siguiente generación en la forma de "tramitación somática": En la clínica generalmente encontramos en los pacientes con somatosis severas, duelos no procesados de ellos mismos o de sus objetos de identificación (*ibid*, p.36). Por su parte, McDougall desarrolla la tesis del "cuerpo para dos":"Cuando un adulto representa inconscientemente sus límites corporales como mal definidos o no separados de los demás, las experiencias afectivas con otra persona importante para él (o a veces con cualquiera que consiga movilizar por casualidad la memoria del cuerpo de un trauma psíquico antiguo) pueden

---

83 Psicoanalista francés de formación médica, autor de *Psicosomática y cáncer* (en castellano, en Ediciones Paradiso, 1984).

provocar una explosión psicosomática, como si, en tales circunstancias, no existiera más que un cuerpo para dos" (McDougall, 1989:20).

En efecto, en congruencia con la reflexión acerca de los procesos de identificación, hay que partir de la premisa de que "La realidad psíquica inconsciente se extiende más allá del espacio psíquico individual" (Kaës, 2007:63). O, como dice André Green (1994a), no se puede pensar en un punto de origen de un sujeto como si fuera el inicio de una generación espontánea; necesariamente hay un desborde del originario individual, por lo que invariablemente hay que tomar en cuenta la *transmisión plurigeneracional:* "...el origen ya no tiene ningún sentido con esta comunicación de fantasmas que se escalonan sobre más de una generación" (*ibid,* p.189).

Las voces que documentan experiencias desde la clínica psicosomática nos llevan a interrogar la noción de *identificaciones alienantes* que, en el marco de la reflexión sobre los procesos de transmisión generacional, da cuenta de modalidades de identificación que conducen a formaciones escindidas y no subjetivadas, producto de herencias que no fueron elaboradas en generaciones anteriores y que literalmente colonizan al sujeto. "La alienación, dice Kaës (2007:278), es el abandono o el sacrificio de una parte de sí mismo en beneficio del poder de otro interno o externo"[84]. Al respecto, las reflexiones teóricas de Piera Aulagnier (1979) acerca del estado de alienación, iluminan en forma importante este "destino del yo". En particular me parece significativa su propuesta de analizar la patología de la identificación como "patología de la idealización" para comprender los procesos que llevan a cristalizar identificaciones alienantes, construcciones identificatorias sobre las que apostamos una relación estrecha con la vulnerabilidad psicosomática. Tal como afirma Aulagnier, comprender la problemática de la identificación "exige que se considere lo que Freud llamaba los 'ideales del yo (*moi)*' y lo que he llamado el proyecto identificatorio" (*ibid.,* p.21). El proyecto identificatorio implica una tarea de *anticipación* del yo (en la forma de anhelos identificatorios, ya que esto significa catectizar una potencialidad, un futuro), que cumple una función de historización, de pensar la propia temporalidad.

La tesis principal que sostiene Piera Aulagnier (1979) es que la alienación presupone la idealización de la fuerza alienante (el otro o lo que representa) para el sujeto. Para comprender el proceso hay que referirse a una prueba muy particular del yo que Aulagnier llama *desidealización,* trabajo fundamental para el funcionamiento del yo y que atañe tanto al propio yo idealizado (ese primer yo catectizado

---

84 Como ejemplo de autoalienación, Kaës cita el abandono de las identificaciones del yo en beneficio de las exigencias del Ideal.

por la madre) como a las imagos parentales[85], naturalmente sobre el presupuesto de preservar *los puntos de certeza* que hacen posible la identificación simbólica (las funciones –paterna, materna, la posición de hijo, etc., que son independientes de los personajes reales que las han encarnado). "Pero puede ocurrir que esta desidealización no pueda superar el compromiso que estará en el origen del estado de alienación hacia el cual el Yo puede oscilar" (*ibid*, p.38).Hay que partir, dice Aulagnier, del supuesto de que la alienación tiene como meta abolir un conflicto identificatorio y el sufrimiento psíquico que resulta para el yo; es de hecho el límite extremo al que puede llegar el yo, "y que, si diera un paso más, desembocaría en la muerte efectiva del pensamiento, y por esa razón, de sí mismo" (*ibid*, p.35). El estado de alienación que no llega al límite de la psicosis muestra un camino que se ha impuesto al sujeto ante "demandas cuya desmesura torna imposible el responder a ellas sin caer en ese compromiso de la actividad de pensamiento que yo llamo la alienación" (*ibid*, p.18). Finalmente, desde la interpretación de Piera Aulagnier, destaco otra idea relevante: "La fuerza alienante [....] tiene la extraña propiedad de satisfacer conjuntamente los objetivos de Eros y los objetivos de Tánatos..."(*ibid,* p.12).

En el eje de las identificaciones alienantes varios autores han hecho aportaciones clínicas y teóricas relevantes. En particular, los trabajos de María Torok y Nicolás Abraham, psicoanalistas de origen húngaro radicados en Francia que realizaron a partir de la década de los sesenta del siglo pasado, se han constituido en un referente importante por sus hallazgos y desarrollos relativos a modalidades de transmisión generacional que describen como "identificación endocríptica", o simplemente "cripta"[86]. Puede tratarse de un secreto (un crimen, un suceso vergonzoso), una pérdida o una afrenta narcisista intolerable que queda enquistado, inmovilizado y escindido del yo, es decir, "encriptado", ya que ha sido resultado de un proceso "mágico" de incorporación, considerado opuesto a la introyección elaborativa propia de un duelo normal. Lo *indecible* de esa vivencia puede originar alguna patología en las generaciones siguientes a partir de ese contenido presentido pero *innombrable* y eventualmente *impensable*. Estos autores presentaron casos de fobias, de conductas delictivas, delirios o trastornos psicosomáticos, entre otras manifestaciones clínicas, en las que podía rastrearse el vínculo transgeneracional. Lo que ha afectado al sujeto "portador de la cripta" es la intensidad de los afectos generados en su entorno con motivo del evento traumático que le llevan a renegar su dolor.

---

85 Proceso también enfatizado por André Green (1996) en términos de la necesidad de desalojar imágenes arcaicas.

86 En su conocida obra *L' ecorce et le noyau,* publicada originalmente en Paris en 1978. En castellano: *La corteza y el núcleo,* Amorrortu, 2005.

Faimberg[87] se pregunta cómo es que un paciente ha podido ser afectado por una historia familiar que se remonta a tres generaciones; su teorización la denomina "telescopaje de generaciones". Considera que el fenómeno es universal aunque suele ser "invisible" en la clínica; cuando está vinculado a efectos patológicos es que ha acontecido un proceso de "identificación inconsciente narcisista alienante". Nussbaum (2009), en un trabajo que sigue el entramado del sujeto del inconsciente como "sujeto de herencia", plantea que las "identificaciones alienantes [...] impiden reelaborar lo heredado y *obligan* a repetir" (*ibid*, p. 156). Siguiendo la evolución del pensamiento de Freud acerca de la repetición, le interesa en particular destacar la relación entre la repetición y lo que no tiene representación, para discutir la idea de una transmisión generacional que se apoya en lo negativo, es decir, lo carente de inscripción y representación.

La hipótesis teórica que se desprende de distintos autores que convergen en la mirada psicoanalítica sobre la transmisión generacional, es que el sujeto que presenta el síntoma ha hecho una identificación alienante con un ancestro a través de un pacto denegativo. *Pacto denegativo* es una noción desarrollada por René Kaës (2007,1996), que refiere a una alianza inconsciente en un vínculo intersubjetivo que consiste en que algo se torna innombrable, irrepresentable como condición del vínculo mismo. Se planea que es la contraparte negativa de la idea de *contrato narcisista* de Piera Aulagnier (1975), por el cual al sujeto se le brinda un lugar en el mundo a cambio de la apropiación de los enunciados fundantes del conjunto; como resultado, el sujeto se convierte en portador de esos enunciados y eslabón generacional. Este "contrato" sostiene el narcisismo del sujeto, a cambio de una "deuda" que se paga con a-filiación. Carecer de ese sostén es una situación-límite, de desamparo total; comentando esta noción, Kaës[88] dice: "El lugar del desamparo es un lugar donde no hay lugar". El desamparo, en esta vertiente que recoge los desarrollos lacanianos, no se refiere al desvalimiento paradigmático del infante en el sentido de depender íntegramente de la ayuda exterior para sobrevivir, sino que apunta al estar desamparado, o sea, estar sin recursos frente al deseo del Otro, lo que constituye un terreno subjetivo propicio para vínculos de sometimiento.

Piera Aulagnier (1986b), quien hizo del estudio del devenir identificatorio eje principal de sus desarrollos teóricos, considera al yo como un compromiso que permite reconocernos "como efecto de una historia que nos precedió mucho antes y como autores de aquella que cuenta nuestra vida". Concibe el vínculo generacional como un

---

87 Haydée Faimberg (1989), "El telescopaje de las generaciones. Acerca de la genealogía de ciertas identificaciones", en Käes et al (1993), cfr. bibliografía general
88 En diálogo con I. Berenstein en Buenos Aires, 2002 [en línea]: http://www.tesispsico. unlugar

"*malentendido* inicial y original", un "inicio enajenante por definición", que consiste en que todo sujeto llega a tomar un lugar en un mito familiar, de manera que el discurso del Otro (la madre en un inicio) se dirige al personaje (imaginario) que ocupa en la escena familiar. Plantea que la mujer gestante se representa un *cuerpo imaginado*, unificado y autónomo sobre el que se vierte la libido materna, relación imaginaria que es garante del orden de lo humano en que ella se inserta, "indispensable para que el sujeto sea reconocido a su vez como un eslabón que viene a insertarse en una cadena significante de la cual él es el resultado y cuya continuidad ha de garantizar" (*ibid*, 286); la imposibilidad de la madre gestante de crear esta construcción imaginaria coloca al hijo ante un riesgo de psicosis.

En el encuentro con el ego especular (estadio del espejo), el niño asume el cuerpo imaginado investido por la madre como yo-ideal, soporte del narcisismo primario desde el cual podrá desinvestir progresivamente los objetos parciales en beneficio de una imagen unificada de sí mismo. Pero en el caso del psicótico, dice P. Aulagnier, lo que el sujeto ve en el espejo "lo dejará para siempre estupefacto de terror": se trata del otro como agente de la castración y él mismo como lugar de la castración, indisociables, "cuerpo inexorablemente castrado por no haber sido reconocido jamás en su autonomía de ser deseante, es lo que yo llamo *cuerpo fantasmatizado*" (ibid, 292), imposibilidad de que ese lugar se transforme en "lugar de la palabra". El psicótico, al no tener apoyo en su ego especular, convertido en fuente de angustia que lo anula como yo (*moi*), se cierra toda posibilidad y toda vía al mecanismo esencial de la identificación; recurrirá a la introyección, donde no habrá representación imaginaria del objeto sino la negación del mismo, como objeto parcial interior, "que anula a los dos partenaires en su condición de sujetos: de esta manera –dice P. Aulagnier (1986b:296)- comprendo el *autoerotismo, que es para mí un narcisismo primario en el nivel del único objeto parcial investido como lugar de la introyección*". El *cuerpo fantasmatizado* es una noción que tiene relación con el fantasma[89], pero que en este caso corresponde a una representación corporal inconsciente propia de la experiencia psicótica: *"el espectro de un cuerpo definitivamente castrado"*, que surge al menor intento del sujeto de asumir su deseo, que sería testimonio de autonomía subjetiva.

La noción de identificaciones alienantes, remite en términos amplios el fracaso del trabajo subjetivo de individuación y autonomía. Para cumplir

---

89 Otro gran tema que remite a textos fundamentales de Freud como el artículo "Pegan a un niño" (1919), entre otros, y que, en breve apunte, describiremos como escenificación del deseo y como la respuesta que el sujeto construye frente al enigma del deseo de Otro, que luego se desplegará como matriz de un universo de fantasías. Conforme progresa un análisis, dicen Laplanche y Pontalis (1968:146), se descubre que "todo el conjunto de la vida del sujeto aparece como modelado, arreglado por lo que podría denominarse, para subrayar su carácter estructurante, *una fantasmática"*.

su función estructurante del yo, las identificaciones deben ser susceptibles de trabajo elaborativo, es decir, realizar la tarea subjetiva de apropiarse de la herencia sin quedar alienado a ésta. Freud, que gustaba de citar a Goethe, recuerda una frase de *Fausto:* "Aquello que has heredado de tus padres conquístalo para poseerlo"[90]. Padres narcisistas pueden favorecer identificaciones alienantes en el hijo al dejarlo sin espacio para sus propias elecciones, deseos y creaciones, imponiendo intrusivamente sus convicciones y expectativas. Julia Kristeva (1987:67), discutiendo las condiciones de imposibilidad para construir la alteridad y la diferencia, refiere el caso de una paciente con una condición psicosomática vinculada a "una identificación fracasada, impedida por una hostilidad narcisística innombrable…:", afirmando que lo que fue decisivo en el éxito del proceso analítico fue resultado de una "desintrincación identificatoria".

Alienación o historización, en la doble vertiente de la metabolización de lo heredado (que incluye naturalmente la herencia cultural junto con la familiar) y del posicionamiento ante el propio deseo, parece ser una encrucijada vital comprometida en el devenir subjetivo. Un sujeto psicótico, por ejemplo, "no puede tomar puesto y lugar en la cultura común", actúa como si estuviera "desprovisto de antecesor, desprovisto de toda filiación" y "como lo advirtió Freud, el sujeto, mediante el delirio, se cura de su no-historia" (Green, 2005:205). Una interesante conexión en esta perspectiva de la psicosis y la relación histórica del sujeto a partir del eje teórico de la imagen corporal, lo encontramos en el trabajo de Gisela Pankow (1983)[91], quien postuló que en la psicosis la desintegración de la imagen corporal se acompaña de la pérdida simultánea de la relación histórica del sujeto. Dice Pankow que, al quedar disociada su imagen del cuerpo, el psicótico pierde también la dimensión histórica. Esta autora trasladó su reflexión de la psicosis a los trastornos psicosomáticos, y formuló algunas hipótesis que han llamado mucho la atención.

Ella plantea que en los pacientes psicosomáticos habría una correspondencia entre zonas de destrucción en la imagen del cuerpo y zonas de destrucción en la estructura familiar. La imagen del cuerpo estaría definida por sus funciones, que apuntan a aspectos estructurantes, simbolizantes y espaciales. Para Pankow la experiencia original del cuerpo forma parte (junto con la lengua) de las estructuras fundamentales de orden simbólico. Distingue tres modalidades de ser-en-el-cuerpo (*cuerpo vivenciado, cuerpo sentido* y *cuerpo reconocido),* correlativas a los distintos procesos identificatorios. A través del trabajo con la imagen corporal de sus pacientes psicosomáticos[92] descubrió

---

90 *Totem y tabú,* 1913, *AE,* 13
91 G. Pankow (1914-1988), psiquiatra y psicoanalista francesa de origen alemán.
92 Utilizando la técnica de expresión a través de la pasta de moldear; sólo después de su intervención en los fracturas de estas imágenes con la inspiración de los objetos transicionales de Winnicott, iniciaba con el tratamiento analítico.

una disociación a nivel del *cuerpo vivenciado*, la imagen del cuerpo más arcaica, la de la identificación primaria (equivalente a la imagen de base de Doltó). Lo original de su planteamiento es concebir la imagen del cuerpo "espacializada" en los vínculos primarios y "deshabitada" en correspondencia con aspectos siniestrados de la estructura familiar. Es una modalidad de identificación alienante donde una parte del cuerpo mimetiza y encapsula algún aspecto destruido de la historia familiar. Estas zonas destruidas (agujeros de la estructura familiar), están marcando –dice Nasio (1996a) comentando la hipótesis de Pankow- un cuadro simbólico por el cual se da un desplazamiento dentro de la misma descendencia. "Pienso que para ella la imagen del cuerpo no es sólo imaginaria sino también simbólica" *(ibid.,* p.98).

Nasio (1996a) discute la cuestión de la "elección de órgano" en la afectación psicosomática, remitiéndola a la idea de un desplazamiento, es decir, de "una transmisión fantasmática de un cuerpo a otro dentro de un mismo linaje". Nasio subraya la premisa de que el cuerpo en psicoanálisis no se concibe como una entidad individual, y sugiere que tal vez la mejor manera de describir una lesión de órgano es entenderla como "el objeto único que cierra la realidad de un entre-dos pulsional" *(ibid.,* p.96). Al hablar de un desplazamiento, errancia o "injerto" de un objeto (pulsional) en una cadena transgeneracional, hace notar que está apuntando a un marco simbólico en el que transita este desplazamiento. Por otro lado, considera importante tomar en cuenta que un sujeto en términos pulsionales es "un conjunto de realidades que lo componen" idea que traduce una maraña de realidades y de pulsiones.

De esta manera, podemos entender que un paciente psicosomático tenga perfectamente establecido el mapa genealógico familiar (que no es el caso del paciente esquizofrénico), pero algo de la misma naturaleza (simbólica, en tanto que atañe a la filiación) se enlaza en un circuito entre un "llamado" de tipo fantásmático y un "retorno" del deseo en otro sujeto, que estaría en el origen de la lesión[93]. Con su lesión, el sujeto se presenta en una nueva filiación con sus ascendientes, difícil de entender porque hay dos tiempos aunque al mismo tiempo están unidos; hay una falla del proceso de separación de manera que produce una inscripción aberrante de la filiación. Una especie de *parentesco en negativo*, que recubre "agujeros de la realidad" (y, desde su argumentación lacaniana, falta del "Nombre del padre", forclusión para cierta realidad), que Nasio equipara a los "agujeros de la estructura familiar" a que se refiere Gisela Pankow.

El "sujeto del retorno" es un sujeto atrincherado en la lesión somática. Esto conecta con la idea del "pavor" orgánico ante una demanda para la

---

93 Recordando que este autor señala que los grandes ejes a tomar en cuenta en una lesión de órgano son el simbólico (por la forclusión) y el nivel de lo imaginario por el narcisismo.

cual un sujeto no está preparado (que por tanto configura un trauma), ante aquello que en este fenómeno pierde su carácter de signo para constituirse en un llamado holofrásico.Quiero destacar en particular la referencia que hace Nasio al fenómeno de la hipnosis, que, tal como Freud la analiza en *Psicología de las masas y análisis del yo*, dice, es como "una amalgama entre el ideal del yo y el objeto de la pulsión" (*ibid*, p.97), vinculado a un cierto efecto paralizante y de fascinación al mismo tiempo ante un "llamado" del Otro, y que reúne los ejes de idealización y alienación que veníamos comentado. Recordando que, el ideal del yo en los momentos iniciales de funcionamiento del yo, va conformando una función diferenciada a partir de rasgos simbólicos que perfilan, en una imagen corporal arcaica, el lugar donde el yo se reconoce como susceptible de ser amado si satisface determinadas exigencias.

> El síntoma somático viene a dar fe de un acontecimiento que sólo en apariencia se juega entre él y él mismo, a tal punto aquél es "movido" por el Otro.
>
> ¿Y dónde buscar el llamado original de ese Otro, si no en el vínculo parental?
>
> Confrontado a ese punto de dolor innombrable [...] el sujeto se enfrenta a un imposible de decir, extenuación de los recursos simbólicos, que lo acorralan en la estrategia corporal, esa "acción interna" cuyas modalidades y componentes, pulsionales y narcísicos, hemos descripto. La introyección corporal se alcanza al precio de una desintrincación pulsional que constituye su temible eficacia. (Assoun, 1997:251-261).

Con estas evocadoras reflexiones de Paul-Laurent Assoun hacemos un puente hacia las reflexiones finales alrededor de las vertientes de pensamiento psicosomático que nos parecen más significativas.

El cuerpo en la encrucijada vida/muerte

*Es cierto que estamos enfermos cuando no somos amados;
entiéndase: por falta de metáfora o de idealización identificadora,
una estructura psíquica tiene tendencia a realizarla en ese no-
objeto encarnado que es el síntoma somático, la enfermedad.*

Julia Kristeva, *Historias de amor*

*Puede decirse del erotismo que es la aprobación
de la vida hasta en la muerte.*

Georges Bataille, *El erotismo*

El trasfondo teórico imprescindible de las hipótesis psicosomáticas que hemos venido explorando lo constituye la "metapsicología" del cuerpo[94], cuya marca fundamental es el horizonte pulsional desplegado a partir de la dinámica conflictiva entre *Eros* y *Tánatos*. Si Freud advierte que todas las manifestaciones de la vida responden a las vicisitudes de ese antagonismo, la importancia de interrogar los estados de salud y enfermedad desde tal perspectiva, es sin duda la gran apuesta psicoanalítica. Las pulsiones de vida que, como puntualizó Freud, expanden las conexiones libidinales, complejizan las obras humanas creando nuevas formas y sentidos, están invariablemente tensionadas por la aspiración al no-deseo, por la disolución de las conexiones que nos mantienen en existencia psíquica y –apuesta psicosomática- en un estado favorable a la integridad orgánica.

El cuerpo enfermo, que constituye para el yo, simultáneamente, una afrenta y un reacomodo narcisístico (vergüenza porque muestra una "falla", pero también referente obligado de su realidad corporal que tiene que investir), hace patente la condición límite de la corporeidad: servidumbre y finitud. La legalidad del orden orgánico por un lado y la del orden psíquico, por otro, conformando la siempre provisional y por devenir "unidad psicosomática", trazan las rutas que exceden toda voluntad y fantasía omnipotente. "El yo (*je*) ha encontrado en primer lugar su propio espacio corporal como representante metonímico de ese espacio que llamamos la realidad, representante que le ha obligado a reconocer [...] un fuera del yo (*je*) que escapa a los *diktats* de su deseo, que le impone sus exigencias, sus prohibiciones, que le revela los límites de su poder, la desmesura de sus anhelos" (Aulagnier, 1986b:337).

Si puede hablarse de una vivencia paradigmática que confronta al sujeto radicalmente con sus límites, es la del cuerpo-sufriente, la del dolor físico y la enfermedad orgánica. Sin embargo, aunque el sujeto odie el

---

94 Expresión que tomo de Paul-Laurent Assoun (1997)

sufrimiento que le hace experimentar, el cuerpo es un objeto que no puede desinvestir, "que, si quiere seguir vivo, debe intentar reparar, satisfacer, proteger" (*ibid*, p.343), sin olvidar que, vía el masoquismo, una parte del sufrimiento puede ser erotizado. Piera Aulagnier plantea que la relación que todo sujeto mantiene con su propio cuerpo está marcada por una dimensión conflictiva y una ambivalencia jamás superada; los avatares y destinos de esta relación estarán definidos por la dinámica pulsional.

> Cada vez que el yo (je) no encuentra más en la escena del mundo un objeto que le permita conservar la mezcla pulsional, conservar el compromiso signado entre Eros y Tánatos, el conflicto que opone a estas dos fuerzas estallará sin disfraz y sin mediador, con el riesgo mortífero de hacer del propio cuerpo "el enemigo a vencer" (Aulagnier, 1986b:345).

Suscribiendo en toda su radicalidad el pensamiento freudiano que señala que en lo más íntimo del ser reside un afán de abolir toda tensión, trabajando así hacia su desintegración (*todo lo vivo muere, regresa a lo inorgánico, por razones internas*[95]), puede afirmarse que la pulsión de muerte constituye un elemento mórbido para el organismo, que si bien es dominada hasta cierto punto gracias a su mezcla con las pulsiones de vida, muestra todo su poder para minar la salud ante procesos afectivos que debilitan el apego a la vida, es decir, aquellas situaciones que precipitan una desintrincación pulsional como son los estados depresivos, los duelos, las pérdidas narcisistas o de seguridad, los traumas. "La clínica psicosomática sugiere –dice Christopher Dejours, 1989:109- que cuando sobrevienen ciertas perturbaciones del funcionamiento psíquico que alteran la economía del cuerpo erótico, aparece al mismo tiempo un riesgo de enfermedad somática". La pulsión de muerte no dominada implica una destructividad que socava la conexión (libidinización) con el propio cuerpo, lo que conduce a una fragilidad de la propia vida, "una manera incoercible de ausentarse de sí mismo, una incapacidad repentina y radical de acoger la vida misma, con desubjetivación, desencarnación, desafectivización" (Dejours, 2001:159)[96]. Se trata de lo que ya he descrito como escisión *psique/soma*[97], también característico de ciertos estados depresivos que se asocian usualmente con las somatizaciones.

Al resaltar la sorpresa del propio Freud ante su descubrimiento de la extraña pulsión que atenta contra su propia morada orgánica, Paul-Laurent Assoun (1997) le da énfasis a esa morbidez que desde la pulsión de muerte marca invariablemente lo somático, señalando que puede derivar en una suerte de "desgarramiento intraorgánico" o *"división de lo orgánico*

---

95 *Más allá del principio del placer* (1920:38), *AE*, 18
96 En *Le corps, d'abord* (original en francés: mi traducción).
97 Cfr. *supra*, en el apartado "Del cuerpo infantil al cuerpo del trauma"

con respecto a sí mismo" (*ibid,* p.138)[98], afirmación que hace recordar aquellas frases como "locura destructiva de la mente, enloquecimiento del soma"[99] con la que algunos autores (Green, McDougall, entre otros) comparan las psicosis con los estados psicosomáticos, y que refiere a la escisión como modalidad defensiva dominante.

André Green (1995) considera necesaria y esclarecedora la aplicación del modelo de la pulsión en el campo psicosomático. Propuso algunos procesos que considera importante tener en cuenta en este campo: la alucinación negativa, el ataque a las investiduras, la escisión psique/soma, entre otros. En las manifestaciones psicosomáticas, insiste, se verifica el anverso o negativización de la función objetalizante: la desobjetalización como obra de la pulsión de muerte. Esta negativización de la función objetalizante hace tocar las fronteras de lo psíquico, se trate de la psicosis o de la psicosomática, llevando a la psique "a ceder cada vez más terreno a la excitación y a la lucha contra la excitación respecto de la función de representación. La dramatización psíquica intenta recobrar sus derechos mediante el delirio en el caso de la psicosis y por el juego con la muerte en la psicosomática. Juego sin embargo poco erotizado, a menos que la certeza de morir autorice esas llamadas libidinales que Michel de M'Uzan investigó en los moribundos..." (Green, 1995:294). Las afecciones psicosomáticas muestran la acción de la desinvestidura propia de las pulsiones destructivas, que dan cuenta de "el poder de aniquilar la representancia y que no hallarán otra posibilidad que la descarga salvaje en lo real" (*ibid,* p. 145).

La desintrincación pulsional muestra en la afección psicosomática, su devastadora eficacia. ¿Qué es entonces, se pregunta Paul-Laurent Assoun (1997), lo que puede postularse como "causa ocasional"[100] de la desunión pulsional? Como otros autores, postula cierto trauma originario y extenuación de los recursos simbólicos que impiden subjetivar el sufrimiento, lo que acorrala en la repetición, en "el retorno *anestesiante* de la expresión somática" (*ibid,* p.236). Como señala Green (1983:24): "La metáfora del regreso a la materia inanimada es más fuerte de lo que se cree, porque esta petrificación del yo apunta a la anestesia y a la inercia en la muerte psíquica". Rodolfo D'Alvia, psicoanalista argentino, destaca la marcada deslibidinización de la interioridad que con notable frecuencia se observa en pacientes psicosomáticos, lo que se manifiesta como pobreza representacional, objetal y afectiva, y que se compensa

---

98 Cursivas del autor.
99 André Green (1996:293)
100 "Si hay una especie de teorema "ocasionalista" de la experiencia psicoanalítica del cuerpo, puede enunciarse según el principio de que *nada le sucede al cuerpo* –en su causalidad orgánica– que no tenga su causa "ocasional" en el Otro; entendamos con ello cierta relación con el Otro que el *sujeto padece"* (Assoun, 1997:260). Añade en forma contundente: "El punto de vista organicista es renegación simultánea de lo físico (inconsciente) y de la alteridad (simbólica), reducida a un mero contexto relacional" (*ibid).*

con una sobreestimación de lo fáctico –tal como han descrito distintos autores en este campo. Y subraya que esta modalidad de funcionamiento "desequilibra la armonía pulsional produciéndose un incremento de la pulsión de muerte con la consecuente descarga disarmónica en el mundo externo y en el cuerpo" (D'Alvia, 2005:97)

Cierro con una reflexión que coloca el modelo pulsional como importante faro en la tarea clínica: ante un paciente con afección psicosomática, el analista haría un trabajo de tejido sobre el vacío que constituye la lesión construyendo desde los lugares del funcionamiento neurótico, una especie de servir de puente para que el paciente "retome el camino del cuerpo erótico"[101]. Evoco aquí nuevamente el pensamiento de Georges Bataille (1957:23) con el que presentamos esta última sección: "Puede decirse del erotismo que es la aprobación de la vida hasta en la muerte".

---

101 Referencia a Christopher Dejours

CAPÍTULO 5

TRAYECTOS Y DEVENIRES EN LA CLÍNICA PSICOANALÍTICA: EL CASO DE GISELA

El devenir es lo que convierte el trayecto más mínimo, o incluso una inmovilidad sin desplazamiento, en un viaje; y el trayecto es lo que convierte lo imaginario en un devenir.

Gilles Deleuze *(en Crítica y clínica).*

La experiencia en la clínica psicoanalítica puede pensarse como un devenir, pero no en el sentido de llegar a una meta o alcanzar una forma determinada, sino como el despliegue de una potencia de vida para poder transitar en un viaje de descubrimiento, aventura de múltiples trayectos. Un caso nunca repite otros; sí, sin duda reconocemos semejanzas y activamente buscamos-abrevando de la teoría que nos es propia- un horizonte de inteligibilidad para cada nueva situación que se presenta en el consultorio, pero la *escucha,* esa modalidad metodológica específica del psicoanálisis nos arroja también, inevitablemente, a un mar de posibilidades y de incertidumbres, nos llama a co-crear con cada paciente un proceso que por definición es abierto, situación privilegiada para el pensamiento, para la investigación que acompaña a la clínica.

La riqueza de la clínica proviene de su vocación para aproximarse a cada caso a partir de la apreciación de la singularidad, ese tejido único de historicidad y de condiciones irrepetibles de una vida en particular. Se trata entonces de poner en acto la comprensión interpretativa de la subjetividad que se despliega en el consultorio al mismo tiempo que mueve a una disposición de indagación, en la medida en que cada experiencia clínica alimenta preguntas y abre un campo de análisis que va más allá de ese entramado único de que es cada caso particular, campo que aquí se refiere específicamente a los procesos psíquicos anudados a los trastornos de salud que llamamos psicosomáticos.

En ocasiones las preguntas enraizadas en la clínica insisten con tal fuerza que nos llevan a emprender proyectos específicos, como el que he llamado en este trabajo "la interrogación psicosomática"; con esta expresión he enfocado la puesta en juego de preguntas e hipótesis referidas a la articulación *psique/soma* desde una comprensión psicoanalítica. La "interrogación psicosomática", tal como he venido planteando, ha tenido como horizonte una íntima e imprescindible conexión con la experiencia clínica, tanto en lo general –me refiero a diversos casos atendidos en el consultorio en los que la cuestión de las afecciones a la salud "del cuerpo" han sido un tema relevante- y, en lo específico "el caso de Gisela", con el que me propuse recorrer un camino sistemático de estudio a profundidad como forma metodológica para empujar hasta el límite las difíciles preguntas por el cuerpo, entendiendo cuerpo en el sentido freudiano de *cuerpo pulsional*.

El caso de Gisela cubre ampliamente las condiciones paradigmáticas y de excepcionalidad que justificaron su elección como impulsor de la travesía de reflexión e indagación que emprendimos: además de la circunstancia de presentarse al espacio psicoanalítico con la demanda única de alivio de un dolor físico extenuante que la había hecho recorrer durante años diversos consultorios médicos, así como de las vicisitudes que reveló el proceso y que colocó al dolor físico como recurso defensivo extremo en el marco de una compleja trama subjetiva, dispusimos de una experiencia de tratamiento de seis años de duración, la cual por su duración y consistencia–el apego de la paciente al tratamiento- resultó ampliamente satisfactoria como terreno de observación.

Presentar el material clínico del caso elegido es el reto de este capítulo. No es un reto menor ya que no es evidente ni simple resolver cómo y qué comunicar de un caso que atravesó un tratamiento psicoanalítico a lo largo de varios años. Esto concierne en primer lugar a la duración de un psicoanálisis y a la selección que necesariamente se impone ya que es prácticamente imposible comunicar la totalidad del material del que se dispone. Por otro lado, la comunicación del material de un análisis no es una cuestión que se resuelve "objetivando" el proceso como si lo observaremos desde fuera: la peculiaridad de un caso de la clínica psicoanalítica es que se desenvuelve en el marco de la intervención analítica: un entretejido intersubjetivo acotado desde el dispositivo y la metodología psicoanalítica. De ahí que la presentación de un caso es una construcción, una especie de traducción o pasaje que va de la experiencia clínica al *relato* que elaboramos con distintos propósitos y con criterios específicos, poniendo en juego una reflexión de lo escuchado y lo vivido junto a un distanciamiento que permita pensarlo.

A partir de la publicación de los célebres historiales clínicos de Freud, los cuales constituyen el fundamento de la práctica y la investigación psicoanalítica, que "generó la fascinación de un mundo recién descubierto que se trataba de observar, comprender y comunicar" (Kächelle y Thomä, 1999:101), se ha desarrollado una amplísima experiencia de comunicación de situaciones clínicas que sin duda han jugado un papel importante en el plano clínico, didáctico y científico; a la fecha, la modalidad de comunicación de la evidencia clínica depende de la iniciativa y propósitos de cada autor/psicoanalista. Adicionalmente, una situación que tenemos que enfrentar al llevar la experiencia del consultorio al terreno del estudio formal de un caso es el abrevar del material riquísimo de la clínica protegiendo al mismo tiempo, como criterio ético esencial, la confidencialidad del acuerdo analítico lo cual impone limitaciones en cuanto a la información que se publica, obliga a acuerdos ulteriores con los pacientes y al anonimato como regla.

Un tratamiento psicoanalítico es un proceso de infinitos y sutiles encadenamientos de decires y haceres en el marco de un dispositivo que encuadra y dispone las condiciones para la escucha del inconsciente. Al dar testimonio de mi práctica descubro la intimidad de lo que en el espacio analítico se intercambia con el paciente. En tanto analista me descubro aún más de lo que creo revelar: surge la sutileza de los mecanismos del proceso analítico tejido desde la complejidad del vínculo transferencial. Sin duda, sólo desde esa urdimbre es posible acceder a los umbrales de la vida psíquica analizando/analizante, a las vicisitudes del mundo representacional y al pasaje al cuerpo.

En el caso que me ocupa me propongo realizar un relato conciso del proceso analítico de Gisela a partir de su demanda inicial, mostrando los ejes analíticos que fueron privilegiados y las tensiones subjetivas más significativos en distintos momentos del proceso, encuadradas en un contexto general de las circunstancias de vida de la paciente. Este relato, que ya supone un nivel de lectura analítica que supera la idea de una simple descripción, será la base para el capítulo siguiente, final de este trabajo, en el que ensayamos una comprensión interpretativa.

Las escenas iniciales

La demanda de la paciente y su posicionamiento subjetivo -en el más amplio sentido de lo que trae al consultorio y de cómo se coloca desde su demanda-, así como el movimiento contratransferencial que genera -resonancia inconsciente como eje imprescindible de la escucha psicoanalítica-, constituyen la marca inicial imprescindible de ser meditada, misma que tiene una naturaleza escénica que intento recrear a continuación.

Gisela no encuentra posición alguna que la alivie. Lejos de poder acceder al diván y de mantenerse acostada, se sienta en el sillón donde cambia continuamente de postura: sube las piernas, las abraza, las baja, las cruza como en flor de loto. Los estremecimientos recorren todo el cuerpo ante las oleadas de malestar físico, los músculos se contraen como si quisieran dominar la irrupción hostil, mientras el rostro se vuelve hacia el lugar de la psicoanalista en una expresión triste, vulnerable, esperanzada. Su cuerpo extenuado por el dolor es traído al espacio psicoanalítico como único motivo de consulta. Describe la fuerte rigidez muscular que experimenta cada mañana, a la que le siguen terribles dolores articulares que la acompañan durante todo el día, mismos que en la noche suelen ser casi insoportables; los fines de semana suele pasarlos en cama. Hace siete años que recorre consultorios médicos... ¿Y su contexto de vida?

> *Todo perfecto. El resto de mi vida, muy bien. Si no fuera por mis dolores, mi enfermedad...*

Singular paradoja la demanda de esta mujer joven de 33 años afectada por un invalidante dolor crónico, que se presenta a un consultorio psicoanalítico sin ser conmovida por la posibilidad de una implicación subjetiva en ese dolor. Sin duda, en esa paradoja vislumbro una veta favorable a la intervención psicoanalítica, aunque no sea más que una incipiente apuesta a algo desconocido que no puede nombrar. Por ahora no hay palabras que hagan puente entre su dolor y su demanda de alivio en un consultorio psicoanalítico, aunque sí sabe que una dermatitis insidiosa que padeció su madre durante años remitió totalmente después de un trabajo terapéutico psicoanalítico de año y medio de duración.

El discurso médico le ha ofrecido, después de años de revisiones y estudios, el diagnóstico de "espondilitis anquilosante", cuyas dos palabras que lo componen (del gr. *spondylos*: vértebra, y *ankylos*: soldadura o fusión) apuntan a los factores productores de dolor: inflamación y endurecimiento progresivo de las vértebras de la columna y la articulación sacroilíaca principalmente, pero que regularmente se amplía a las articulaciones de otras zonas del cuerpo como cadera, rodillas, hombros, pies, codos, manos... Tener un diagnóstico, poder nombrar eso extraño que la remite impotente a su cuerpo dolorido le da contención a Gisela (así como la desestabilizan las opiniones que disienten al respecto), pero el dolor crónico no cede y el proceso es incierto a pesar de seguir el tratamiento indicado. Aun así, daba la impresión de que no tenía mucha conciencia de la gravedad del padecimiento y del sombrío pronóstico según se describe en la literatura médica para este padecimiento[1]. Sólo, sólo la urgencia, lo imperioso y aterrador del dolor que le impone su cuerpo parece tener existencia. Sin palabras, el despliegue de su dolor es propiamente un grito.

---

1 La espondilitis anquilosante es catalogada como enfermedad reumática autoinmune crónica, y responde por tanto a la disfunción de un sistema inmunitario que ataca erróneamente tejidos y órganos del propio organismo. Consiste en la inflamación, dolor, rigidez y anquilosamiento progresivo de las articulaciones, especialmente de la columna vertebral y la sacroilíaca, pudiendo evolucionar hasta el sellamiento de dos o más vértebras; también compromete otras articulaciones como cadera, hombros, codos, manos y pies, así como los lugares donde los ligamentos y tendones se unen a los huesos, y en ocasiones afecta órganos como los ojos, intestinos, riñones, corazón y pulmones.

Reflexiones desde la experiencia contratransferencial

¿Cómo pensar el dolor físico desde el psicoanálisis? ¿Qué implicaciones tuvo sobre la experiencia contratransferencial? Debo decir que recibir a una paciente desesperada por intensos dolores crónicos, que demanda no sabe qué pero que viene porque soy "su último recurso", me implicó en una concienzuda revisión de mis movimientos internos y mi tarea como psicoanalista. Mi reacción frente al motivo de consulta de Gisela fue de gran preocupación; durante las primeras sesiones se despertaron en mí imágenes en las que la acompañaba en el deterioro natural de su enfermedad. Al mismo tiempo, la paciente me agradó, sentí su gran demanda, la forma en que se entregaba y, a pesar de su discurso vivaz e inteligente, sentía su inmensa soledad. En tanto psicoanalista me sentía muy atraída al mundo interno que me ofrecía, pero mi preocupación no cesaba fácilmente.

De ahí que el efecto inicial ante un dolor corporal que irradiaba todo el espacio fue de reserva y de preocupación por el agravamiento que podía preverse, lo que me llevó de entrada a invocar a la medicina como interlocutora obligada y a sugerir reasegurar un diagnóstico con nuevas opiniones de especialistas. No obstante, acepté el reto de brindar un espacio psicoanalítico a Gisela, gesto que implica en lo esencial una apuesta por la palabra, por la palabra en transferencia, por el sentido.

Y así, Gisela aparece en el consultorio buscando en un gesto seductor a "alguien que lo sepa todo de ella" como describe Lucien Israël (1979) a la histérica. Pensé, naturalmente, en la experiencia inaugural del psicoanálisis, en Freud acogiendo a esas mujeres que con sus aparatosos síntomas físicos sin base orgánica reconocible, eran un dolor de cabeza para los médicos de su época. Entre esos síntomas histéricos no faltaban los dolores "psicógenos" (así llamados los dolores sin causa orgánica reconocida); el dolor, en efecto puede ser un síntoma histérico que da cuenta de los avatares inconscientes de la sexualidad. No obstante, Gisela contaba con un diagnóstico médico y estaba sujeta a tratamiento; eso sí, el tiempo me llevaría a meditar en el reto que tiene la ciencia médica ante las enfermedades conocidas como autoinmunes, y en general ante problemas médicos que se consideran "verdaderas" enfermedades (es decir, hay daño orgánico) pero que no acaban de ser plenamente comprendidas en su etiología y evolución ni superadas con los recursos médicos disponibles.

El diagnóstico con el que se presentó me llevaba a investigar: ¿qué dice el psicoanálisis?, ¿es este un caso de histeria?, ¿es un trastorno conversivo?, ¿o nos encontramos más bien en el terreno de lo psicosomático?

Mi impresión diagnóstica inicial bordeó entre ambos: encontré en primera instancia una caracterología histérica con manifestaciones conversivas, pero el proceso sugirió pronto que habría que considerar la posibilidad de un padecimiento psicosomático. El curso del análisis fue delimitando y dándole precisión al lenguaje del inconsciente que por ahora sólo se expresaba en el cuerpo.

Durante los seis años de tratamiento que he tomado como terreno de estudio el encuadre varió. Iniciamos con dos sesiones a la semana y trabajamos frente a frente. Conforme los síntomas somáticos fueron desapareciendo, alrededor del tercer año, tuvo acceso al diván y pronto inició una tercera sesión semanal.

Lo innombrable de la historia familiar

He mencionado que la enfermedad se presentaba como el único motivo de consulta: Gisela manifestaba que todo en su vida estaba bien y fue así, con esta demanda de ayuda y sin una clara percepción de sufrimiento psíquico, que emprendimos el viaje analítico.

Desde un inicio Gisela se aferró al tratamiento: no faltaba y procuraba ser muy puntual. Su figura era atractiva y, a pesar de su afecto deprimido y su desesperación por la enfermedad, destacaba en ella su vivacidad; su actitud inteligente, espontánea y segura. Profesionista, trabajaba desde hacía diez años en una importante empresa en un puesto de dirección. Era reconocida como persona muy capaz, eficiente y profesional; además, mantenía excelentes relaciones con los ejecutivos y el personal en general. Fuera de la enfermedad que señaló como el único motivo de consulta, refería una vida normal: un buen matrimonio, una exitosa trayectoria profesional y una relación familiar excelente. Sobre todo destacaba que estaba muy unida a la madre, con quien mantenía una estrecha comunicación; Gisela le hablaba al menos todas las noches, la cuidaba, la apoyaba económicamente, le pagaba su automóvil, sus viajes, se hacía cargo de sus enfermedades, sus terapias y de cuanto deseo le manifestara. Con Javier, su marido, la relación era en apariencia buena, ambos trabajaban intensamente, compartían los espacios libres y, cuando la salud de Gisela lo permitía, hacían paseos y salidas. También se consideraba muy sociable y querida por sus amistades.

Durante los primeros meses la parte central del contenido de las sesiones giró en torno al cuerpo adolorido. Era evidente que la enfermedad ocupaba un lugar considerable en su vida y se hallaba investida afectivamente. Fue notoria también desde estos momentos, la escisión *psique/soma*; un indicio en ese sentido es que no parecía percibir sus emociones, sobre todo en situaciones de tensión y angustia.

¿En qué momento había aparecido la enfermedad? Gisela consigue su primer trabajo formal e inicia una carrera en la universidad particular de su elección; ella paga sus estudios y también se hace cargo por entero de la madre. Empiezan unos años de intenso trabajo, viajes desgastantes, nuevas responsabilidades y un poco después su noviazgo con Javier. Durante el segundo año de la carrera aparecen los primeros síntomas de la enfermedad de Gisela: dolores de espalda y piernas, que ella adjudicó inicialmente a las largas jornadas que pasaba en el automóvil. La enfermedad poco a poco se fue haciendo sentir: intensos dolores en las articulaciones, rodillas, tobillos, codos, muñecas, manos, hasta manifestarse como un grito desgarrador de todo el cuerpo: articulaciones que gemían provocando terribles dolores, imposibles de acallar. Inició entonces el recorrido por los consultorios médicos. Fueron años de visitar a diferentes especialistas y de recibir distintos diagnósticos, desde la sugerencia de cirugía de la columna hasta variadas fisioterapias y diversos esquemas de medicación. Pero sus molestias persistían: no sólo no desaparecían los dolores, sino que se agravaban.

No obstante, termina la carrera con un reconocimiento especial por haber obtenido el mejor promedio de su generación. Es difícil concebir este resultado sin la colaboración silenciosa de la escisión... Cuando estaba a punto de concluir su carrera, Javier y Gisela decidieron casarse. Fue una época difícil: estaba terminando su tesis, en el trabajo se enfrentaba a nuevos retos y, en medio de todo, los preparativos de la boda. Para entonces ¡los dolores eran permanentes! Con la ayuda de los medicamentos lograba algún control del dolor, pero el día de la boda se sintió muy mal. Fue necesaria la intervención del médico, quien llegó a inyectarla para procurarle un alivio y que pudiera medianamente disfrutar su fiesta. Con Javier establece un matrimonio fraterno más que de esposos: su relación aparece como la de dos buenos hermanos en la que la sexualidad muy pronto dejó de ser invitada.

Uno de los primeros temas que emergió en el análisis fue una gran tragedia familiar que la madre de Gisela había ocultado durante años. Se refería al asesinato de Pablito, medio hermano de Gisela, a manos de la tía materna, ocurrido antes del nacimiento de Gisela. Ariana, madre de Gisela, había tenido un primer matrimonio y dos hijos de éste: Claudina, la hermana mayor y Pablito. A los cuatro años de matrimonio el marido desapareció y nunca más se volvió a saber de él. Ariana regresó con sus dos hijos a vivir con la madre, quien se hacía cargo de ellos mientras trabajaba.

Cuando Pablito tenía tres años la abuela lo llevó de visita a casa de la otra hija, quien a su vez estaba casada y era madre de dos niñas. Fue un día aciago que les marcaría la vida: esta mujer tuvo una crisis psicótica y, fuera de todo control, en un estado de rabia inaudito tomó un cuchillo de la cocina y se volcó agrediendo al niño. La abuela nada pudo hacer pues ella también resultó gravemente herida mientras que el chiquito no logró sobrevivir. La asesina fue enviada a prisión y meses después, consciente de su acto, se ahorcó en la celda. Ariana no volvió a ver a su hermana después del crimen.

La pérdida de Pablito sumió a Ariana en una terrible depresión durante mucho tiempo. Al paso de los años este trágico episodio quedó atrás, guardado, sellado. No volvió a hablar de ello. Años después Ariana se casó con un ingeniero y de ese matrimonio nacieron Ernesto y, cinco años después, Gisela. Cuando Gisela tenía tres días de nacida murió la abuela materna (única testigo y víctima ella misma del drama familiar en el que perdió la vida Pablito) a causa de una embolia.

Cerca del inicio del tratamiento psicoanalítico, Gisela y su hermana mayor (Claudina) enfrentaron a la madre y ésta, ya sin otra opción, abrió el tan guardado y doloroso secreto. Al narrarlo en la sesión Gisela lo hizo con poco afecto, como si el secreto tan celosamente guardado por la madre hubiese sido siempre conocido por ella. Esto contrasta con la intensidad con la que expresa sus problemas de salud y le inquiero:

> Me cuentas una historia terrible, pero me lo dices muy tranquila.

> *La verdad es que no me sorprendió cuando mi mamá me lo contó, es como si ya lo hubiera sabido de siempre y lo mismo le pasó a Claudina. Las dos nos quedamos tranquilas. Creo que también a mi mamá le hizo bien por fin hablarlo.*

> ¿Y qué piensas de ello?

> *Me parece algo terrible, siempre pensé que mi mamá había sufrido mucho, pero yo lo relacionaba al abandono de su primer marido y luego al de mi papá, esto es algo todavía peor. Yo siempre he procurado protegerla, cuidarla por todo lo que ha vivido.*

Y, en efecto, Gisela se desvivía en atenciones hacia su madre: no había deseo de ésta que no le cumpliera. Se convirtió en su apoyo y guía; los papeles se invirtieron más aún, pues ya venían invertidos. ¿Por qué protege de esta manera a la madre? Muchas preguntas se van abriendo y alertan nuestra escucha...

En la prehistoria generacional de Gisela gravita el crimen de su medio hermano en el que su tía -hermana de la madre- desplazó todo el odio y el resentimiento que sentía hacia ésta y había contenido toda su vida, y que sólo el episodio psicótico pudo liberar en forma brutalmente primitiva; el costo de esta locura fue su muerte. Esta tragedia familiar quedará enquistada en el inconsciente de la genealogía, locura que pasará como forma de vida, como expresión del peso de lo no representado, pendiente de simbolizar. Lo innombrable, lo que no puede ser objeto de ninguna representación verbal[2].

En el análisis se fue revelando que Gisela compartía con la tía la carga agresiva de profundo odio, en su caso hacia el narcisismo de la madre, pero también sentimientos naturalmente amorosos condensados en una intensa ambivalencia; rehúye la identificación con la parte familiar psicótica y opta por una identificación con la madre. En esta identificación

---

2 Casamadrid (2005). En su artículo, esta autora nos recuerda los tres niveles en que un secreto familiar queda sofocado: *indecible* para los participantes del secreto, presentido pero *innombrable* para otros miembros de la familia, *impensable* para una próxima generación. La temática la desarrollé en el capítulo 5, sección "Cuerpo *entredós* pulsional y la transmisión generacional".

se entrecruzarán la imagen del cuerpo lacerado de Pablito y la suya propia, un cuerpo profundamente adolorido con el cual contiene un mar de rabia y dolor, así como su terrible desamparo y un significado simbólico inconsciente. Ésas son las raíces de la prehistoria transgeneracional que en lo inconsciente pulsarán sobre las vicisitudes de la historia libidinal y en la intrincada y conflictiva historia identificatoria de la paciente.

El cuerpo de la madre y la madre en el cuerpo

En la temprana relación madre-hija, vínculo primario potencialmente generador de patologías, se vislumbra una vertiente esencial de la problemática de Gisela. Ésta es la cuarta hija de Ariana, casada en segundas nupcias con Pedro. Sobre su nacimiento refiere que la madre se enteró de su embarazo hasta el quinto mes; tenía la matriz desviada y aparentemente ya no podía tener más hijos. Un día, estando en la playa, Claudina le dijo: "*Mamá, ¿qué estás embarazada?*" Hasta ese momento Ariana consideró esa posibilidad. Los tres últimos meses de gestación los pasó en reposo por una amenaza de parto prematuro. Es posible suponer que la muerte de la abuela materna a los tres días de nacida Gisela haya desencadenado un afecto depresivo en la madre viniendo esto a afectar el incipiente vínculo madre-hija. Sin embargo, la lactancia se llevó a cabo durante cinco meses, un pecho bueno en apariencia que le permite formar un vínculo. A pesar de la depresión materna, la bebé extrajo lo bueno de ese pecho, de ese objeto parcial, de esa mamá no de la Madre en el sentido total del *holding* (Winnicott, 1971).

Podemos imaginar una desconexión de la madre con Gisela desde su embarazo: no es un embarazo deseado, no aparecen fantasías preconceptivas ni postconceptivas, no hay imaginarización del bebé (Aulagnier, 1997). La madre no se da cuenta de que su matriz está ocupada, no registra los cambios de su cuerpo y, cuando al fin es consciente de su embarazo, aparece la amenaza de parto prematuro. "Primero ni te noto y cuando te noto te conviertes en enfermedad": lo somático marca el vínculo. Un vientre materno que no esperaba el embarazo y que presenta dificultades para retenerlo y llevarlo a término. Una madre refrigerador, fría, negadora.

Se presenta desde un principio una no conexión de la madre con su cuerpo (central en la patología que nos ocupa) y por ende con su hija en gestación. Esa no conexión con el cuerpo propio luego la reproducirá Gisela, en una identificación con la madre desde el cuerpo.

Figuras centrales de su niñez fueron la nana Lupita y Claudina, la hermana (quince años mayor): ambas cálidas, cariñosas y presentes que lograron brindar a Gisela el amor y el cuidado que requería. Representaron verdaderas madres sustitutas ante la ausencia de Ariana. Fueron fuente de identificación, objetos de amor. En relación al padre, y no obstante la presencia/ausencia de éste, es posible suponer para la paciente una figura paterna fuerte, cercana y cariñosa muy importante para la niña. Gisela se sentía su consentida y guarda muy gratos recuerdos de él durante esta etapa; en estas condiciones el campo era propicio para el ingreso a la triangulación y el consecuente cambio de objeto de amor. Aparece en esta época siendo muy apoyada por todos mientras la madre se encuentra como una figura desdibujada. Sin embargo, tanto la infancia como la latencia aparecen como etapas gratificantes en las que se vive muy reconocida y rodeada del cariño de sus maestros, amistades y familia. Un dato relevante para la historia del padecimiento actual es que fue una niña muy sana.

Gisela tuvo desde pequeña su propia recámara, sin embargo durmió durante quince años en la cama de la madre. La mamá *"era muy friolenta"* y le gustaba tenerla cerca pues por lo general el marido estaba fuera, pero los fines de semana que llegaba el padre, Ariana la mandaba a su habitación, a dormir sola. Estos recuerdos le causan mucho dolor, le aterraba quedarse sola en su cuarto, lloraba mucho e iba a las camas de los hermanos o se metía al cuarto de los padres y dormía en el suelo. Deseaba que el papá no llegara para no tener que salirse ella de la cama de la madre. Aunque conserva imágenes del padre saliendo desnudo de la cama o de ver a la madre cubrir su cuerpo con la sábana, no aparecen recuerdos sobre pensamientos en torno a su sexualidad. Una vez que el padre se fue de la casa (abandonó el hogar cuando Gisela tenía 12 años), el colecho ya no se vio interrumpido: madre e hija continuaron durmiendo juntas hasta que Gisela a los quince años decidió irse a su habitación; le gustaba leer y escribir en la cama y ya no se sentía a gusto en la cama materna.

Llegando a la pubertad Gisela tuvo varias pérdidas muy significativas; primero se casa Claudina y se va a vivir a otra ciudad; luego, cuando Gisela tenía doce años, el padre abandona el hogar para establecer otra relación y nunca más supieron de él (si bien, como mencionaré, apareció 20 años después, enfermo y buscando apoyo).

La madre cayó en una severa depresión. Estaba recién jubilada y la situación económica desahogada que habían tenido hasta entonces se tornó muy difícil, sobre todo porque Ariana no deseaba volver a trabajar. Pocos meses después de la partida del padre fue necesario despedir a la nana Lupita, separación muy dolorosa que Gisela lloró mucho. Ernesto, el hermano, dejó de estudiar y ayudó unos cuantos años a solventar los gastos familiares más urgentes; finalmente se fue al extranjero en forma definitiva. En ese entonces Gisela tenía diecisiete años; un abandono más se sumaría a la nutrida lista de su historia y en esta ocasión para dejarla sola con la madre a quien más que nunca sintió la necesidad de proteger. Era a la única persona que tenía y le preocupaba mucho su "enfermedad". Gisela le reprocha a Ernesto su decisión, pues la dejó sola y responsable de la madre.

Durante mucho tiempo la madre negó la realidad del abandono del marido, vivía esperando su regreso; sólo una dermatitis que en ese tiempo apareció, se convirtió en su acompañante inseparable durante veinte años, y quedó como constancia de la falta de éste. El trastorno se fue agravando con el paso del tiempo; hubo épocas en que se volvió verdaderamente incapacitante.

En Gisela el abandono del padre se dio en plena reorganización edípica: figura central en su vida cargada de una gran ambivalencia, lo quería y se sentía amada por él, y a la vez lo odiaba porque venía a irrumpir su amor con la madre. El colecho que durante quince años tuvo con la madre es fuente de variados significados. Era un colecho "para que la madre no tuviera frío" durante las ausencias del marido, Gisela tapaba con su calor esa ausencia, la madre se calentaba y la niña otro tanto, el calorcito humano le brindaba una sensación de seguridad. En este idilio con la madre se comparten calores, olores, excitaciones conscientes e inconscientes, se entretejen dos sentidos del calor: humano y erótico, y se da una comunión de cuerpos de una zona muy oscura. El colecho aparece como una suerte de homosexualidad latente. Pero una vez que el padre llegaba ya no era requerida y se le sacaba del lecho materno a pesar de sus miedos y grandes resistencias. Ella recuerda las múltiples veces que deseó que el padre no llegara y quedarse con la madre para ella solita.

Estos sentimientos se reeditarán ante el abandono del padre en: *yo lo maté, yo hice que él nos dejara, abandonara a mi madre, la dejara sola*. Y de ahí: *yo soy la culpable, la tengo que cuidar, que proteger*. Se convierte entonces en un imperativo superyoico ser el apoyo y guía de la madre, se inicia la inversión de los papeles: ella se fue convirtiendo en la responsable de la madre, su propia indefensión la proyectaba en ella y se sentía movida a protegerla, a cuidarla; le preocupaba mucho su dermatitis y procuraba no causarle preocupaciones; era su acompañante cuando la madre la requería. Esta inversión de roles nos habla de una identificación proyectiva y de una formación reactiva. Y en el fondo, de una búsqueda del amor, anhelo de la mirada de la madre.

El ingreso a la sexualidad activa se presenta en Gisela muy tempranamente, pero lejos estaba de una genitalidad plena; ella buscaba algo más esencial, más primario, buscaba ternura, protección, deseaba sentirse contenida y querida: ser vista por el otro, ser alguien para el otro. A los 13 años tuvo su primera relación sexual, sorpresiva, en un terreno baldío con un novio, evento que recuerda con tristeza, tanto como el disgusto y los insultos de la madre a quien una vecina le contó lo sucedido. En esta época es notoria la poca presencia de la madre en la vida adolescente de Gisela. Más tarde sostendría relaciones sexuales casuales con los novios en su casa cuando se encontraban solos. Más que placer, la sexualidad temprana y esporádica que sostenía le hacía sentirse querida y le confirmaba que era bonita, capaz de gustarles a los novios que por otro lado, aunque guapos, siempre fueron de un perfil más bajo que el suyo. La ausencia de la madre en la vida de esta joven y la soledad en la que transcurre su vida la llevan a un embarazo no deseado y a practicarse un legrado; fue algo muy fuerte, nunca pensó en tener al bebé, su mayor preocupación era que la madre llegara a enterarse y la terrible decepción que le iba a causar. Este episodio quedó sellado ante la imposibilidad de compartir este hecho con alguien. Un secreto más se añadiría a otros secretos familiares: como la madre, ella también guardaría el secreto de un hijo muerto.

Pasaje del dolor físico al sufrimiento emocional

La relación con la madre se convierte en un tema central y representa uno de los hilos conductores a través de todo el tratamiento. En algún momento emergió el cuestionamiento sobre su papel de protectora y responsable de ella. ¿Qué gana haciéndose cargo de la madre de esa manera?, ¿se trata de una expiación?, ¿expiación de qué, del abandono del padre?, ¿aparecen los síntomas como un castigo?, o ¿como algo muy anterior a la formación de simbolización? En este ponerse al servicio del otro, al servicio del deseo del objeto parece que en el fondo lo que ella desea es ser deseada. Mediante esa manera de someterse, que aparece más histérica, calma el deseo del objeto. Quería estar con mamá en una relación homosexual: una especie de paraíso terrenal, y la fantasía sería: con ella me quedé, en un complicado desenlace edípico: ¿por qué mi padre no me eligió a mí? En fin, son muchas las imágenes que quedaron gravitando en el espacio analítico hasta que se dio la posibilidad de asomarse a ellas en el curso del análisis. Algunas sesiones de mediados y finales del primer año del tratamiento marcaron un quiebre de las defensas que la mantenían en un posicionamiento alienado con respecto a la madre.

A los seis meses del primer año del tratamiento, le pagó a la madre un viaje al Oriente; desde allá localizó a Gisela para decirle que le habían robado el bolso. Al narrarlo en la sesión se desespera y dice:

> No entiendo, ¿cómo qué quería que hiciera? Depende en todo de mí.

La has hecho dependiente en todo de ti. Se sonríe y dice:

> Sí, creo que sí, pero trato de compensarle todo lo que ha sufrido.

Así continúan las sesiones entre sus dolores y lo que cada vez va apareciendo como exigencias sutiles y en ocasiones francas de la madre. Ante éstas Gisela empieza a quejarse de lo descuidada que es la mamá y de lo poco que parece valorar su esfuerzo. Pero éstas son tan sólo las primeras menciones al respecto.

Unos meses después Ariana le platica sobre un viaje que están preparando sus compañeros y de cómo le gustaría ir. Gisela en esta ocasión se muestra un tanto cautelosa:

Es un gasto muy fuerte y no ha pasado ni un año desde el último viaje.

Y ¿por qué te sientes tan presionada?

No sé, pero me preocupa que ella no pueda tener lo que desea. Desde que yo empecé a trabajar, me propuse darle todo lo que perdió cuando mi papá se fue. En esa época ella se jubiló y ya no pudo tener nada de lo que siempre le había gustado, sobre todo viajar.

Es decir, que desde que tu papá la dejó tu decidiste ocupar su lugar, casi, casi, ser la pareja de tu mamá.

No, obvio no, pero me siento responsable de ella, qué más quisiera yo que encontrara una pareja y pudiera rehacer su vida, pero encuentra cada cosa.

Ah, ¿y a qué edad se jubiló?

A los cuarenta y cuatro.

Muy joven, ¿no?

La siguiente sesión marca un hito en la relación con la madre, aparece un material que hasta entonces había sido reprimido.

Desde que salí del consultorio sentí mucho coraje, no estaba segura por qué. Poco a poco me sorprendió que me diera mucha rabia darme cuenta la edad a la que se jubiló mi mamá (llora desconsoladamente.) Era sólo un poco más grande que yo. Pudo haber trabajado y no hubiéramos pasado esa época tan difícil. Fueron años terribles en que todo nos faltaba. [...] Y ahora quiere seguir dándose sus gustos, no se da cuenta que yo estoy enferma, eso no le importa, sólo se interesa por ella misma, según ella soy lo que más le importa, pero no es cierto si fuera así se preocuparía por mí, me cuidaría.

Llora mucho, con mucho dolor.

En este estadio empieza a verbalizar su sensación de la madre como demandante y voraz. Es como si eso que siempre supo y no quería saber, de repente se hubiera volcado sin darle oportunidad en esta ocasión de negarlo. Al dolor físico y a su desesperación se le suma la posibilidad de sentir el dolor anímico y lo hará con un intenso torrente de furia incontenible. A partir de esta sesión el tema de la madre será recurrente. La intensa idealización que había construido defensivamente cayó, dando lugar a la explosión de una rabia que había sido "reprimida" durante muchos años. Se presentaba así la oportunidad de abrirlo, de ponerlo en palabras y poco a poco, simbolizarlo. La relación transferencial le brinda la oportunidad de debilitar esas defensas sin tener la amenaza de la pérdida del objeto o del amor del objeto. Las mejoras en su salud fueron apareciendo gradualmente, si bien fueron marcadas por fuertes retrocesos.

El tono afectivo que prevaleció en los primeros años de análisis fue de mucho dolor, primero de un dolor articular generalizado y, conforme fueron apareciendo serios conflictos hasta entonces reprimidos, al dolor físico se le sumó el dolor anímico: el llanto inundaba el consultorio, las sesiones eran muy dolorosas y poco a poco la rabia y el coraje hicieron su aparición, sin que por ello desaparecieran las lágrimas que matizarían dos o tres años de análisis.

En ese primer *tempo* de tratamiento, más allá de los síntomas físicos siempre presentes, aparecieron desde un principio dos hilos conductores que se entrelazaban y se separaban en suaves o intensas modulaciones dando oportunidad a una nueva lectura del cuerpo. Gisela se movía entre la agresividad y la sexualidad (Israël, 1979), tierras hasta entonces ignotas por la conciencia y lejos de la palabra. No se dio la oportunidad de descubrir fenómenos del mundo inconsciente a través de los sueños pues durante estos años no se presentaron.

El descentramiento de la enfermedad plena de simbolismos y defensas, en la que todo ello se condensaba, permitió la irrupción de una compleja problemática madre–hija, una relación de pareja en extremo insatisfactoria y de una sexualidad muy distante de la genitalidad. Empezar a abrir esta caja de Pandora vino a desestabilizar el frágil equilibrio con que había construido Gisela su "vida perfecta" y los movimientos no se hicieron esperar.

La ambivalencia amor-odio se desplegó con gran fuerza. El odio que pronto apareció ligado al objeto de amor, la madre, daba cuenta del potencial de odio y culpa inconsciente en esta relación madre-hija de antaño y de la hasta entonces, evitación sistemática de cualquier manifestación agresiva por parte de Gisela.

Expansión del cuerpo erótico

Otro de los temas nodales fue su relación con Javier, entre ellos se daba una camaradería cordial, un trato de amigos, pero al mismo tiempo -y en las primeras semanas de tratamiento esto se ve confirmado- aparece una vida sexual terriblemente insatisfactoria, pero con escasa conciencia por parte de Gisela. Él no se acerca sexualmente; cuando ella lo confronta su argumento es que para él el sexo no es importante, y que además cuando él la buscaba, ella siempre estaba enferma y ahora ya no tiene deseos, que *había matado una parte de su vida y que lo dejara en paz:*¡Ella era la culpable! Y ante esto su posicionamiento era que efectivamente, ella le había hecho mucho daño.

Esta vida matrimonial prácticamente sin sexualidad fue la tónica que prevaleció durante los seis años que duró su vida de casados. Gisela se involucró en un *affair* a los tres años de casada, que duró poco tiempo; una relación que se redujo exclusivamente a la sexualidad, y aunque le era muy placentera, ella, con dolor, reconoce su anorgasmia. Este *affair* lo refiere como algo bastante natural, en ningún momento culpa a la actitud de Javier de su necesidad de encontrar fuera una vida sexual. Esta desconexión entre una causalidad y su conducta aparece muy frecuentemente.

Con el marido continúa la relación, en apariencia fraterna. Mis intervenciones van en ese sentido pues ella, aparentemente, no mostraba una abierta inquietud al respecto. Todos sus malestares estaban centrados en su enfermedad, en sus dolores.

Al año de haber iniciado el tratamiento se presenta así a la sesión:

> *Vengo con muchas cosas, pero creo que he tomado una decisión importante y ha sido con base en lo que he venido analizando. He estado pensando que desde que empecé a trabajar no he tenido descanso, llevo muchos años así, haciéndome cargo de todo y de todos ¿y qué conmigo? ¿Quién se hace cargo de mí, de mi enfermedad? Creo que hasta que llegué aquí no me había dado cuenta, me había acostumbrado a vivir con ella y para toda mi familia era normal, Gisela hacía su vida cargando con sus achaques y todos tan contentos. Pues voy a dejar el trabajo.*

Ante la decisión de dejar el trabajo y de "cuidar su salud" surge el deseo de prepararse para tener un hijo y de comprar una casa.

¿Qué dice de esto Javier?

> *Mira, así como muy contento no lo veo, dice que me va a apoyar en todo, que si esa es mi decisión, él la respeta, pero así como muy feliz no lo veo y eso en realidad no lo comprendo. Durante todos los años de casados me ha reclamado que no he querido tener un hijo, pero la verdad es que en esas condiciones no podía, incluso el ginecólogo me había dicho que era un riesgo muy grande. Además, dime, qué clase de madre hubiera sido siempre tirada en la cama incapaz de hacerme cargo de mi hijo. Eso definitivamente no lo quería, pero ahora es distinto, me empiezo a sentir mejor y sé que si me cuido todo un año quizá esté en condiciones y el médico me lo autorice. Fíjate lo que he pensado: es que yo seguiría trabajando y que mi mamá cuidaría a mi bebé mientras. ¿Está grave verdad?... con lo complicada que está nuestra relación.*

Ahora la compensarías dándole a tu hijo; así la tendrías contenta ya que le has restringido tu compañía, los viajes y los gastos.

Me guardo en ese momento otras preguntas que me hubiera gustado hacerle: ¿Piensas ofrecerle tu hijo para cubrir la pérdida de Pablito? En ese caso se trataría de una fantasía inconsciente de restitución a la madre del hijo muerto... Y Javier, ¿qué dice Javier?, ¿desea él tener un hijo? Y Gisela, ¿has pensado cómo le vas a hacer para embarazarte, si no han tenido relaciones en años?

Por lo pronto, sólo quiero ver cómo me siento sin trabajar, no me imagino cómo se siente uno sin la responsabilidad del trabajo y dependiendo económicamente del marido.

"El año sabático" que se procuró le permitió descansar, asistir a la fisioterapia y a masajes, hacer ejercicio. Estaba muy interesada en hacerse cargo de su hogar como nunca lo había hecho. Mientras todo esto ocurría, la comunicación entre ellos se hacía cada vez más difícil; Javier en principio se mostraba renuente a tener un hijo y pronto abandonó la idea de comprar la casa. La vida sexual seguía siendo "la tercera excluida" en la pareja. No obstante, mientras estos temas no aparecían en su vida, en la superficie había armonía y cordialidad entre ellos: se recurría a los temas cotidianos, el trabajo de Javier, la familia, los conciertos, los viajes. Pero pronto esta situación se tornó intolerable, Javier se negaba terminantemente a tener un hijo y hablaba de separación. Unas semanas después del viaje que hicieron como opción desesperada de componer la relación y tras de una fuerte discusión, Javier abandonó el hogar, sumiendo a Gisela en una severa depresión. El llanto que en los últimos meses había disminuido volvió por mucho tiempo más. Sin embargo, en medio de este difícil panorama su cuerpo mejoraba un poco, los dolores articulares no desaparecieron, pero no se presentaron tan intensos. Fuera de lo que tanto ella como yo esperábamos no cayó en cama, ni hubo un fuerte retroceso.

Pasó ocho meses sola. Estuvo apoyada por la madre, pero sobre todo por sus innumerables amigos. Se involucró en varias actividades. En la medida en que se iba recuperando, tuvo algunas relaciones y retomó su vida sexual; el acceso a una sexualidad libre y sin compromisos le permitió disfrutarla, aunque su anorgasmia ahí estaba. Pronto surgió el deseo de llevar a cabo su sueño de hacer una maestría en el extranjero.

Gisela se debate en una sesión frente a una encrucijada: la posibilidad de regresar con el esposo después de diez meses de una separación promovida por él o por el contrario, dar por terminada esa relación y empezar una nueva vida. De pronto Javier le ha pedido regresar, reiniciar la relación y ahora sí, comprar una casa y formar una familia: unos meses antes lloraba mucho anhelando un reencuentro y ahora que se enfrenta a ese escenario se llena de reservas y miedos. Sin embargo, considera que debe intentarlo.

Conforme se acerca la fecha del regreso del marido sus dudas crecen, y junto a ellas regresan los terribles dolores de las articulaciones de los cuales se creía liberada, se queja de las rodillas, las muñecas, los tobillos, la cintura, los codos, en fin su cuerpo todo parece emitir un prolongado grito a la manera de *Munch*, que será menester descifrar y continuar explorando cómo se relaciona el cuerpo biológico con el cuerpo psíquico en lo que claramente aparece como una reacción psicosomática. Paradójicamente el síntoma va hablando, tiene un sentido, se va "histerizando" al empezar a hablar lo no dicho. Aparece ante la angustia de aproximación.

En este reencuentro afloraron conflictos en ambos que se habían mantenido guardados, sin acceso a la palabra. También apareció el padre después de 20 años preocupado por los conflictos que vivía su hija. En Gisela esta súbita aparición lejos de haberle sido grata le generó una gran rabia, no lo siente como un padre y su preocupación le parece falsa, vislumbra tras ella una segunda intención, le plantea sutilmente la posibilidad de un regreso, es un hombre acabado y enfermo buscando acomodo con ella o con Ariana.

En una sesión cercana al reencuentro con Javier dice:

> *Vengo muy cansada y otra vez adolorida, en parte es por el ejercicio que estoy haciendo, pero también porque estoy nuevamente con inflamación.*

> *Tengo miedo a que otra vez se vaya (lo |dice llorando), que me deje. Que se rompan mis sueños, yo llegué en esta ocasión con la ilusión de ahora si hacer una bonita pareja, sentirme deseada, cuidada y formar una familia, pero me he encontrado con un Javier, no solamente igual al de antes sino ahora más indiferente y sobre todo como más seguro de que él está bien, que todo lo ha hecho bien, está muy centrado en sí mismo, es como más egoísta.*

Gisela se fue mostrando cada vez más fuerte, más preparada para la ruptura inminente, pero incapaz de ser ella quien tomara la decisión. Finalmente, ante la actitud desafiante de él logra forjar una imagen propia de sí misma y separarse de las que recibía de Javier: la pasividad y sumisión de Gisela empiezan a cambiar. En este contexto emerge como material de análisis el abandono del padre.

> *Me da tanto miedo quedarme sola, desprotegida y tener que salir adelante sola. Mira, me he quedado pensando mucho sobre lo que dijiste que todo esto tiene que ver con el abandono de mi papá... quisiera hablar de eso: fue una época muy gruesa pero yo no me*

daba cuenta. Lo bueno que ha ocurrido es que mis dolores han desaparecido, me he sentido bien.

Un último fragmento de sesión antes de la separación con Javier.

En la noche salimos... para entonces él estaba ya muy agresivo conmigo y comenzamos a discutir, así llegamos a la casa y continuaba. [...] Lo que más me reclamaba era mi enfermedad, insinúa que la inventé, que no entiende cómo durante la separación desaparecieron todos los síntomas, por más que yo le explico que empezaron a disminuir desde que dejé de trabajar...

Resulta evidente la forma en que la enfermedad mantuvo un equilibrio en la pareja, al haber estado centrada en el vínculo ocultó conflictos que ahora afloraron en ambos haciendo insostenible ya la convivencia.

Finalmente, al cabo de tres meses, Javier dio por terminada la relación y abandonó el hogar. Si bien ahora se trataba de una ruptura definitiva, en esta ocasión Gisela no perdía el ideal, el sueño de un matrimonio feliz, se estaba separando consciente de que Javier estaba mal y de que ella se había aferrado a él por sus innumerables fantasmas y temores: el precio había sido muy alto. Se censuraba no haber sido ella quien tomara esa decisión, no se atrevió.

Estuvo deprimida una buena temporada y lloró mucho, pero los dolores no aparecieron más. Pronto empezó a organizar su vida, puso en venta su departamento y se fue a vivir en forma temporal a casa de la madre, con quien la relación había cambiado notablemente, y después de haberlo analizado a profundidad. En su recámara de soltera encontró muchos de sus escritos de juventud y los trajo deseosa de compartirlos conmigo y quizá con el deseo inconsciente de develar "*su secreto*". Parte de ese material fue introducido en las sesiones como piezas de un rompecabezas que faltaban en su discurso y ahora pugnaban por ser integradas y dar luz a una época muy dolorosa de su vida. Al leerlas en sesión, Gisela pudo revivir de una manera por demás intensa sentimientos y conflictos que habían sido reprimidos o quizá negados.

En estos manuscritos Gisela elige expresarse en inglés y no en su lengua materna, a manera de poner una distancia afectiva a un momento de intensa desesperación, pleno de dolor moral en el que silencia su hartazgo y su enorme ambivalencia pulsional hacia la figura de Javier. Aparece una suerte de destino, de imposibilidad de moverse, de salir de esa relación dañina cuyos efectos resiente rápidamente y que sin embargo le es tan familiar en tanto representa la reedición de una más antigua. El objeto amoroso encubre al objeto madre al cual inconscientemente describe y a quien van dirigidos en esencia sus reclamos.

La sensación de sí que narra Gisela, además de hacer mención del momento que atraviesa, va de la mano de la madre narcisista que reflejó una forma de espejo opaco y dejó problemas en la imagen. Si en la primera fase del tratamiento habíamos hablado de dos hilos conductores: la agresión y la sexualidad, en momentos más avanzados se perfila sólo uno: la madre tras la figura de Javier, en ella se juegan ambos aspectos.

La última fase del análisis se caracterizó por la ausencia del ánimo depresivo de las etapas anteriores, así como por la desaparición completa de síntomas articulares y quejas somáticas. Al mismo tiempo, y de manera especial, por el acceso a una sexualidad genital satisfactoria. Me encuentro frente a un cuerpo que habla ya no desde la histerización de lo somático sino desde un bienestar emocional.

Gisela es ahora una mujer más libre capaz de metaforizar sus conflictos en esa experiencia inigualable llamada transferencia. Y aunque el devenir es un *continuum*, un constante ir y venir, ella se encuentra ubicada ya en otro espacio de representación. A estas alturas del tratamiento se observa también una verdadera producción onírica que no se había dado antes.

Aunque algunos autores consideran a las enfermedades psicosomáticas como carentes de significado simbólico, en este caso se encontró que la enfermedad presentó en primera instancia un factor de reversibilidad de un daño físico real y que en la trama vivencial de Gisela si fue posible observar un contenido simbólico.

El médico que la había venido tratando la dio de alta, no sin confesarse sorprendido de su total recuperación y de una manera muy profesional reconoció la intervención que tuvo su tratamiento analítico en este afortunado desenlace. Él había seguido paso a paso los conflictos a que se había enfrentado su paciente y él, al igual que nosotras, había temido una recaída de cuidado.

Muchas cosas han cambiado en la actualidad para esta mujer. Vive sola y disfruta de su espacio, así como de la soledad que tanto había temido y rehuido y por la que permaneció ligada a relaciones destructivas. Le gusta su independencia que ahora defiende vehementemente, sobre todo de la madre, de Claudina –la hermana- y en su momento del padre.

La relación con la madre se ha transformado sustancialmente; mantiene un trato cordial y cariñoso, pero se ha independizado de ella. El narcisismo de Ariana ha sido un tema central del análisis; aún en algunos momentos estos aspectos egoístas y protagónicos de la mamá le remueven viejas heridas.

Su vida social es muy rica, vive rodeada de un nutrido grupo de viejos y nuevos amigos. Profesionalmente ha tenido un crecimiento considerable y junto a ello las jornadas de trabajo han crecido en intensidad. Este ritmo de trabajo hubiese sido impensable hace algún tiempo. Las escasas manifestaciones somáticas que se han presentado han sido musculares a consecuencia de tensión y fatiga.

Algunos de los muchos sueños que ha traído en esta etapa:

He tenido muchos sueños, me llama la atención lo cromático, la luz, la intensidad de las imágenes. Soñé que iba con mi mamá por un camino hermosísimo lleno de árboles por una ciudad como de Europa. De repente llegamos a unos edificios majestuosos, yo vi frente a mí la entrada a un museo, pero mi mamá me jaló del brazo y me dijo, ven hacia acá, por acá está la entrada. Dirigí la mirada hacia donde ella quería ir: era un gran almacén con unos aparadores preciosos, en uno había unas hadas con unas alas increíbles y unos colores muy llamativos, con morados -así como el que tú traes- y tonos de turquesa. Yo estaba como extasiada, pero de repente le dije, ¡no! ¿Qué no sabes hacer otra cosa que comprar? Ella me contestó: pero, ¡es lo mejor que hay! Entonces me solté de ella y la dejé que se fuera sola, yo entré al museo.

¿Qué asocias con ese sueño?

Pues que mi mamá no cambia, que sigue siendo la misma de siempre superficial, consumista, incapaz de interesarse por algo más que no sea ella, pero que yo ya la he podido dejar: en el sueño la dejo en la tienda y yo me voy al museo a ver las pinturas y las obras que a mí me interesan y no sabes la emoción que eso me causaba. Eso es lo que he estado haciendo con mi vida.

El padre murió recientemente, esta pérdida es muy importante: le ha dado la posibilidad de una mayor elaboración a su conflictiva. Al mes de la muerte del padre presenta un sueño muy singular.

Soñé que estábamos un grupo de jóvenes, entre los que se encontraban mis primos, mi tía y Claudina en un prado como en un picnic porque había mucha comida y todos estábamos muy contentos y comíamos. Era la entrada a un hospital, en eso llegaba una ambulancia. Traían a mi papá, lo traían cargado como en una bicicleta, era como un trono y lo llevaba mucha gente como muy contenta, muy orgullosa. Él se veía muy bien. Todos sabíamos que estaba muy grave y que iba a morir, pero estábamos muy tranquilos, ahí no había tristeza. Estábamos esperando que muriera para después irnos todos a un concierto de rock a otra ciudad.

Me siento impresionada ante lo que me sugiere un banquete totémico, un comerse al muerto que se oculta frente al contenido manifiesto tan gozoso. El odio y la violencia aparecen condensados frente a esta venganza maníaca que representa una manera frívola de acercarse a la muerte del padre. Los colores tan vivos me remiten a esta parte siniestra. Pero dejemos que sea Gisela la que asocie:

No sé qué onda con este sueño, pero me recuerda un poco el ambiente que hubo en la funeraria, todos estábamos muy tranquilos y nos comportábamos con mucho cariño. El héroe de la noche fue mi papá, todos hablaban de lo mucho que tenían que agradecerle. En el sueño una de las cosas que más me llamaba la atención era cómo comíamos, los colores tan vivos de los tacos con guacamole y lo rojo de las salsas, y toda la gente estaba feliz.

Estábamos como en España y esperábamos su muerte para irnos a un concierto de rock a Francia; suena raro, pero eso parecía.

Gisela, a mí me parece que nuevamente en el sueño aparece la tendencia de edulcorar los momentos dolorosos y nuevamente evadir todo aquello que sientes hacia tu papá.

En efecto, el sueño, sólo fragmentariamente interpretado, habla de un asunto aún no resuelto, aunque el tema del abandono lo ha tratado desde la aparición que hizo el padre hace unos años. No obstante, el odio y la culpa, así como la rabia y el deseo de venganza que aparecen en esta producción onírica no se habían manifestado con esta intensidad. Ahora, frente a su muerte, adquiere nuevamente vigencia señalándonos que falta todavía camino por recorrer.

Hasta aquí el proceso terapéutico de Gisela como su demanda inicial: el cuerpo, un cuerpo que ocupaba un lugar pivote en esta patología tras el cual se ocultaba la relación madre-hija. La complejidad del análisis se trazó como meta lograr sacar a la luz las razones y sinrazones responsables del compromiso que esta joven eligió y las consecuencias que de ello resultaron en relación con su cuerpo, con los otros y consigo misma.

****

Al finalizar la presentación del caso no puedo dejar de considerar qué lejos se movió Gisela del sufrimiento somático y emocional que la trajo a buscar ayuda: en aquellos momentos iniciales toda su vida anímica se condensaba en un dramático pasaje al cuerpo. La enfermedad se reveló como un síntoma capaz de ocultar el drama interior que lleva a cuestas: el trastorno psicosomático la libera inconscientemente del intolerable dolor mental que sufre. En la medida que el síntoma tiene una finalidad inconsciente ella es incapaz de vislumbrar cualquier vínculo entre dolor físico y sufrimiento emocional.

El tratamiento concluyó habiendo logrado acceder a otro nivel de representación: de lo psicosomático a lo neurótico. El proceso analítico y su desenlace dio cuenta de su historia libidinal y fundamentalmente de su historia identificatoria; con ello psique y cuerpo en íntima conexión han ocupado su espacio.

La intensa transferencia que se presentó desde el inicio se mantuvo durante todos estos años; sólo en momentos apareció una transferencia negativa que al ser interpretada perdió fuerza. Asimismo, la sensibilidad, inteligencia y capacidad de *insight* de la paciente permitieron un fuerte vínculo terapéutico, y lograron hacer de ésta una intensa experiencia analítica, en ocasiones difícil, pero al final, por sus resultados, contratransferencialmente muy gratificante.

Sólo a través del trabajo analítico en transferencia Gisela ha podido expresar con palabras lo que hasta entonces el cuerpo contenía, somatizaba, y de esta manera ha ido metabolizando sus conflictos. Tarea ardua y dolorosa, pero finalmente liberadora. Falta aún camino por recorrer, pero en estos años ha dejado un pesado lastre y en lo que sigue su caminar será más ligero.

CAPÍTULO 6

LAS TRAMAS DEL DOLOR

El dolor es un afecto, el último afecto, la última fortaleza
defensiva antes de la locura y la muerte.
Juan David Nasio, *El libro del dolor y del amor*

El material clínico descrito en el capítulo anterior, que presenta las condiciones y vicisitudes del proceso analítico de Gisela a lo largo de seis años y las reflexiones teórico-clínicas que enmarcan su comprensión, me lleva a destacar-aludiendo a la metáfora del ajedrez según la refiere Freud (1913)[1]-la apertura y el final de la experiencia. El inicio da cuenta de la entrada en el espacio analítico de una paciente afectada por un dolor crónico extenuante como único motivo de consulta, en tanto que el final es no sólo la remisión de los síntomas físicos que la aquejaban, sino la emergencia de una subjetividad liberada, capaz ahora de simbolizar y afrontar sus conflictos internos. Podría decirse que del cuerpo-dolor que impregnaba casi en su totalidad la escena analítica en los meses iniciales del análisis, hubo un tránsito en los momentos subsecuentes hacia un cuerpo erótico que batalla por la vida con sus riesgos y dificultades. También, como propuse, puede describirse como un pasaje de lo psicosomático a lo neurótico.

A partir del capítulo anterior en que presento el caso, describo el proceso observado y avanzo una primera lectura analítica, me muevo en este capítulo final hacia una confrontación interpretativa y las necesarias reflexiones finales a manera de conclusión de este estudio. Para este cotejo, que concibo como una nueva "vuelta en espiral", evoco una pregunta central que imprimió dirección a la interpretación del caso: ¿Qué anudamiento subjetivo emergente en el proceso analítico del

---

1 En "Sobre la iniciación del tratamiento. Nuevos consejos sobre la técnica del psicoanálisis, I", *AE* 12

caso estudiado puede concebirse como generador de vulnerabilidad psicosomática? En otras palabras, nos preguntamos por los procesos psíquicos que se fueron revelando en el proceso transferencial del vínculo analítico y cuyo "desanudamiento" mostró alguna modalidad de articulación con los síntomas físicos.

El devenir del caso estudiado

El cuerpo presa del dolor que irrumpió en el espacio analítico, en lo real de una auténtica agonía en el curso de algunas sesiones, y en general en el contenido de su discurso en los primeros meses del proceso, despertó en mí muchos interrogantes. Si el caso me generó un particular interés clínico y teórico, el desenlace, más allá de lo gratificante, ha sido motivo de un genuino asombro y motor de un proceso de indagación que me ha llevado a confrontar, dejarme permear y con-mover por las preguntas que formulé para este proceso que vislumbró como horizonte "la interrogación psicosomática", es decir, las preguntas por la articulación *psique/soma* desde una perspectiva psicoanalítica.

No sólo se atestiguó en el curso del análisis la remisión de la enfermedad y del dolor -imperioso síntoma que la trajo al espacio analítico-, sino que se dio un impactante pasaje del dolor físico al sufrimiento psíquico a través de un proceso de descarga de afecto durante meses, paralelamente al doloroso cambio de posicionamiento subjetivo respecto a la madre. También fue notable la recuperación de su sexualidad, de su cuerpo erótico, en un movimiento que implicó la disolución de un vínculo de pareja fundado en un pacto de negación. Finalmente, se reveló gravitando sobre la historia familiar un secreto ominoso (el crimen de un pequeño medio hermano de Gisela a manos de la tía, hermana de la madre), lo que parecía particularmente significativo.

Estas coordenadas del proceso analítico de Gisela las considero, más que como puntos de llegada del proceso clínico, como invitación abierta a la reflexión. ¿Qué puedo decir, qué aprendizaje se ha logrado con el proceso? Como en otros momentos he afirmado, el estudio de un caso relevante en su singularidad y condiciones como ha sido el caso de Gisela, es una valiosa fuente de exploración que alienta la expansión del pensamiento psicoanalítico en lo relativo a las dolencias del cuerpo que hacen presencia en el consultorio psicoanalítico. En el marco de esta reflexión, dos interrogantes esenciales nos confrontan en este tramo final y demandan un posicionamiento frente a las afecciones psicosomáticas en el consultorio psicoanalítico: ¿Qué sentido puede atribuirse a los síntomas físicos derivados de una condición médica en el marco de un tratamiento psicoanalítico? ¿Cómo concebir el abordaje psicoanalítico ante una demanda de alivio de un síntoma físico (dolor invalidante y crónico)?

El dolor y el sentido

Empezaré por la cuestión del sentido. El cuerpo dominado por el dolor que irrumpió en el espacio analítico, en lo real de una auténtica agonía en el curso de algunas sesiones, y en general en el contenido de su discurso en los primeros meses del proceso, remite a una primera vertiente en relación a la cuestión del sentido: el abordaje clínico de la situación: ¿qué hacer ante el dolor físico derivado de una condición médica en el consultorio psicoanalítico, qué pertinencia tendría para ser acogido en este espacio? Ya he comentado que mi reacción inicial ante un dolor corporal que irradiaba todo el espacio fue de reserva y de preocupación por el agravamiento que podía preverse, y cómo esto me llevó de entrada a invocar a la ciencia médica como interlocutora obligada y a sugerir reasegurar un diagnóstico con nuevas opiniones de especialistas. Pero más allá de mi movimiento contratransferencial ante la situación, debo decir que ante síntomas físicos y, más aún, ante un diagnóstico de una enfermedad orgánica o sospecha de ella, tengo una clara posición profesional y ética en el sentido de que será el médico el que invariablemente deberá atender y cuidar el proceso.

También me he referido ya a las vicisitudes del diagnóstico, a la oscilación entre estar ante un síntoma histérico o frente a una condición psicosomática. ¿Se trata de un dolor "psicógeno" vinculado a los avatares inconscientes de la sexualidad? La situación parecía distinta. Gisela contaba con un diagnóstico médico y estaba sujeta a tratamiento; eso sí, el tiempo me llevaría a meditar en el reto que tiene la medicina ante las enfermedades conocidas como autoinmunes, y en general ante problemas médicos que se consideran "verdaderas" enfermedades (es decir, hay daño orgánico) pero que no acaban de ser plenamente comprendidas en su etiología y evolución ni superadas con los recursos médicos disponibles. La hipótesis de una afección psicosomática era muy convincente, pero esta definición nunca es una meta sino que da cuenta de interrogantes que dan sostén al proceso. A lo que realmente comprometía la figura del dolor corporal que caracterizaba a Gisela era recordar en todo momento que, para una mirada psicoanalítica, el dolor –tanto el psíquico como el físico- es un enigma, es decir, hay que interrogarlo ya que no es transparente ni evidente en sí mismo. El proceso realizado me permite confirmar que caracterizar un problema de salud como "psicosomático" implica recorrer un proceso abierto a la indagación y a la incertidumbre, y por tanto, no procede un diagnóstico precipitado que obture el recorrido por los enigmas del sujeto.

Mi tarea consistió entonces en construir una mirada psicoanalítica para acoger el dolor. El sufrimiento humano es sin duda un ingrediente omnipresente en el consultorio psicoanalítico, pero el dolor físico introduce un matiz de perentoriedad muy particular que mueve a la acción más que a la palabra, inercia que era imperioso resistir para dar espacio a la *recepción*, a la escucha, a la interrogación. Este posicionamiento significó en lo esencial una apuesta por la palabra, por la palabra en transferencia, por el sentido. "Dar un sentido al dolor del otro significa, para el psicoanalista, entrar en concordancia con el dolor, tratar de vibrar con él y, en ese estado de resonancia, esperar a que el tiempo y las palabras lo erosionen" Es también "encontrarle y disponerle un lugar en el seno de la transferencia" (Nasio, 1996b:22). Proceso a construir porque el dolor eclipsa la palabra: algo del dolor no se quiere saber, ronda la pulsión de muerte aunque también está presente la fuerza para seguir viviendo.

El dolor desde una perspectiva psicoanalítica no puede comprenderse simplemente como una "reacción" ante el daño orgánico -tratándose del dolor corporal- o ante la pérdida si es el caso del dolor psíquico (en sus modalidades emblemáticas como son: la del ser amado, la del amor del ser amado, las imágenes narcisísticas y la pérdida de un órgano o de la integridad física), sino como la expresión consciente de una ruptura violenta de la cadencia pulsional, lo que corresponde a "el enloquecimiento de las tensiones [y] al fracaso del principio del placer/displacer" (Nasio, 1996b:117). El dolor es sin duda displacentero, pero es algo más, se trata de otra calidad afectiva, constituye "un hecho íntimo y personal que escapa a toda medida" (Le Breton, 1995:43), es un desgarramiento amenazante de la vida (tanto física como psíquica) pero también es una auténtica fortaleza defensiva, es decir, da testimonio de una batalla por la vida. Este idea, intuitiva y empática hacia mi paciente desde un inicio, fue constituyéndose en una comprensión del dolor que resultó fundamental y fue corroborada en las complejas vicisitudes del largo proceso analítico.

También fue necesario tener presente que el dolor es una experiencia primordial constitutiva del yo-cuerpo, el dolor es memoria inconsciente. Le Breton (*ibid,* p. 52) lo expresa de esta manera: "el dolor está en la vida antes de formar un solo cuerpo con el individuo". El dolor físico constituye una experiencia límite: es forzosa y violenta, poniendo al descubierto los extremos de la condición humana como quebranto de cualquier ilusión de omnipotencia: la finitud, la fragilidad del cuerpo, lo tolerable y lo intolerable, el sufrimiento confrontando el deseo de vivir. El dolor corporal no puede, en modo alguno, reducirse a un mecanismo neurofisiológico de protección de la integridad física; implica, en cambio, una conmoción global de la persona. "Al sentir sus horrores, [el individuo] no es el receptáculo pasivo de un órgano especializado que registra vaivenes impersonales de tipo fisiológico" dice David Le Breton (1995:9). Puedo decir entonces que ante el dolor físico la articulación psico-somática se muestra en toda su evidencia.

Dolor y sufrimiento

El discurso de Gisela mostraba una sorprendente escisión entre su cuerpo dolorido y "su vida". Tan desconcertante aparecía su severo dolor crónico como la novela de una vida feliz sin fisuras. Su experiencia aparece como un trazado de dos vías paralelas: una que parece corresponder a sus empeños y expectativas donde la excelente alumna, exitosa profesionista y eficiente ejecutiva que cultiva y conserva buenas amistades –antiguas y recientes-, tiene un buen matrimonio y lleva una relación cercana, afectuosa y de apoyo hacia la madre. Otra a la que se ve arrastrada, impotente: el dolor se ha convertido en un largo y penoso obstáculo en su existencia, es el tinte amargo que oscurece su ánimo. Con intensidades variables que van desde la esperanza de una tregua hasta abarcar todo su horizonte cotidiano y paralizar su ritmo de actividades, el dolor insiste en su sinsentido.

¿Será que su cuerpo grita mientras queda silenciado un sufrimiento desconocido? El grito no sólo yace en el fondo del dolor-límite como consecuencia del aumento intolerable de excitaciones que exigen una descarga, sino que remite a la condición de desvalimiento propia de la entrada en la vida, que hace del grito un llamado al Otro, esa "acción específica" a la que se refirió Freud en el *Proyecto* como momento inaugural donde la expresión inarticulada del dolor, la interjección, en suma, el grito, queda enlazada a una presencia auxiliadora que le otorga un sentido y funda una memoria: el grito hace revivir las primeras experiencias dolorosas, impregnadas de desamparo, de límites, pero también de esbozo de demanda y de vínculo.

Pero, por otro lado, dice David Nasio, el grito manifiesta otra faz, menos evidente, que remite a "la inmensidad silenciosa del *Das Ding*"; se trata "de un grito que engendra el silencio y un dolor que no se expresa" (1999:183). Se trata del espanto, del pavor. En conexión con esta veta, la obra maestra del pintor surrealista noruego Edvard Munch titulada precisamente *El grito* ha llamado la atención no sólo de los críticos de arte sino también entre los psicoanalistas. Se ha señalado que el cuadro genera una ambivalencia en la percepción, una oscilación entre mirar a un personaje que grita despavorido a la vez que levanta sus brazos acercando sus manos a las orejas, o que, quizás, responde aterrado con ese gesto de cubrirse los oídos para no escuchar el grito de otro. ¿Grita o responde a un alarido? En cualquier caso, el personaje se muestra paralizado de pavor y un grito que se creería infinito ocupa todo el espacio[2].

Me interesa subrayar este carácter mixto que reviste el grito, que por una parte refiere a la experiencia límite del dolor, al desvalimiento y

---

2 Existe un diario de Munch en el que evoca su inspiración para este cuadro (cuya versión más famosa: se completó en el año 1893): "Paseaba por un sendero con dos amigos, el sol se puso, de repente el cielo se tiñó de rojo sangre, me detuve y me apoyé en una valla muerto de cansancio –sangre y lenguas de fuego acechaban sobre el azul oscuro del fiordo y la ciudad- mis amigos continuaron y yo me quedé quieto, temblando de ansiedad, sentí un grito infinito que atravesaba la naturaleza" (nota escrita en el año 1892, documentada en la web: Wikipedia y otros),

el llamado al Otro, pero que por otro lado remite a algo innombrable que aterra, a la dimensión del espanto. Esto en función de mi experiencia clínica con el caso sobre el que reflexiono a partir de un proceso que logró bordear lo desconocido abismal. El hilo conductor lo resume la siguiente idea: el dolor tiene filiación. Con esto quiero decir que si bien el momento inicial del análisis de Gisela configura la escena de un cuerpo traicionero, extraño, abismal en su lamento, al que se ve atada sin comprender como intuyendo un auténtico "agujero negro" que presentifica el vacío de representación, esa escena se ve contenida desde un movimiento transferencial intenso que va mostrando, como si se proyectasen siluetas sobre una masa sin forma, ciertos fragmentos de las tramas del dolor, y aclaro, no sus causas, porque no es posible concebir ninguna linealidad ni simbolización que dé cuenta de la conmoción del sujeto por un daño orgánico, sino su *sustento*: un tejido complejo de ilaciones de sentido que se va haciendo visible y pensable.

El dolor muestra la doble condición de ocultar y revelar: algo más allá de la apariencia se anuncia como enigma, pero también permite llevar la mirada –la escucha, diríamos en psicoanálisis- en cierta dirección. Ante una paciente que en los primeros tiempos del análisis no soñaba nada[3], puse particular interés en las condiciones asociadas al dolor, en el continente de la escena del dolor desde el plano manifiesto del discurso, pero que tiene, como toda memoria, el aliento de lo onírico. De esta manera, desde una aproximación hermenéutica –que, en el sentido que plantea Foucault a partir de las ideas de Nietzsche[4] para su aproximación genealógica, toma las emergencias en los procesos como señales para un rastreo en cierta dirección y no como origen de una problemática- se configuraron ciertas dimensiones que he identificado en el proceso de desentrañar las "tramas del dolor", en correspondencia con el trabajo clínico realizado donde se perfilaron como hilos conductores del proceso: la agresión y la sexualidad, pero también duelo, decepción, impotencia. Me pregunté por la emergencia de ese "cuerpo-dolor" de Gisela, es decir, cuándo y ante qué circunstancias de su vida aparecieron los síntomas físicos (la asunción de una responsabilidad total de sí misma –trabajo formal para pagar sus estudios- y de su madre). Otra pregunta apuntó a ciertos "destinos" de la enfermedad manifestados en paroxismos de dolor que tiñen y perturban escenas importantes de la historia de la paciente.

El proceso analítico mostró algunos movimientos subjetivos sorprendentes. Del dolor corporal extenuante, metaforizado en la

---

3 Situación que dos o tres años después se revirtió totalmente al traer una rica producción onírica a sus sesiones, según lo describí en el capítulo anterior.

4 En *Nietzsche, la genealogía, la historia,* Michel Foucault (1967) explica que la genealogía no se pregunta por el "origen" de las ideas o los acontecimientos, sino que muestra cómo éstos emergen como relaciones de fuerza. Veo afinidades interesantes con la perspectiva psicoanalítica, la que si bien hurga en la historia de los sujetos, no la ve como una descripción de una supuesta realidad, sino como una contra-historia, o en términos analíticos, como esclarecimiento de la verdad del sujeto.

figura del grito -que remite a parálisis, espanto y desesperación-, que irrumpió en el espacio psicoanalítico centrando en él todo su malestar y preocupación, y que aparecía en abierto contraste con una vida que se percibía ausente de todo sufrimiento psíquico, hacia una experiencia explosiva de rabia y de dolor: durante largos meses Gisela devino en el espacio analítico un auténtico "mar de lágrimas". El referente: el vínculo con la madre, para quien en su novela inicial sólo reconocía amor, devoción y deseo de protección. "El amor –dice Julia Kristeva (1983:109)- es una apariencia necesaria, que hay que reparar, suscitar, promover sin fin. Para analizarlo, es decir, para llegar hasta su trama, hasta su vago portador, que es el odio".

El llanto de Gisela condensaba muchas calidades afectivas: la rabia infinita por la falta de madre y por su sometimiento, pero también fue darle espacio a un duelo congelado, llorar la pérdida para poder desprenderse, reconocer su propio deseo. Ya he descrito las difíciles condiciones para Gisela como bebé, con una madre que se asemeja a lo que Green (1983) describe como "madre muerta", lo que hace suponer traumas precoces y fragilidades en la integración psique/soma; también hay que reconocer otros planos donde se reedita ese vínculo y adquiere nuevas configuraciones, particularmente en la etapa edípica y la pubertad, donde Gisela ocupa el lugar del padre en el lecho materno en su ausencia, con su cauda de confusiones, fantasías y culpa.

¿Y su posicionamiento en el lugar de sostener todo? Al año del tratamiento anuncia que deja el trabajo, que se toma un "sabático". ¿Y la pareja perfecta? Se evidencia que el dolor sirvió como tapón de una profunda insatisfacción negada y una sexualidad ausente. Son los hilos que se fueron desanudando (como detallé en la presentación del material clínico), y en ese proceso el dolor se fue modificando, se fue espaciando, se hizo menos intenso y, tras algunos altibajos, desapareció, al tiempo que se posicionaba ella con mayor autonomía e integración.

El destino de las identificaciones

Las vicisitudes de la relación temprana con la madre, tal como pueden pensarse desde el proceso analítico de Gisela según venía describiendo, llevan a pensar con total pertinencia en la idea de la instalación de una identificación alienante, que supone un fracaso en el proceso de desidealización como desenlace fallido de las identificaciones primarias. He argumentado en otro momento cómo, para cumplirse la función estructurante del yo, las identificaciones requieren metabolizarse, sufrir un trabajo elaborativo. De otra manera, queda comprometido el proceso de subjetivación al sacrificarse una parte de sí a la fuerza alienante, proceso que impone demandas de una total desmesura que el sujeto no puede resistir, y que tiene la peculiar propiedad, apuntaba Piera Aulagnier

(1979) de servir tanto a las pulsiones de vida como a la pulsión de muerte, una especie de captura en un sufrimiento gozante.

Ya he comentado que esta modalidad alienante de la identificación ha sido asociada a la vulnerabilidad psicosomática, de la que el caso de Gisela es muestra patente. Al respecto creo que es fundamental la comprensión de esos procesos tan tempranos y primarios, en términos de la imagen del cuerpo, construcción identificatoria compleja que remite a varios planos. En la imagen del cuerpo más arcaica -la que corresponde a las identificaciones primarias- concebimos estas vicisitudes identificatorias y los fenómenos que se han definido como transmisiones transgeneracionales.

En ese contexto, ¿qué decir del caso de Gisela que tiene en su historia familiar un suceso tan dramático como el asesinato del pequeño Pablito, su medio hermano, por parte de la tía, configurado como un secreto total? Un drama familiar intolerable que queda silenciado sin posibilidad alguna de elaboración. El psicoanálisis ha mostrado, a través de la experiencia clínica y de los desarrollos teóricos, las consecuencias de los secretos familiares en el devenir psíquico de sus miembros y se ha documentado también su conexión con los trastornos psicosomáticos. Nunca, se entiende, como causa-efecto, esa modalidad de argumentación está fuera de la comprensión psicoanalítica. Pero, en el marco de la complejidad de los procesos psíquicos, tal conexión está bien establecida.

En el caso de Gisela todo parece encajar para aceptar esa incidencia de la fantasmática familiar en la generación del síntoma crónico del dolor, en la enfermedad. El proceso analítico mostró en forma patente que no hubo acceso a esa inscripción, si acaso indicios potenciales que señalé en el análisis del material clínico. Sobre esa memoria, que sólo podemos concebir como escindida de cualquier intercambio asociativo y configurada como imagen del cuerpo, se esboza una dimensión "más allá del dolor", donde cae el silencio y acontece un cercenamiento del afecto, lo que parece encubrir el mandato alienante: encriptar el secreto. En el proceso clínico fue llamativa la ausencia de carga afectiva cuando la paciente narra el terrible suceso familiar del que acababa de enterarse. Sin duda es sugerente la hipótesis de Gisela Pankow (1973), quien afirma que en los trastornos psicosomáticos habría una correspondencia entre zonas de destrucción en la imagen del cuerpo y zonas de destrucción de la estructura familiar, entre otras teorizaciones similares que ya he comentado, que parece una hipótesis pertinente en el caso analizado. Pero, repito, el proceso clínico lo que mostró fue el abismo de lo no representado y su probable conexión con "el enloquecimiento del soma" (como llaman algunos autores a los estados psicosomáticos).

La experiencia con el caso comentado documenta la potencia del proceso psicoanalítico para desanudar ciertas tramas que sostenían el síntoma físico: puede decirse que el proceso analítico logró bordear lo desconocido abismal. Con esto quiero decir que si bien el momento inicial del análisis de Gisela configura la escena de un cuerpo traicionero, extraño, abismal en su lamento, esa escena se va metabolizando y así van emergiendo en el espacio analítico -como si se proyectasen siluetas sobre una masa sin forma- ciertos fragmentos de las tramas del dolor, y aclaro, no sus causas, porque no es posible concebir ninguna linealidad ni simbolización que dé cuenta de la conmoción del sujeto por un daño orgánico, sino su *sustento*: un tejido complejo de ilaciones de sentido que se va haciendo visible y pensable, pero que también coexiste con algo desconocido, inaccesible, que sólo puede rodearse.

A manera de síntesis de la lectura interpretativa del caso estudiado y de las vertientes de reflexión más significativas, propongo las siguientes conclusiones:

- La pregunta por el sentido de los síntomas físicos derivados presumiblemente de una afección psicosomática (la gran pregunta que marca la travesía de mi interrogación) y, en lo específico, en el caso que fue motivo de mi estudio, sólo puede encontrar respuesta en la referencia constituida por el sujeto de deseo en su historicidad. Considero entonces que los trastornos psicosomáticos tienen *sentido* si se ubican en el horizonte de la *verdad* del sujeto, en su devenir psíquico -enmarcado en la dinámica y la economía psíquica inconsciente. Que resulta inconcebible, desde el psicoanálisis, la idea de una organicidad mecánica ajena al devenir subjetivo y afirmo en cambio el papel fundamental del cuerpo pulsional como espaciamiento psíquico. El dolor, síntoma dominante que entra a la escena analítica, se enfrenta como enigma. En esa perspectiva, y a partir del puente fundamental de los procesos transferenciales, el abordaje psicoanalítico encuentra su pertinencia.

- Se identificaron procesos que abonaron a la vulnerabilidad psicosomática de la paciente: por un lado, sufrimiento psíquico precoz no metabolizado que propició fenómenos de escisión psique/soma. Ese sufrimiento remite a traumas precoces acontecidos en la relación temprana con la madre, los que se constituyeron en puntos de fijación y oportunidades de regresión en los movimientos propios de la pulsión de muerte ante ocasiones (actuales) propiciatorias. Por otro lado, el análisis mostró la existencia de una identificación alienante con la madre, lo que haría a la paciente vulnerable para recibir la carga mortífera no metabolizada de la fantasmática familiar, conformándose un fenómeno de transmisión generacional de un secreto familiar innombrable expresado a nivel somático vía la imagen del cuerpo.

- La presencia en el caso estudiado de niveles de funcionamiento neurótico junto con modalidades defensivas más cercanas a los procesos psicóticos, definió tanto los retos de un tratamiento psicoanalítico como también su potencialidad para re-articular la dimensión del cuerpo erótico y llevar a la paciente hacia una mejor integración psique/soma, emergiendo en el proceso una subjetividad con mayores recursos de autonomía y elaboración psíquica, así como el desenlace afortunado de la desaparición del dolor.

Reflexiones finales

Un largo camino que por ahora termina... aunque sea interminable. Como en todo análisis, llega el momento de un corte, pero el proceso abierto no se agota, por el contrario siempre "quiere más", en un movimiento expansivo que sugiere nuevas preguntas, que conecta con tantos temas afines... También concierne a lo abismal, lo insondable: reconocer su incidencia en todo proceso tiene que ver con la vocación psicoanalítica. Y sin duda, la cuestión psicosomática es elusiva, la definen los enigmas profundos del cuerpo y de la existencia psíquica, y ahí están, para recrearse creativamente en la clínica y en la investigación, en íntima vinculación que considero irrenunciable.

Al recapitular sobre el proceso recorrido reconozco momentos de iluminación y otros de extrañeza, avances y detenciones, pero también, como marca del proceso, la persistencia o, diríamos, la insistencia en interrogar el cuerpo, modalidad apasionada que sólo puedo poner en palabras con las herramientas conceptuales del psicoanálisis: tensión vida/muerte, porque el cuerpo es esa condición límite, esa incertidumbre o, como dice Nancy (2003), es el sentido y la fractura de sentido. Interrogar el cuerpo en esa dimensión que desborda lo aparente, lo circunscrito a las legalidades de la biología, asumiéndolo plenamente como pulsional y abriendo un camino inédito de reflexión, es parte fundamental de la gran herencia freudiana.

BIBLIOGRAFÍA

AISEMBERG, Elsa Rappoport de (2001), "Revisión crítica de las teorías y de los abordajes de los estados psicosomáticos", Revista de Psicoanálisis, LVIII, 2, pp. 507-512

---------- (2003), "Abordaje teórico-clínico a los trastornos somáticos: ¿trabajo en las fronteras o trabajo psicoanalítico?", Revista de Psicoanálisis, LX. 3, pp. 857-866

AISENSTEIN, Marilia y AISEMBERG, Elsa R. de (2010), Psychosomatics Today. A Psychoanalytic Perspective, International Psychoanalytical Association/Karnac, London.

AISENSON K., Aída (1981), Cuerpo y persona. Filosofía y psicología del cuerpo vivido, Fondo de Cultura Económica, México.

ALBERRO, Norma (2012), "Cuerpo y psicosomática" [en línea] www. proyectopsi.com,ProyectoPsi. Psicología y psicoanálisis, Buenos Aires.

ALLIEZ, Eric y FEHER, Michel (1989), "Las reflexiones del alma", en M. Feher (ed.), Fragmentos para una Historia del cuerpo humano, Parte Segunda, Taurus, Madrid, 1992, pp. 47-84

AGAMBEN, Giorgio (1998), Homo Sacer. El poder soberano y la nuda vida, PRE-TEXTOS, Valencia, 2006

ARAY, Julio (1992), Momentos psicoanalíticos, Monte Ávila Editores, Venezuela.

ARISTÓTELES (s. IV a. C.), De anima (Acerca del alma), Gredos, Madrid, 1983.

ARROYO, Sergio Raúl (2004), "Elogio del cuerpo", Artes de México, no. 69, CONACULTA – INAH, México, pp.8-17

ASSOUN, Paul-Laurent (1981), Introducción a la epistemología freudiana. Siglo XXI, México, 1982.

---------- (1997), Lecciones psicoanalíticas sobre cuerpo y síntoma, Nueva Visión, Buenos Aires, 1998.

----------- (2000), La metapsicología, Siglo XXI, México., 2002.

AULAGNIER, Piera (1975), La violencia de la interpretación. Del pictograma al enunciado, Amorrortu, Buenos Aires, 1991.

---------- (1979), Los destinos del placer: alienación, amor, pasión, Petrel, Barcelona, 1980.

---------- (1986a), "Nacimiento de un cuerpo, origen de una historia", "Los dos principios del funcionamiento identificatorio: permanencia y cambio", en L. Hornstein et al, Cuerpo, historia, interpretación, Paidós, Buenos Aires, 1994.

---------- (1986b), Un intérprete en busca de sentido, Siglo XXI, México, 1994.

BACHELARD, Gastón (1934), La formación del espíritu científico, Siglo XXI; México, 1981.

BATAILLE, Georges (1957), El erotismo, Tusquets, Barcelona, 1992.

BERNARDI, Ricardo (2005), "Un único cuerpo, pero suficientemente complejo. El diálogo entre el psicoanálisis y la medicina", en A.Maladesky et al, PSICOSOMÁTICA. Aportes teórico-clínicos en el siglo XXI, Lugar Editorial, Buenos Aires.

BÉKEI, Marta (comp.), (1991), Lectura de lo Psicosomático, Lugar Editorial, Buenos Aires, 1996.

BEUCHOT, Mauricio (1990), "La hermenéutica y la epistemología del psicoanálisis", en M. Beuchot y R. Blanco (comps.), Hermenéutica, psicoanálisis, literatura, Instituto de Investigaciones Filológicas, UNAM, México, pp. 9-17.

---------- (1990), "El psicoanálisis y su dimensión hermenéutica", en M. Beuchot y R. Blanco (comps.), Hermenéutica, psicoanálisis, literatura, Instituto de Investigaciones Filológicas, UNAM, México, pp. 18-32.

BOSCHAN, Pedro J. (1999) "Encrucijadas teórico-clínicas en psicosomática", [en línea] htpp://www.aperturas.org/1boschan.html, Aperturas Psicoanalíticas, Revista de Psicoanálisis, no. 1.

BOYÉ, Claudio R. (2006), "La noción de objeto perdido. El objeto en Freud. Una lectura", [en línea] PSIKEBA, Revista de psicoanálisis y estudios culturales, Buenos Aires (www.psikeba.com.ar)

BRAUNSTEIN, Néstor (2004), "Deseo y goce en la enseñanza de Lacan", Contexto en psicoanálisis 8: Los goces, Editorial Lazos, Buenos Aires, pp. 11-30

CABARITTI, Sabina (2013), "Afecciones psicosomáticas en cuidadores de familiares enfermos", [en línea] Intersecciones Psi: Revista electrónica de la Facultad de Psicología UBA, Año 3, Número 6, www. intersecciones.psi.uba.ar

CALVACANTE TEIXEIRA, Leônia (2004), "El cuerpo en la contemporaneidad y la clínica psicosomática", [en línea]Terapia psicológica, Sociedad Chilena de Psicología Clínica, Vol. 22, No.2, 171-176.

CAPRA, Fritjof (1975), El Tao de la física, Editorial Sirio, Barcelona, 2007.

CARPINTERO, Enrique (2002), "Spinoza: la prudencia de una razón apasionada", [en línea]Topia. Un sitio de psicoanálisis, sociedad y cultura, www.topia.com.ar, Buenos Aires.

CASAMADRID, Julia. (2005), "Eslabones de una cadena generacional. Un secreto que se grita en el cuerpo", Cuadernos de Psicoanálisis, XXXVIII (1-2), pp.35-42

CASTILLO VERGARA, María Isabel, GÓMEZ CASTRO, Elena (2004), "Las peculiaridades de la Investigación en psicoanálisis" [en línea] Terapia psicológica, vol. 22, número 001, Sociedad Chilena de Psicología Clínica, Santiago, pp.25-32

CASTORIADIS, Cornelius (1996), El ascenso de la insignificancia. Cátedra, Madrid, 1998.

---------- (1999), Figuras de lo pensable, Cátedra, Madrid, 1999.

CHIOZZA, Luis (1976), "La concepción psicoanalítica del cuerpo ¿Psicosomática, o directamente psicoanálisis?", en Cuerpo, afecto, lenguaje; Alianza Editorial, Buenos Aires, 1988.

---------- (2008), "El llamado factor psíquico en la enfermedad somática" [en línea], www.funchiozza/downloads/obrascompletas, en Obras Completas, T.VII,Libros del Zorzal, Buenos Aires.

---------- (2001) "La relación psique-soma en la teoría psicoanalítica" (presentado originalmente en la Swedish Psychoanalytical Society), en: A. Maladesky et al, (comps.), Psicosomática. Aportes teórico-clínicos en el siglo XXI, Lugar Editorial, Buenos Aires, 2005.

COSTA, Malena (2006), "La propuesta de Merleau-Ponty y el dualismo mente-cuerpo en la tradición filosófica" [en línea],http//:serbal.pntic. mec.es/AParteRei/ A Parte Rei, Revista de Psicología, no. 47, España, pp.1-7

CRUZ, Manuel (2002), Filosofía contemporánea, Taurus, Madrid.

CUELI, José (2007), "La Carta 52", La Jornada, sección Cultura (23/3/2007), México.

D'ALVIA, Rodolfo (2005), "Realidades – Traumas – Cuerpos", en A. Maladesky et al, PSICOSOMÁTICA. Aportes teórico-clínicos en el siglo XXI, Lugar Editorial, Buenos Aires.

DAVID-MÉNARD, Monique, et al (1987), Las identificaciones. Confrontación de la clínica y de la teoría de Freud a Lacan, Nueva Visión, Buenos Aires, 1988.

DEJOURS, Christophe (1989), Investigaciones psicoanalíticas sobre el cuerpo. Supresión y subversión en psicosomática, Siglo XXI, México, 1992.

---------- (2001), Le corps, d'abord. Corps biologique, corps érotique et sens moral, Payot & Rivages, Paris, 2003.

---------- (2003), "La tercera tópica" (traducción del capítulo IV del libro de Ch. Dejours, De corps, d'abord) [en línea]www.revistaalter. com,Traducción y tópica psíquica:Alter, Revista de Psicoanálisis, no. 4,2009.

---------- (2005), "La 'escogencia del órgano' en psicosomática: ¿un asunto superado?", en A. Maladesky et al (comps.), PSICOSOMÁTICA. Aportes teórico-clínicos en el siglo XXI, Lugar Editorial, Buenos Aires.

---------- (2008), "Psicosomática" [en línea] http://www.topia.com.ar,Topia. Revista de Psicoanálisis, sociedad y cultura, Argentina.

DELEUZE, Gilles y GUATTARI, Félix (1980), "¿Cómo hacerse un cuerpo sin órganos?, en: Mil mesetas. Capitalismo y esquizofrenia, Pre-Textos, Valencia, 2006, pp.155-172

DE MIJOLLA (2003),LES VISITEURS DU MOI. Fantasmes d'identification. Les Belles Lettres, París.

DERRIDA, Jacques (1967), "Freud y la escena de la escritura", en La escritura y la diferencia, Anthropos, Barcelona, 1989, pp. 271-318.

---------- (1995), Mal de archivo. Una impresión freudiana, Trotta, Madrid, 1997.

DESCARTES, René (1637), Discurso del método y meditaciones metafísicas, Espasa Calpe, Buenos Aires, 1952.

DEUTSCH, Felix (1950), "El psicoanálisis y la medicina psicosomática", en Gorali,V.(comp.), Estudios de psicosomática, Vol. 3, ATUEL – CAP, Buenos Aires, 1995.

DOLTO, Francoise (1984), La imagen inconsciente del cuerpo, Paidós, Barcelona, 1990.

DOR, Joël (1985a), Introducción a la Lectura de Lacan, Gedisa, Barcelona, 2000.

DOR, Joël (1985b), Introducción a la Lectura de Lacan II, Gedisa, Barcelona, 1998.

ECKELL de MUSCIO, Isabel (1998), "La analizabilidad en un paciente psicosomático: Del cuerpo sufriente al cuerpo erógeno", Revista de Psicoanálisis, Vol. 55, no. 3, pp. 549-568

ESKENAZI, Enrique (2009), "Plotino y la psicología" [en línea]http:// homepage.mac.com/eeskenazi/filosofía, Barcelona.

FAIMBERG, Haydée (1989), "El telescopaje de las generaciones. Acerca de la genealogía de ciertas identificaciones", en R. Kaës et al, La transmisión de la vida psíquica entre generaciones, Amorrortu, Buenos Aires, 1993.

FERNÁNDEZ, Roberto (2002), El psicoanálisis y lo psicosomático, Editorial Síntesis, Madrid.

FLORENCE, Jean (1987), "Las identificaciones", en M.David-Ménard et al,Las identificaciones. Confrontación de la clínica y de la teoría de

Freud a Lacan, Nueva Visión, Buenos Aires, 1988.

FONTANOT YARZA, Gina del Carmen (1997), "El alma en el cuerpo. Aportaciones al Estudio de la Somatización desde la Teoría Psicoanalítica". Tesis de Doctorado, Universidad Iberoamericana, México.

FOUCAULT, Michel (1979), Microfísica del poder. Ediciones La Piqueta, Madrid, 1992.

---------- (1967), Nietzsche, Freud, Marx, El Cielo por Asalto, Buenos Aires, 1995.

FREUD, Sigmund (1981), Obras completas. Cuarta edición.Traducción de Luis López-Ballesteros. Editorial Biblioteca Nueva, Madrid.

FREUD, Sigmund (1991), Obras completas. Traducción directa del alemán de José L. Etcheverry. Amorrurtu, Buenos Aires. Las siguientes obras:

---------- (1892-99 [1950]), "Fragmentos de la correspondencia con Fliess", Vol. 1. En particular: "Manuscrito E: ¿Cómo se genera la angustia?"(1894), "Manuscrito I. Migraña: puntos establecidos (1895)" y "Carta 52" (1896)

---------- (1950[1895]), "Proyecto de psicología", Vol. 1.

---------- (1893-95), Estudios sobre la histeria (en coautoría con Joseph Breuer), Vol. 2.

---------- (1900), La interpretación de los sueños, Vol. 5.

---------- (1901 [1905]), Fragmento de análisis de un caso de histeria (Dora), Vol. 7.

---------- (1905 [1904]), "Sobre psicoterapia", Vol. 7.

---------- (1905), Tres ensayos de teoría sexual, Vol. 7.

---------- (1910), "La perturbación psicógena de la visión según el psicoanálisis", Vol. 11.

---------- (1913), "Sobre la iniciación del tratamiento", Vol.13.

---------- (1914), Introducción del narcisismo, Vol.14.

---------- (1915a), "Pulsiones y destinos de pulsión", Vol.14.

---------- (1915b), "Lo inconsciente", Vol.14.

---------- (1915c), "La represión", Vol.14.

---------- (1917 [1915]), Duelo y melancolía, Vol. 14.

---------- (1917 [1916-17]), Conferencias de introducción al psicoanálisis. Parte III, Vol. 16.

---------- (1920), Más allá del principio del placer, Vol. 18.

---------- (1921), Psicología de las masas y análisis del yo, Vol. 18.

---------- (1923 [1922]), "Dos artículos de enciclopedia: Psicoanálisis y Teoría de la libido", Vol.18.

---------- (1923), El yo y el ello, Vol. 19.

---------- (1924), El problema económico del masoquismo, Vol. 19.

---------- (1925 [1924]), "Nota sobre la pizarra mágica", Vol. 19

---------- (1925 [1924]), Presentación autobiográfica, Vol. 20.

---------- (1925) "La negación", Vol. 20.

---------- (1926 [1925]) Inhibición, síntoma y angustia, Vol. 20.

---------- (1930 [1929]) El malestar de la cultura, Vol.21.

---------- (1933 [1932]) Nuevas conferencias de introducción al psicoanálisis, Vol. 22.

---------- (1937) Análisis terminable e interminable, Vol. 23.

---------- (1940 [1938]), Esquema del psicoanálisis, Vol. 23.

---------- (1940 [1938] "La escisión del yo en el proceso defensivo", Vol. 23.

---------- (1949 [1938]) "Conclusiones, ideas, problemas", Vol. 23.

FUENTES, Araceli (2009) "El fenómeno psicosomático y el síntoma: el diagnóstico diferencial"[en línea]www.nucep.com,Nuevo Centro de Estudios de Psicoanálisis del Instituto del Campo Freudiano, Madrid.

GADAMER, Hans-Georg (1975), Verdad y método, Ediciones Sígueme, Salamanca, 2012.

---------- (1993), El estado oculto de la salud, Gedisa, Barcelona, 1996..

GARCÍA DE LA HOZ, Antonio (1995), "Sobre la Verneinung la Verleugnung y la Verwerfung" [en línea], Clínica y Análisis Grupal 70, Vol.17, pp. 377-387.

GERBER, Daniel (2006), "Pasión de ser. El sujeto de la psicosis", Contexto en Psicoanálisis: Las pasiones, Lazos, Buenos Aires, pp. 73-89.

GONZÁLEZ DE RIVERA y REVUELTA, José Luis (1994), "Estrés, homeostasis y enfermedad" [en línea] www.fodonto.uncu.edu.ar, en A. Seva (ed.), Psicología Médica, Ino Reproducciones, Zaragoza, España.

GORALI, Vera (comp.) (1995), Estudios de psicosomática, Vol. 3, ATUEL – CAP, Buenos Aires.

GREEN, André (1983), Narcisismo de vida, narcisismo de muerte, Amorrortu, Buenos Aires, 1999.

------------ (1984), El lenguaje en el psicoanálisis, Amorrortu Buenos Aires, 1995.

------------ (1986a), "Pulsión de muerte, narcisismo negativo, función desobjetalizante", en A. Green et al, La pulsión de muerte, Amorrortu, Buenos Aires, 1991.

---------- (1986b), "Respuestas a preguntas inconcebibles", en L. Hornstein et al, Cuerpo, historia, interpretación, Paidós, Buenos Aires, 1994.

---------- (1994a), "Teoría", en A. Maladesky et al (comps.), PSICOSOMÁTICA. Aportes teórico-clínicos en el siglo XXI, Lugar Editorial, Buenos Aires, 2005.

---------- (1994b), "Thoughts on the Paris School of Psychosomatics" en M. Aisenstein y E. Rappoport de Aisemberg (eds.), Psychosomatics Today. A Psychoanalytic Perspective, Karnac, London, 2010.

------------ (1995), La Metapsicología Revisitada, EUDEBA, Buenos Aires, 1996.

---------- (1996), "El Winnicott póstumo" [en línea] www.apdeba.org/mp-content/uploads/green, conferencia pronunciada en la Squibble

Foundation, publicada en Psicoanálisis APdeBA, Vol. XVIII, No.3, 1996.

GRODDECK, Georg (1917-1928), Sobre ello. El sentido de la enfermedad, Iralka, Irún, País Vasco, 1996.

HADOT, Pierre (1963), Plotino o la simplicidad de la mirada [en línea] eskenazi.net16.net/hadot, publicado en Alpha Decay, Barcelona, 2004.

HANNS, Luiz Alberto (2001), Diccionario de términos alemanes de Freud, Lohlé-Lumen, Buenos Aires.

HARLAN, Josh (2005) "Acerca de la mente, el significado y la realidad" [en línea] www.unav.es/users/Putnam, Entrevista con Hilary Putnam, publicada originalmente en Revista Atlántida, No. 13

HORNSTEIN, Luis et al (1994), CUERPO, HISTORIA, INTERPRETACION. Piera Aulagnier: de lo originario al proyecto identificatorio, Paidós, Buenos Aires.

HORNSTEIN, Luis (2000), NARCISISMO. Autoestima, identidad, alteridad, Paidós, Buenos Aires.

HOWLIN, Mariana (2012), "Fenómeno psicosomático y acontecimiento traumático" [en línea], www.ImagoAgenda.com/LetraViva

IBAÑEZ, Jesús (1985), Del algoritmo al sujeto: perspectivas de la investigación social. Siglo XXI, Madrid.

ISRAËL, Lucien (1974), El goce de la histérica, Argonauta, Barcelona/ Buenos Aires, 1979.

KÄCHELE, Horst y THOMÄ, Helmut, Eds. (1999) Teoría y práctica del psicoanálisis [en línea],http://sip.medizin.uni-ulm.de/Tomo 3: Investigación. Traducción: María Isabel Fontao, 2002

KAËS, René (2007), Un singular plural. El psicoanálisis ante la prueba del grupo, Amorrortu, Buenos Aires, 2010.

KAËS, René, Faimberg, H.et al (1993), La transmisión de la vida psíquica entre generaciones, Amorrortu, Buenos Aires, 1996.

KAUFMANN, Pierre, dir. (1993), Elementos para una enciclopedia del psicoanálisis. El aporte freudiano, Paidós, Buenos Aires, 1996.

KRISTEVA, Julia (1983), Historias de amor, Siglo XXI, México, 1987.

---------- (1985), Al comienzo era el amor, Gedisa, Barcelona, 1996.

---------- (1987), "Lo real de la identificación" en M.David-Ménard et al, Las identificaciones. Confrontación de la clínica y de la teoría de Freud a Lacan, Nueva Visión, Buenos Aires, 1988.

---------- (1993), Las nuevas enfermedades del alma, Cátedra, Madrid, 1995.

---------- (1998), El porvenir de una revuelta, Seix Barral, Barcelona, 2000.

KUHN, Thomas S. (1962), La estructura de las revoluciones científicas, F.C.E., 1996.

LACAN, Jacques (1949), "El estadio del espejo como formador de la función del yo (je) tal como se nos revela en la experiencia psicoanalítica" (comunicación presentada en XVI Congreso Internacional de Psicoanálisis, en Zürich). Tomo I, Escritos, Siglo XXI, México, 1984.

---------- (1966a), "De una cuestión preliminar a todo tratamiento posible de la psicosis", Escritos 2, Siglo XXI, México, 1988.

---------- (1966b), Conferencia "Psicoanálisis y medicina. El lugar del psicoanálisis en la medicina" [en línea],http://elpsicoanalistalector. blogspot.mx. Traducción del original en francés de Ricardo R. Ponte

---------- (1973), El Seminario, Libro 11: Los cuatro conceptos fundamentales del psicoanálisis, Paidós, Buenos Aires, 1986.

---------- (1975a), "Conferencia en Ginebra sobre el síntoma" en evento organizado por la Sociedad Suiza de Psicoanálisis [en línea], http:// elpsicoanalistalector.blogspot.mx,

---------- (1975b), "Introducción a los comentarios sobre los escritos técnicos de Freud", en El Seminario de Jacques Lacan. Libro 1. Los escritos técnicos de Freud (1953-1954), Ateneo de Caracas/Paidós, Barcelona, 1981, pp.19-35.

---------- (1975c), El Seminario, Libro 20: Aun, Ateneo de Caracas/Paidós, Barcelona, 1981.

---------- (1991), El Seminario, Libro 17: El reverso del psicoanálisis, Paidós, Barcelona, 1992.

LAKOFF, George y JOHNSON, Mark (1980), Metáforas de la vida cotidiana, Cátedra, Madrid, 1995.

LAPLANCHE, Jean (1992), La prioridad del otro en psicoanálisis, Amorrortu, Buenos Aires, 1996.

---------- (1998), "La pulsión de muerte en la teoría de la pulsión sexual", en A. Green et al, La pulsión de muerte, Amorrortu, Buenos Aires.

---------- (2003), "Tres acepciones de la palabra <inconsciente> en el marco de la teoría de la seducción generalizada" (publicado originalmente en Psychiatrie Francaise) [en línea], Traducción y tópica psíquica:Alter, Revista de Psicoanálisis, No. 4, www.revistaalter.com,2009.

LAPLANCHE, Jean y PONTALIS, Jean-Bertrande (1968), Diccionario de Psicoanálisis, Labor, México, 1979.

LARTIGUE, Teresa (2000), "Líneas y técnicas de investigación en la Asociación Psicoanalítica Internacional", Cuadernos de Psicoanálisis, Vol. XXXIII, nos. 1 y 2, pp. 99-110.

LARTIGUE, Teresa, CÓRDOVA, Armando (1994), "Modalidades del maternaje, trastornos del apego y sus manifestaciones clínicas", en J. Vives r. y T. Lartigue B. (coords.), Apego y vínculo materno-infantil, Universidad de Guadalajara/Asociación Psicoanalítica Jalisciense, Guadalajara, pp. 190-209.

LE BRETON, David (1995), Antropología del dolor, Seix Barral, Barcelona, 1999.

LECLAIRE, Serge (1968), Psicoanalizar, un ensayo sobre el orden del inconsciente y la práctica de la letra, Siglo XXI, México, 1980.

LENARDUZZI, Hebe (2005) Entre biología y cultura. Un estudio de la psicosomática de la infancia y la adolescencia [en línea] books. google.com.mx, Editorial Biblos, Buenos Aires.

LÉVINAS, EMMANUEL (1987), Fuera del sujeto, Caparrós, Madrid, 1997.

LINGIARDI, Vittorio, GAZZILLO, Francesco, WALDRON, Sherwood (2010), "An Empirically Supported Psychoanalysis.The Case of Giovanna", Psychoanalytic Psychology, Vol. 27, No. 2, 190-218

LÓPEZ AUSTIN, Alfredo, (2004), "La concepción del cuerpo en Mesoamérica", Artes de México, no. 69, CONACULTA – INAH, México, pp. 18-39.

LORAUX, Nicole (1989) "...Por lo tanto, Sócrates es inmortal", en M. Feher (ed.), fragmentos para una Historia del cuerpo humano, Parte Segunda, Taurus, Madrid, 1991, pp. 13-45.

MALADESKY, Alfredo, LÓPEZ, Marcela B. y LÓPEZ OZORES, Zulema (comps.) (2005), PSICOSOMÁTICA. Aportes teórico-clínicos en el siglo XXI, Lugar Editorial, Buenos Aires.

MARANI, Alberto (2009), "El cuerpo erótico y su envoltura", [en línea], http://colegiodepsicoanalistas.com/biblioteca, Buenos Aires, Argentina.

MARTY, Pierre (1990), La psicosomática del adulto, Amorrortu, Buenos Aires, 2003.

---------- (1992), "Entrevista", [en línea] fyepsicosomaticas.blogspot.com, realizada por Fernando Urribarri

MASOTTA, Oscar (1990), El modelo pulsional, Catálogos Editora, Buenos Aires.

MATET, Jean Daniel (1974), "El cuerpo y sus enigmas. La clínica lacaniana y la bulla psicosomática", en V. Gorali, -compiladora-, 1995.

MCDOUGALL, Joyce (1982), Teatros de la mente. Ilusión y verdad en el escenario psicoanalítico, Tecnipublicaciones, Madrid, 1985.

---------- (1989), Teatros del cuerpo, Yébenes, Madrid, 1989.

MERLEAU-PONTY, Maurice (1945), Fenomenología de la percepción, Península, Barcelona, 1997.

MIER, Raymundo (1998), "El método como discurso", en Encrucijadas Metodológicas en Ciencias Sociales, Área Subjetividad y Procesos Sociales, UAM-Xochimilco, México.

MORIN, Edgar (1990), Introducción al pensamiento complejo, Gedisa, Buenos Aires, 2000.

NANCY, Jean-Luc (1992), Corpus, Arena Libros, Madrid, 2003.

NASIO, Juan David (1988), Enseñanza de 7 Conceptos Cruciales del Psicoanálisis, Gedisa,Barcelona, 1994.

---------- (1992), Cinco lecciones sobre la teoría de Jacques Lacan, Gedisa, Buenos Aires, 1998.

---------- (1994), El placer de leer a Freud, Gedisa, Barcelona, 1999.

---------- (1996a), Los gritos del cuerpo. Psicosomática, Paidós, Buenos Aires, 1997.

---------- (1996b), El libro del dolor y del amor, Gedisa, Barcelona, 1999.

NUSBAUM, Silvia (2004), "Lo transgeneracional en el pensamiento francés contemporáneo", conferencia en la Asociación Psicoanalítica de Buenos Aires [en línea], apdeba.aulainstitucional.com.ar/.../ Nussbaum

---------- (2009), "Identificaciones alienantes y repetición. Una contribución acerca de la transmisión transgeneracional" [en línea], www.apdeba. org/wp-content/uploads/Nussbaum,Rev. Psicoanálisis, Vol. XXXI, No. I, pp.153-166.

OURY, Jean "Sobre la identificación", en en M.David-Ménard et al, LAS IDENTIFICACIONES. Confrontación de la clínica y de la teoría de Freud a Lacan, Nueva Visión, Buenos Aires.

PALACIOS BOIX, Alberto (2007), "El dolor en el padecimiento psicosomático" [en línea], www.revistaiberoamericanadeldolor. sedolor.es/Vol. 2, No. 3.

---------- (2010), Las voces del cuerpo, Terracota, México.

PANKOW, Gisela (1973), "Imagen del cuerpo y medicina psicosomática" [en línea] www.edipica.com.ar/archivos/.../bekei1,en M. Bekei (comp.), Lecturas de lo Psicosomático, Lugar Editorial, Buenos Aires, 1996 (originalmente publicado en L'Évolution Psychiatrique, no. 43).

---------- (1983), El hombre y su psicosis [resumen en línea], www.indepsi. cl/novedades/Pankow, Amorrortu, Buenos Aires, 2007.

PELENTO, María Lucila (1994), "Duelo y trastornos psicosomáticos", en L. Hornstein et al, Cuerpo, Historia, Interpretación. Piera Aulagnier: de lo originario al proyecto identificatorio, Paidós, Buenos Aires.

PESKIN, Leonardo (2005), "Una perspectiva teórico-clínica psicoanalítica del abordaje psicosomático en nuestros días", en A. Maladesky et al (comps.), PSICOSOMÁTICA. Aportes teórico-clínicos en el siglo XXI, Lugar Editorial, Buenos Aires.

PEUSNER, Irma C.W. de (2001), "La perplejidad orgánica (del laboratorio al dispositivo analítico)", ponencia ante la Reunión Lacanoamericana de Recife, Brasil.

PLATÓN (s. IV-V a.C), Diálogos escogidos, El Ateneo, Buenos Aires, 1986.

POISSONNIER, Dominique (1998), La pulsión de muerte. De Freud a Lacan, Nueva Visión, Buenos Aires, 1999.

PRADO, Gloria (1990), "Psicoanálisis y literatura", en M. Beuchot y R. Blanco, Hermenéutica, psicoanálisis y literatura. UNAM, México.

---------- (1992), Creación, Recepción y Efecto. Una aproximación hermenéutica a la obra liberaría. Editorial Diana, México.

RACKER, Heinrich (1959), Estudios sobre técnica psicoanalítica, Paidós, España, 1986.

RICOEUR, Paul(1970), Freud: una interpretación de la cultura, Siglo XXI Editores, México, 1983.

---------- (1988), "Acerca de la interpretación", en Del texto a la acción. Ensayos de hermenéutica II, F.C.E., México, 2001.

RODRÍGUEZ GÓMEZ, Gregorio, GIL FLORES, Javier y GARCÍA JIMÉNEZ, Eduardo (1999), Metodología de la investigación cualitativa, Ediciones ALJIBE, Málaga, España.

RODRÍGUEZ POBLETE, Cynthia (2011), "Cuerpo, familia y psicosis: aportes de Gisela Pankow y su clínica de la imagen del cuerpo", Tesis de Psicología, Universidad La Academia, Chile.

ROJAS, Claire (2008), "Hystéries, entre perle et grain de sable", Revue Francaise de Psychosomatique, No. 33: Excitations, pp. 31-43.

ROUDINESCO, Elizabeth y PLON, Michel (1997), Diccionario de psicoanálisis, Paidós, Buenos Aires, 1998.

ROUSTANG, Francois (1980), A quien el psicoanálisis atrapa... ya no lo suelta, Siglo XXI, México, 1989.

SAMI-ALI, M. (1977), Cuerpo real, cuerpo imaginario. Para una epistemología psicoanalítica, Paidós, Buenos Aires, 1979.

---------- (1987), Pensar lo somático. Lo imaginario y la patología. Paidós, Buenos Aires, 1991.

SAUVAL, Michel (2005), "La letra invisible de la cultura digital", ponencia en el evento "El psicoanálisis y los escenarios contemporáneos" en Alianza Francesa, Buenos Aires, [en línea], www.imagoagenda.com/articulo

SAVATER, Fernando (1993), Nietzsche, Aquesta Terra, Comunicación/Facultad de Filosofía y Letras, UNAM, México.

SCHRECK S., Alexis (2005), "La compulsión de repetición: la trasferencia como derivado de la pulsión de muerte en la obra de Freud", Tesis de Doctorado, Asociación Psicoanalítica Mexicana, México.

---------- (sin fecha) "Lo Psicosomático: Hilvanando los bordes de lo irrepresentable", inédito.

SILVESTRE, Daniele (1987), "Acerca del estatuto del cuerpo en psicoanálisis"(publicado originalmente en Ornicar? 41, Revue du Camp Freudien), en V. Gorali (comp.), Estudios de psicosomática, Vol. 3, ATUEL-CAP, Buenos Aires, 1995.

SONTAG, Susan (1977), La enfermedad y sus metáforas, Punto de Letras, Madrid, 2003.

TAYLOR, Graeme J (2010), "Symbolism, Symbolization, and Trauma in Psychosomatic Theory", en M. Aisenstein y E.R. de Aisemberg,Psychosomatics Today. A Psychoanalytic Perspective, International Psychoanalytical Association/Karnac, London.

TAYLOR, S.J. y BOGDAN, R. (1984), Introducción a los métodos cualitativos de investigación. La búsqueda de significados, Paidós, Barcelona, 1996.

TURNER, Bryan S. (1984), El cuerpo y la sociedad, F.C.E., México, 1989.

VAN MORLEGAN, Jan (2012), "El fenómeno psicosomático" clase en Seminarios de Transmisión del Psicoanálisis. Asociación ADOS, Málaga, España [en línea]http://janvanmorlegan.blogspot.mx

VASSE, Denis (1983), El peso de lo real, el sufrimiento, Gedisa, Barcelona, 1985.

VILLAMARZO, Pedro F. (1989), Cursos sistemáticos de formación psicoanalítica. Vol. II, Temas metapsicológicos, Ediciones Marova, Madrid.

WINNICOTT, Donald W.(1966),"Psycho-somatic Illness in its Positive and Negative Aspects" [en línea], www.pep.web.org/toc.php?Journal, International Journal of Psychoanalysis,47: 510-516.

---------- (1971), Realidad y juego, Granica, Buenos Aires, 1972.

XIRAU, Ramón (1964), Introducción a la historia de la filosofía, Coordinación de Humanidades, Universidad Nacional Autónoma de México, México, 1990.

ZARCO, Miguel Angel (1990), "Hermenéutica y psicoanálisis", en M. Beuchot y R. Blanco, Hermenéutica, psicoanálisis y literatura, UNAM, México.

ZENNONI, Alfredo (2003), "Le phénomène psychosomatique et la pulsion", QUARTO, no. 79, pp. 12-20 (consultada la traducción al castellano por María Martorell) [en línea] www.nucep.com/publicaciones.

ZUCKERFELD, Rubén (2002), "La clínica de la escisión", entrevista de Emilia Cueto,[en línea]htpp://www.imagoagenda.com, Revista Imago Agenda, Buenos Aires.

---------- (2004), "Tercera tópica" [en línea], elpsicoanalisis.org.ar/old/impnumero1/terceratopica1, Revista de la Asociación de la Escuela Argentina de Psicoanálisis para Posgraduados, no. 4.

---------- (2005), "Psicosomática: vulnerabilidad y resiliencia", en A.Maladesky et al, (comps.), PSICOSOMÁTICA. Aportes teórico-clínicos en el siglo XXI, Lugar Editorial, Buenos Aires.

ZUKERFELD, Rubén y ZUKERFELD, Raquel Zonis (2011) "Sobre el desarrollo resiliente: perspectiva psicoanalítica", Clínica contemporánea, Vol.2, no. 2, pp. 105-120.

www.ingramcontent.com/pod-product-compliance
Lightning Source LLC
Chambersburg PA
CBHW050647270326
41927CB00012B/2908